中级财务会计学（上）

主　编　刘　兵
副主编　初宜红

山东人民出版社

图书在版编目(CIP)数据

中级财务会计学. 上/刘兵主编. —4 版. —济南:山东人民出版社,2009.2(2025.1 重印)
ISBN 978-7-209-04752-4

Ⅰ. 中… Ⅱ. 刘… Ⅲ. 财务会计-高等学校:技术学校-教材 Ⅳ. F234.4

中国版本图书馆 CIP 数据核字(2009)第 019900 号

中级财务会计学(上)
刘兵 主编

山东出版传媒股份有限公司
山东人民出版社出版发行
社 址:济南市市中区舜耕路 517 号 邮 编:250003
网 址:http://www.sd-book.com.cn
市场部:(0531)82098027 82098028
新华书店经销
日照报业印刷有限公司印装
规 格 16 开 (184mm×260mm)
印 张 15.75
字 数 340 千字 插页 2
版 次 2017 年 6 月第 4 版
印 次 2025 年 1 月第 17 次
ISBN 978-7-209-04752-4
定 价 38.00 元

如有质量问题,请与印刷厂调换。(0633)8221365

总　序

大学是研究和传授科学的殿堂，是教育新人成长的世界，是个体之间富有生命的交往，是学术勃发的世界①。大学的本质在于把一群优秀的年轻人聚集在一起，让他们的创新得以实现、才智得以施展、心灵得以涤荡，产生使他们终身受益的智慧。

大学要以人才培养和科学研究为己任，大学教育的意义在于它能够给人们一种精神资源，这一资源可以帮助学子们应对各种挑战，并发展和完善学子们的人格与才智，使他们经过大学的熏陶，学会思考、学会反省、学会做人。一所大学要培养出具有健全人格、自我发展能力、国际视野和竞争意识的人才，教材是实现培养目标的关键环节。没有优秀的教材，不可能有高质量的人才培养，不可能产生一流或特色鲜明的大学。大学教材应该是对学生学习的引领、探索的导向、心智的启迪。一本好的教材，既是教师的得力助手，又是学生的良师益友。

目前，中国的大学教育已从"精英型教育"走向"平民化教育"，上大学不再是少数人的专利。在这种情况下，如何保证教学质量的稳定与提升？教材建设的功能愈显重要。

为了全面提高教育教学质量，培养社会需要的、具有人文精神和科学素养的本科人才，山东财经大学启动了"十二五"精品教材建设工程。本工程以重点学科（专业）为基础，以精品课程教材建设为目标，集中全校优秀师资力量，编撰了高等财经院校"十二五"精品系列教材。

本系列教材在编写中体现了以下特点：

1. 质量与特色并行。本系列教材从选题、立项，到编写、出版，每个环节都坚持"精品为先、质量第一、特色鲜明"的原则。严把质量关口，突出财经特色，树立品牌意识，建设精品教材。

2. 教学与科研相长。教材建设要充分体现科学研究的成果，科学研究要为教学实践服务，两者相得益彰，互为补充，共同提高。本系列教材汇集各领域最新教

① 雅斯贝尔斯著、邹进译：《什么是教育》第150页，北京：三联书店，1991年版。

学与科研成果，对其进行提炼、吸收，体现了教学、科研相结合，有助于培养具有创新精神的大学生。

3. 借鉴与创新并举。任何一门学科都会随着时代的进步而不断发展。因此，本系列教材编写中始终坚持"借鉴与创新结合"的理念，舍其糟粕，取其精华。在中国经济改革实践基础上进行创新与探索，充分展示当今社会发展的新理论、新方法、新成果。

本系列教材是山东财经大学教学质量与教学改革建设的重要内容之一，适用于经济学、管理学及相关学科的本科教学。它凝聚了众多教授、专家多年教学的经验和心血，是大家共同合作的结晶。我们期望摆在读者面前的是一套优秀的精品教材。当然，由于我们的经验存在欠缺，教材中难免有不足之处，衷心期盼专家、学者及广大读者给予批评指正，以便再版时修改、完善。

山东财经大学教材建设委员会

2012 年 6 月

前　言

党的二十大为我国全面建成社会主义强国，实现第二个百年奋斗目标，以中国式现代化全面推进中华民族伟大复兴擘画了宏伟蓝图；同时，也为我国的经济理论建设构建了完整的框架，并提供了坚实的理论基础。会计作为经济运行的信息系统，可靠的会计信息是经济秩序有序运行的前提。为充分发挥会计的作用，会计应以二十大精神为指导，立足现实，为经济腾飞提供全面真实可靠的数据支持。

财务会计是现代企业会计的一个重要分支，以外部使用者为主要服务对象，向其提供可靠、相关的会计信息和其他经济信息。在信息加工和转换的过程中，财务会计继承了传统会计特有的程序，这是传统会计适应环境变化的结果。

财务会计一般由“会计学原理”“中级财务会计学”和“高级财务会计学”组成。中级财务会计学主要是运用会计学原理中揭示的概念、原理和方法，全面阐述一个企业在持续经营条件下发生的常规交易或事项的确认、计量、记录和报告问题，是会计学专业的核心课程之一。中级财务会计学担负着承先启后的责任，它既是对会计学原理的进一步诠释，又是学习高级财务会计学的基础。

《中级财务会计学》是在我们充分酝酿和比较目前已出版的优秀中级财务会计教材的基础上，结合长期的教学和实践经验集体创作的结果。与其他中级财务会计教材相比，本教材具有如下显著特点和创新：

1. 整体布局上的创新。目前已出版的中级财务会计教材在章节的排列上基本都是按照会计要素，依次介绍资产、负债、所有者权益、收入、费用和利润。虽然我们在本教材的编写过程中也没有跳出这个圈子，但我们对这个圈子里的内容进行了重新的整合，使之焕然一新。首先，表现在资产内容的整合上。将资产分为金融资产和非金融资产两大部分，凡是属于金融资产的部分，都冠以金融资产的称呼，而没有仅仅把以摊余成本计量的金融资产、以公允价值计量且变动计入其他综合收益的金融资产和以公允价值计量且变动计入当期损益的金融资产作为金融资产，这样就把全部金融资产分成了五章内容，分别是货币资金、应收款项、金融工具规范的对外投资、长期股权投资和减值与转移。除金融资产之外，其他资产均为非金融资产。非金融资产的安排采取了与其他中级财务会计教材一致的做法。其次，表现在负债内容的整合上。由于负债通常可以称为负资产，所以，负债内容的安排采取与资产相对应的排列方式，按照金融负债和非金融负债的结构对负债内容进行整合，而没有采取常规的按流动负债和长期负债的顺序排列。

2. 提出了“资源流入”和“资源流出”两个概念。通过这两个概念，期望梳理会计理论界长期以来在收入、费用等概念方面的混乱局面。

资源流入是指导致企业可控资源总量增加的经济利益流入。以资源流入概念为起点，建立了如下资源流入体系，从而有效地明确了收入、利得、投资收益之间的关系。

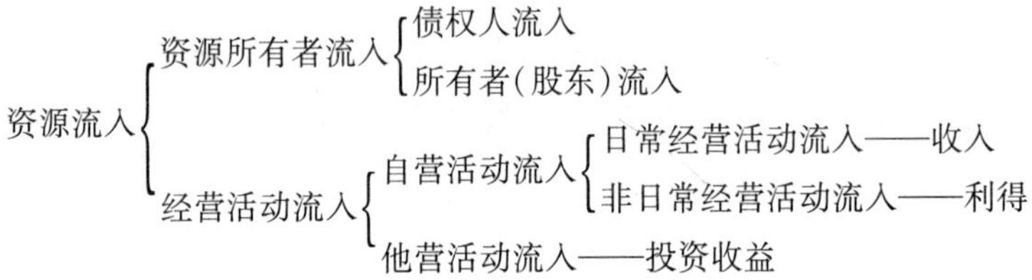

资源流出又称作支出，是指导致企业可控资源总量减少的经济利益流出。以资源流出为起点，建立了如下资源流出（支出）体系，从而有效地明确了支出、成本、费用、损失以及投资损失之间的关系。

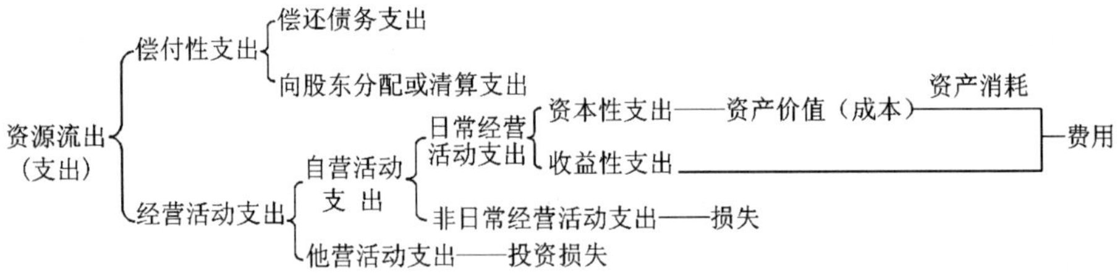

3. 尽量使用通俗易懂的语言，避免晦涩难懂的专业术语。对于抽象难懂的理论，归纳出理解这些理论的若干程序，并尽力用公式的方式解决问题，如：应收款项的减值、耗用存货的期末计价等。

本书由山东财经大学刘兵教授担任主编，初宜红教授担任副主编。刘兵教授提出全书的整体规划和编写大纲，负责全书的总纂、定稿；初宜红教授对本书的编写大纲提出了许多有价值的建议，参编作者共同讨论写作的具体内容。2009 年 2 月第一版各章初稿的执笔人依次为：第一章，刘兵；第二章，高山；第三章，孙世攀；第四章，朱海妮；第五章，初宜红；第六章，朱海妮；第七章，刘源；第八章，隋辉；第九章，高山；第十章，刘兵、崔金勋；第十一章，朱海妮；第十二章，刘兵、刘源；第十三章，刘兵；第十四章，初宜红；第十五章，初宜红。参编作者提交初稿后，由刘兵教授对初稿进行了较大的修改、补充，必要时进行了改写。刘兵教授提供了大部分课后实训练习题的原型。

本次修订是在第四版的基础上，根据财政部 2017 年修订的会计准则，由刘兵对相关内容进行了全面修订。

本书在编写过程中参考了大量已出版的专著、教材，大部分参考文献在每章末均作了附注，在此向有关作者表示感谢。

本书的整体规划和内容安排与现有教材相比有许多新的尝试，加之时间紧，难免有不妥之处，敬请专家、学者和读者提出宝贵意见。电子信箱：726568@163.com。

刘　兵

2023年3月

目　录

第一章　总论　/1
第一节　财务会计目标　/1
第二节　财务会计要素　/4
第三节　财务会计程序　/11
第四节　财务会计假设与基础　/14
第五节　财务会计信息的质量特征　/17

第二章　金融资产——货币资金　/21
第一节　结算方式　/22
第二节　库存现金　/29
第三节　银行存款　/32
第四节　其他货币资金　/35

第三章　金融资产——应收款项　/42
第一节　应收账款和合同资产　/42
第二节　应收票据　/49
第三节　应收股利和应收利息　/59
第四节　预付账款和其他应收款　/60
第五节　长期应收款　/64

第四章　金融资产——金融工具规范的对外投资　/71
第一节　金融工具规范的对外投资的分类和重分类　/71
第二节　债权投资　/76
第三节　其他债权投资和其他权益工具投资　/81
第四节　交易性金融资产　/88

第五章　金融资产——长期股权投资　/95
第一节　长期股权投资概述　/95
第二节　长期股权投资的初始计量　/97
第三节　长期股权投资的后续计量与处置　/100

第六章　金融资产——减值与转移　/117
第一节　金融资产减值　/117
第二节　金融资产转移　/127

第七章　存货　/137
第一节　存货的概念和种类　/137
第二节　存货的初始计量　/139
第三节　存货的后续计量　/151
第四节　存货的清查　/172
知识延伸(一):存货的简化会计处理方法　/174
知识延伸(二):存货收发凭证及明细账　/181

第八章　固定资产　/193
第一节　固定资产的概念与分类　/193
第二节　固定资产的初始计量　/195
第三节　固定资产的后续计量　/208
第四节　固定资产的处置　/217

第九章　无形资产、商誉和其他资产　/224
第一节　无形资产　/224
第二节　商誉　/237
第三节　其他资产　/239

附录
复利现值系数表　/243
复利年金现值系数表　/244

CHAPTER 1　第一章

总　论

【学习目标】

1. 了解会计信息的使用者和财务会计的目标。
2. 掌握财务会计要素的构成、各要素的概念及特征。
3. 熟悉财务会计程序，掌握确认、计量、记录和报告的内容和要求。
4. 了解会计假设、会计基础以及会计信息质量的要求。

会计通常被称为“商业语言”。在人类社会中，人与人之间的交流离不开语言，通过“语言”这个工具，人们能够相互沟通、理解，彼此信任，从而有利于社会的和谐发展。同理，作为“法人”的企业，不同企业之间的交往也需要借助一个语言工具，这个语言工具就是会计。通过阅读会计信息，可以增进企业之间的相互了解，为诚信经营创造良好的环境。随着经济的发展，社会分工越来越细，企业之间的交往也越来越紧密，任何企业都不能脱离其他企业而孤立存在。在日益密切的交往中，会计的作用愈加突显，因此，经济越发展，会计越重要。

第一节　财务会计目标

一、会计信息使用者

会计信息使用者是指利用会计信息作出相关经济决策的群体，包括两大类：外部使用者和内部使用者。

（一）外部使用者

外部使用者是与企业有利益关系的个人和其他组织，但不参与企业的日常经营管理。外部使用者与企业之间利益关系的存在，决定了外部使用者需要利用会计信息，分析、判断自身利益是否受到侵害，以满足其投资或信贷决策、税收管理、调控与监管的目的。

外部使用者由以下三类构成：

1. 投资者。

投资者包括现有的和潜在的投资者。投资者需要利用会计信息评价企业的财务状况和管理当局的经营业绩，判断管理当局是否按照既定经营目标使用资金；分析企业所处行业的市场前景、企业的发展潜力和面临的风险，以做出维持现有投资、追加投资或转让投资的决策。

2. 债权人。

债权人包括贷款机构、供应商以及对企业有权利主张的客户。债权人关心的是企业的信誉、偿债能力以及企业的未来发展，提供给企业的资金能否按期收回。因此，债权人需要利用会计信息，了解企业的财务结构，分析资产的流动性，评价企业的获利能力以及产生现金流量的能力，从而作出向企业提供贷款、维持原贷款数额、追加贷款、收回贷款或改变信用条件的决策。

3. 其他外部使用者。

其他外部使用者包括经纪人、律师、证券分析师、税务机关以及其他政府监管部门。经纪人、律师和证券分析师作为中介服务机构在其提供服务过程中需要分析和了解企业的财务状况和盈利能力。税务机关的征税以及其他政府监管部门如证监会对企业的监管都离不开会计信息。

企业向外部使用者提供的会计信息，绝大部分是属于"强制性的"或是"必需的"。由于外部使用者不同，其对会计信息的需求也不相同，企业不可能也没有能力为特定的使用者提供专门信息，只能向外部使用者提供通用的会计信息，这就需要研究不同的外部使用者对会计信息的共同需求。会计信息是企业管理当局提供的，出于利益考虑，企业管理当局不愿意花费更多的支出来研究不同的外部使用者的需求，因此在提供信息过程中最容易偷工减料。为防止企业管理当局偷工减料，侵害外部使用者的利益，进而影响经济秩序，不同的国家采用不同的方式来研究不同外部使用者的共同需要，规定企业管理当局必须向外部使用者提供最低限度的、必需的会计信息以及对这些信息的生成过程加以规范，形成统一的标准供企业遵守。会计上，把以统一的（或公认的）会计规范作为会计处理的标准，主要向外部使用者提供会计信息的会计处理系统称为财务会计。

（二）内部使用者

内部使用者包括企业管理当局和员工。一个企业的各级管理部门为了履行其职责，都需要利用会计信息。企业经营目标的制定、执行和评价，需要依靠会计信息，投资决策、筹资决策同样离不开会计信息。企业研究决定有关生产经营的重大问题，制定重要的规章制度时，应当征求工会及员工的建议；企业研究决定有关员工薪酬、福利、劳动保险等涉及员工切身利益的问题时，更应当事先听取工会和员工的意见。员工在履行上述参与企业管理的权利和义务时，必然要以相关的会计信息为依据。由于内部使用者在企业内部，对会计信息的要求偏重及时性和可靠性没有过多关注信息的格式，因此，会计在向内部使用者提供信息时，可以采用灵活多样的方式。为满足内部使用者的需要所进行的数据收集、整理、加工的系统称为管理会计。

二、财务会计

现代企业会计的两大分支是财务会计和管理会计，这是传统会计适应环境变化的结果。

传统会计是以货币为主要计量尺度，运用复式记账原理，按照一定的程序，对企业经营活动进行确认、计量、记录和报告以反映其财务状况和经营成果的信息系统。

现代企业会计之所以从传统会计分化为财务会计和管理会计，归纳起来不外乎以下几个方面的原因：(1)现代企业所有权与经营权的分离是导致现代企业会计分化为财务会计和管理会计的主要原因。随着所有权和经营权的分离，资源所有者将资源委托给经营者经营，经营者则承担资源的受托责任并获取相应的报酬。这样每一个企业就形成了企业“内部”（以管理当局为代表）和企业“外部”（以投资人和债权人为代表）两个相互依存而又相互矛盾的利益关系集团。以企业管理当局为代表的企业“内部”是资源受托者，他们的职责和关注的重点是以高科技“武装”生产工艺，用先进的管理方法组织经营、投资和理财活动，力求在一切领域和所有作业上能降低成本，减少风险，提高经营绩效，增强企业的竞争力。他们对企业生产经营、投资理财中的每一步骤和进程都要作出决策和评估，而要作出决策和评估离不开信息。以投资人和债权人为代表的企业“外部”是资源的委托方，他们之所以向企业提供资源，在于期望能在最低风险中取得尽可能优厚的回报，他们关注的是企业整体运营的结果，需要对企业整体的经营情况进行评价，据以进行相关的经济决策（如持有投资、追加投资还是转让投资），而要作出这些评价和决策自然也离不开信息。现代企业既然客观上出现了两种基本类型的会计信息使用者，尊重这一客观事实并适应两类不同信息使用者的需要，便逐步促成了财务会计同管理会计的分离。(2)经济管理的要求和管理科学的发展为财务会计和管理会计的分离创造了条件。自20世纪50年代以来，一方面由于社会的进步、经济的发展,企业的经营活动越来越复杂、越来越广泛,经济管理对会计的要求不再局限于记账、算账和报账,而是要求会计参与经济预测、经济决策和企业内部管理;另一方面,管理科学得到重大发展,各学科相互借鉴、相互融合,使会计增添了部分管理功能,并逐步将这部分管理职能独立出来,从而使传统会计分化为财务会计和管理会计。

财务会计是以会计规范①为依据,运用确认、计量、记录和报告等程序,向会计信息使用者(主要是外部使用者)提供有助于其进行经济决策的会计信息系统。

财务会计是对传统会计的继承和发展,所以日常生活中我们所提的"会计"如果不加以特指,都指的是财务会计。财务会计主要向外部使用者提供会计信息,因而又称为"对外报告会计"。本书中,把会计信息与财务会计信息两个概念等同使用。

三、财务会计目标

财务会计目标是指财务会计工作应达到的境地。由于财务报告是财务会计的综合结果,所以人们经常把财务会计目标等同于财务报告目标。在我国 2006 年颁布的《企业会计准则——基本准则》中,综合西方和我国在财务会计目标方面的研究成果,将财务会计目标概括为:财务会计报告的目标是向财务会计报告使用者提供与企业财务状况、经营成果和现金流量等有关的会计信息,反映企业管理层受托责任履行情况,有助于财务报告使用者作出经济决策。

第二节　财务会计要素

一、财务会计要素

"要素"是指构成事物的必要因素,即事物的必要组成部分。不同的客观事物由不同的要素构成。

财务会计要素是根据交易或者事项的经济特征对财务会计对象所进行的基本分类。财务会计对象就是财务会计需要反映的内容,亦即企业经营过程中发生的交易或事项。

根据交易或事项的不同特征,我国企业会计准则将财务会计要素划分为资产、负债、所有者权益、收入、费用和利润。此外在 2006 年颁布的企业会计准则中,提出了"利得"和"损失"两个概念,但没有作为正式的要素。

---

① 在我国企业会计实务中,指导会计工作的会计规范包括企业会计准则和企业会计制度。

二、资产

(一)资产的定义和特征

资产是指企业过去的交易或事项形成的,由企业拥有或控制的,预期会给企业带来经济利益的资源。资产具有如下三个基本特征:

1. 资产预期会给企业带来经济利益。

从资产的定义中可以看出,资产是企业占有的资源。对于企业来说,占有资源的目的是在未来使用这些资源。通过使用这些资源,会直接或间接导致现金或现金等价物流入企业,并且流入的数量要大于取得这些资源而流出的数量。但从现在持有资产的角度看,资产的这个能力是潜在的,所以,资产预期会给企业带来的经济利益是指资产直接或间接导致现金或现金等价物流入企业的潜力。

资产预期能否给企业带来经济利益是判断一项资源是否应确认为一项资产的本质特征。如果一项资源不能够给企业带来预期经济利益,如待处理财产损失,就不能作为一项资产在资产负债表中列示。

2. 资产应为企业拥有或控制的资源。

将一项资源作为企业的资产予以确认,企业一般要拥有其所有权,或者虽不拥有所有权,但该资源能被企业所控制。

企业享有资源的所有权,通常表明企业能够排他性地从资源使用中获取经济利益。通常在判断资产是否存在时,所有权是应考虑的首要因素。有些情况下,资源虽不为企业所拥有,但企业控制了这些资源,而且能够排他性地从这些资源的使用中获取经济利益,也应将其确认为企业的资产。如融资租入的固定资产,在租赁期内,虽然其所有权属于出租人,但承租人控制了融资租入固定资产的使用,而且收益具有排他性,由承租人获取使用收益,所以将其确认为承租人的资产。

3. 资产是由过去的交易或事项形成的。

资产必须是现实的资产,而不是预期的资产,是过去已经发生的交易或事项所产生的结果。至于未来交易或事项以及未发生的交易或事项可能产生的结果,则不属于现在的资产,不得作为资产确认。

(二)资产的确认条件

将一项资源确认为资产,在其符合资产定义的前提下,还需同时满足以下两个条件:

1. 与该资源有关的经济利益很可能流入企业。

从资产的定义可以看到,能带来经济利益是资产的本质特征,而资产预期会给企业带来经济利益只是一种潜力,这种潜力能否转化为现实取决于未来环境的变化。由于经济环境瞬息万变,与资源有关的经济利益能否流入企业以及能够流入多少都具有不确定性,为了使确认的资产信息更加符合实际情况,资产的确认还应与对经济利益流入的不确定性程度的判断结合起来,如果根据编制财务报表时所取得的证据,判断与资源有关的经济利益很可能流入企业,就将该资源确认为资产;反之不能确认为资产。

由于未来经济环境的不确定性,某个事项发生可能性的大小影响着财务会计的确认,一般地,事项发生的可能性大致可以划分为四个档次:

结果的可能性	概率区间
极小可能	大于0但小于或等于5%
可能	大于5%但小于或等于50%
很可能	大于50%但小于或等于95%
基本确定	大于95%但小于100%

需要说明的是,概率为0时,说明没有发生的可能性;概率为100%时,说明确定会发生。

2. 该资源的成本或者价值能够可靠地计量。

财务会计系统是一个确认、计量、记录和报告的系统,其中计量起着枢纽作用。可计量是所有财务会计要素确认的重要前提,资产的确认也是如此。只有当有关资源的成本或者价值能够可靠计量时,资产才能予以确认。在现实生活中,经常听到"员工是企业重要的资产",但由于企业取得"员工"这项资源的成本目前无法准确地确定,所以现行会计处理中就没有将"员工"确认为资产。

三、负债

(一)负债的定义和特征

负债是指企业过去的交易或事项形成的、预期会导致经济利益流出企业的现时义务。负债具有以下几个方面的特征:

1. 负债预期会导致经济利益流出企业。

预期会导致经济利益流出企业是负债的本质特征。负债作为一种义务,最终履行义务时,凡是预期会导致经济利益流出企业的,就确认为负债;反之就不确认为负债。

2. 负债是企业承担的现时义务。

现时义务是指企业在现行条件下已承担的义务,这是负债的一个基本特征。未来发生的交易或事项形成的义务不属于现时义务,不应当确认为负债。

3. 负债是由过去的交易或事项形成的。

负债应当由过去的交易或事项所形成，例如企业从银行借款800万元，即属于过去的交易，因此企业应确认800万元的负债。如果企业与银行签订了一份2亿元的授信额度，则属于未发生的交易，企业就不能将其确认为一项负债。

（二）负债的确认条件

将一项现时义务确认为负债，首先需要符合负债的定义，在此基础上，还需同时满足以下两个条件：

1. 与该义务有关的经济利益很可能流出企业。

预期会导致经济利益流出企业是负债的本质特征。由于履行义务时所需流出的经济利益具有不确定性，因此，负债的确认应当与对经济利益流出的不确定性程度的判断结合起来。凡是有确凿证据表明与现时义务有关的经济利益很可能流出企业，就应将该现时义务确认为负债；反之就不确认。

2. 未来流出经济利益的金额能够可靠地计量。

负债的确认在考虑经济利益流出企业的可能性的同时，还需考虑未来流出经济利益的金额能否可靠地计量。凡是能够可靠计量的现时义务，就应确认为负债；反之就不确认。

四、所有者权益

（一）所有者权益的定义

所有者权益是指企业资产扣除负债后由所有者享有的剩余权益。公司的所有者权益又称为股东权益。

剩余权益又称剩余索取权，是企业资产中扣除债权人权益后应由所有者享有的部分，在金额上等于企业全部资产减去全部负债后的余额。

（二）所有者权益的确认条件

由于所有者权益体现的是所有者在企业中的剩余权益，而剩余权益是企业全部资产减去全部负债后的差额，所以，所有者权益的确认主要依赖于其他财务会计要素，尤其是资产和负债。只要确认了资产和负债，相应地也就确认了所有者权益，如企业接受投资者投入资产，在该资产符合资产确认条件时，就相应地符合了所有者权益的确认条件。

五、收入

(一)收入的定义和特征

收入是指企业在日常活动中形成的、会导致所有者权益增加的、与所有者投入资本无关的经济利益的总流入。收入具有以下特征:

1.收入是企业在日常活动中形成的。

企业的经营活动分为日常活动和非日常活动。日常活动是指企业为完成其经营目标所从事的经常性活动以及与之相关的活动;非日常活动是指企业不经常发生的、偶然的经营活动。收入必须是日常活动的结果。

2.收入会导致所有者权益增加。

与收入相关的经济利益的流入会导致所有者权益增加,这是收入的本质特征。凡不能导致所有者权益增加的经济利益流入不符合收入的定义,因此不能确认为收入。如企业从银行取得一笔借款,尽管导致经济利益流入企业,但该流入没有导致所有者权益增加,反而增加了企业的义务,所以企业不能将该借款确认为收入,而应确认为负债。

3.收入是与所有者投入资本无关的经济利益的总流入。

确认收入的经济利益流入是与所有者投入资本无关的经济利益流入。虽然所有者向企业投入资本也会导致企业经济利益的流入,但会计上没有将该项经济利益的流入确认为收入,而是直接计入所有者权益。

(二)收入的确认条件

企业收入的来源渠道多种多样,不同收入来源的特征有所不同,收入的确认条件自然也存在差别,如销售商品、提供劳务等。

收入的确认首先必须符合收入的定义,在此基础上至少还需同时满足以下条件:(1)与收入相关的经济利益很可能流入企业;(2)经济利益流入企业会导致资产的增加或负债的减少;(3)经济利益的流入额能够可靠计量。

六、费用

(一)费用的定义和特征

费用是指企业在日常活动中发生的、会导致所有者权益减少的、与向所有者分配利润无关的经济利益的总流出。费用具有以下特征:

1.费用是企业在日常活动中发生的。

费用必须是企业在日常活动中所发生的,这里的日常活动与"收入"定义中界定的日常活动完全一致。

2. 费用会导致所有者权益减少。

与费用相关的经济利益的流出会导致所有者权益减少，这是费用的本质特征。凡不能导致所有者权益减少的经济利益流出不符合费用的定义，因此不能确认为费用。如偿还银行借款，尽管导致经济利益流出企业，但该流出没有导致所有者权益减少，企业只是履行了义务，导致负债的减少，所以不能确认为费用。

3. 费用是与向所有者分配利润无关的经济利益的总流出。

确认费用的经济利益流出是与向所有者分配利润无关的经济利益流出。虽然向所有者分配利润也会导致经济利益流出企业，但会计上没有将该项经济利益的流出确认为费用，而是直接冲减所有者权益。

（二）费用的确认条件

费用的确认除了符合费用的定义外，至少还应同时满足以下条件：(1)与费用相关的经济利益很可能流出企业；(2)经济利益流出企业会导致资产的减少或负债的增加；(3)经济利益的流出额能够可靠计量。

七、利润

（一）利润的定义

利润是指企业在一定会计期间的经营成果，是收入与费用配比相抵后的差额。

通常情况下，如果企业实现了利润，表明企业的所有者权益将增加，业绩得到了提升；反之如果企业发生了亏损，表明企业的所有者权益将减少，业绩下滑了。实际工作中，利润一般是评价企业经营绩效的一项重要指标，也是外部使用者进行决策时的参考因素。

（二）利润的确认条件

由于利润是收入与费用相抵后的差额，是计算的结果，所以利润的确认依赖于其他财务会计要素的确认，尤其是收入与费用要素的确认。

八、利得与损失

（一）利得

利得是指由企业非日常活动所形成的、会导致所有者权益增加的、与所有者投入资本无关的经济利益流入。

利得按其是否实现可分为已实现利得和未实现利得。已实现利得是指实际发生的交易或事项所带来的利得,如处置固定资产、无形资产等所带来的利得。未实现利得是指企业持有的资产,根据现有信息预期可能产生的利得,如以公允价值计量且变动计入其他综合收益的金融资产的期末公允价值高于账面价值的差额。

利得按其列报的方式不同,可分为直接计入所有者权益的利得和直接计入当期利润的利得。直接计入所有者权益的利得是指不应计入当期损益、会导致所有者权益增加的利得,如以公允价值计量且变动计入其他综合收益的金融资产的期末公允价值高于账面价值的差额。一般来说,未实现利得属于直接计入所有者权益的利得。直接计入当期利润的利得是指应当计入当期损益、会导致所有者权益增加的利得。一般来说,已实现利得属于直接计入当期利润的利得,如处置固定资产的利得就属于直接计入当期利润的利得,以营业外收入的方式直接计入当期利润表;但也有一部分未实现利得属于直接计入当期利润的利得,如交易性金融资产的公允价值高于账面价值的差额属于未实现利得,却以公允价值变动损益的方式直接计入当期利润表。

（二）损失

损失是指由企业非日常活动所形成的、会导致所有者权益减少的、与向所有者分配利润无关的经济利益流出。

损失按其是否发生,可分为已发生的损失和未发生的损失。已发生的损失是指实际发生的交易或事项所带来的损失,如处置固定资产、无形资产等所带来的损失。未发生的损失是指企业持有的资产,根据现有信息预期可能产生的损失,如以公允价值计量且变动计入其他综合收益的金融资产的期末公允价值低于账面价值的差额。

损失按其列报的方式不同,可分为直接计入所有者权益的损失和直接计入当期利润的损失。直接计入所有者权益的损失是指不应计入当期损益、会导致所有者权益减少的损失,如以公允价值计量且变动计入其他综合收益的金融资产的期末公允价值低于账面价值的差额。一般来说,未发生的损失属于直接计入所有者权益的损失。直接计入当期利润的损失是指应当计入当期损益、会导致所有者权益减少的损失。一般来说,已发生的损失属于直接计入当期利润的损失,如处置固定资产的损失就属于直接计入当期利润的损失,以营业外支出的方式直接计入当期利润表;但也有一部分未发生的损失属于直接计入当期利润的损失,如交易性金融资产的公允价值低于账面价值的差额属于未发生的损失,却以公允价值变动损益的方式直接计入当期利润表。

第三节 财务会计程序

一、财务会计程序

财务会计程序是生成财务会计信息的先后顺序，也就是企业发生的交易或事项如何形成财务会计信息的过程。

由于财务会计是对传统会计的继承和发展，而传统会计生成会计信息的程序是确认、计量、记录和报告，所以财务会计程序也应包括确认、计量、记录和报告。然而《企业会计准则——基本准则》第五条却规定“企业应当对其本身发生的交易或者事项进行会计确认、计量和报告”，没有提及会计记录。这是因为国际财务报告准则不规范会计记录，而是由企业根据会计确认、计量和报告准则自行处理。我国自建国后较长时期内实行的是会计制度，而不是会计准则，会计制度主要是以会计科目和会计报表的形式加以规定的，其中涵盖了会计确认和计量的内容，将会计确认、计量、记录和报告融为一体。我国 2006 年颁布实施企业会计准则的主要动因是为了与国际会计准则趋同，为了实现我国会计准则与国际会计准则的趋同，在企业会计准则中就没有涉及会计记录，但同时为了兼顾我国广大会计人员的习惯，把我国会计人员习惯的会计记录放在《企业会计准则——应用指南》中进行了规范。

二、财务会计确认

财务会计确认是财务会计程序的起点，它是对企业发生的交易或事项应否和何时作为一项财务会计要素加以记录和报告的判断过程。

企业在一定时期内发生的交易或事项构成了财务会计对象，财务会计就需要借助一定的手段反映这些交易或事项，但由于财务会计本身的局限性（如只能反映那些能用货币计量并且金额能够可靠确定的交易或事项），不可能把所有的交易或事项都反映出来，这就需要会计人员依据相关的规则（包括会计准则、会计惯例等）和个人的专业能力，通过职业判断，以确定哪些交易或事项需要通过财务会计系统进行反映以及何时进行反映。

三、财务会计计量

（一）财务会计计量

财务会计计量是为了将符合确认条件的财务会计要素登记入账并列报于财

而确定其金额的过程。它是在财务会计确认的基础上所进行的金额确定。

会计计量必须通过计量尺度、计量单位和计量属性来完成。

1. 计量尺度。

计量尺度一般是指衡量某事物或事项的数量关系的标准,如计量某事物或事项的价值的尺度是货币,计量长度的尺度是米尺,计量重量的尺度是秤等。在财务会计确认、计量和报告过程中之所以选择货币作为计量尺度,是由货币的本身属性决定的。货币是商品的一般等价物,是衡量一般商品价值的共同尺度。其他的计量尺度,如米尺、秤等,只能从一个侧面反映企业的生产经营情况,无法在量上进行汇总和比较。

2. 计量单位。

计量单位是指衡量某事物或事项数量的度量刻度,如我国货币的计量单位是元、角、分等。货币作为一种计量尺度必须要求自身度量上的稳定性,然而由于货币本身是一种商品,同一货币在不同时期具有不同的购买力,这就对会计计量提出了一个不容回避的问题:会计计量究竟是采用名义货币单位还是不变购买力单位。

名义货币单位是指各国主要流通货币的法定单位,又称为变动的货币单位。按名义货币单位计量的特点是:无论各个时期货币的实际购买力如何发生变动,会计计量都采用固定的货币单位,即不调整不同时期货币的购买力。当一个国家或地区的物价比较稳定,就可以假定货币的购买力不变或基本不变,所采用的计量单位就是该国或地区的名义货币。名义货币单位一直是现代会计实务普遍推崇的计量单位,因为其隐含了"币值不变"假设。

当一个国家或地区出现恶性通货膨胀,计量单位就不能采用名义货币单位,而需要采用不变购买力单位。不变购买力①是指以一定时日的货币购买力作为计量单位,又称为固定的货币单位或不变的货币单位。按不变购买力单位计量的特点是:选定某一时日的货币购买力为基准,调整不同时期的名义货币单位,从而使不同时期的货币保持在不变的计量单位上。在物价不稳定的情况下,不变购买力单位较之于名义货币单位,能够更合理地反映物价变动对会计信息的影响,从而保持会计计量的可比性。

3. 计量属性。

计量属性是指同一计量对象在不同时点上的价值表现。如历史成本是所获得的资产在达到有效使用状态之前发生的一切必要的合理支出,现行成本是资产负债表日资产的某种价值,如公允价值、重置价值、现值等。企业会计准则中规定可供选择的计量属性包括历史成本、重置成本、可变现净值、现值和公允价值。

(1)历史成本。历史成本,又称为实际成本,是指交易或事项发生时的实际发生额。

---

① 通常以一般物价指数近似地表示。

(2)重置成本。重置成本,又称为现行成本,是指按照当前市场条件,重新取得同样一项资产所需支付的现金或现金等价物的金额。

(3)可变现净值。可变现净值是指在正常生产经营过程中,以估计售价减去预计完工成本和销售时所必需的相关税费后的金额。

(4)现值。现值是指对未来现金流量以恰当的折现率进行折现后的价值,是考虑货币时间价值因素的一种计量属性。

(5)公允价值。公允价值是指市场参与者在计量日发生的有序交易中,出售一项资产所能收到或者转移一项负债所需支付的价格。

(二)财务会计计量的分类

财务会计计量按照计量的时点不同分为初始计量和后续计量两部分。

1. 初始计量。初始计量是指将发生的交易或事项计入账簿时所涉及的金额的确定。

初始计量时可以采用的计量属性包括历史成本、重置成本和现值。一般情况下,财务会计要素的初始计量采用历史成本,但如果交易或事项发生时的实际发生额不能确定时,可根据不同情况采用重置成本或现值,如盘盈资产的计量应采用重置成本。

2. 后续计量。后续计量是指交易或事项登记入账后,对账簿记录的调整和编制财务报表时所列金额的确定过程。

后续计量时可以采用的计量属性包括历史成本、可变现净值和公允价值。

四、财务会计记录

财务会计记录是在财务会计确认和计量基础上对交易或事项运用会计科目进行账务处理的方法。

2007 年 1 月 1 日以前,我国的会计规范主要以会计制度为主,会计制度主要是以会计科目和会计报表形式加以规定的,其中涵盖了会计确认和计量的内容,将会计确认、计量、记录和报告融为一体。企业会计准则改变了这种传统的做法,明确了会计确认、计量和报告构成会计准则体系的正文,从而实现了国际趋同;同时根据会计准则规定了 156 个会计科目及其主要账务处理,作为准则应用指南的附录。附录中的会计科目和主要账务处理不再涉及会计确认、计量和报告的内容。国际财务报告准则不涉及会计记录,主要是规范会计确认、计量和报告,会计科目由企业自行设计并进行账务处理。我国目前乃至相当长的时期内,还不能缺少对会计记录的规范,这样设计和安排,能够使会计准则更具操作性,便于会计准则体系全面准确地贯彻实施。企业在不违反会计准则中确认、计量和报告规定的前提下,可根据本单位的实际情况,自行增设、分拆、合并会计科目。

五、财务会计报告

财务会计报告，又称财务报告，是指企业对外提供的反映企业某一特定日期的财务状况和某一会计期间的经营成果、现金流量等会计信息的文件。

财务会计报告包括财务报表及其附注和其他应在财务会计报告中披露的相关信息和资料。财务报表至少应当包括资产负债表、利润表、现金流量表等报表；小企业编制的财务报表可以不包括现金流量表。

财务会计报告是财务会计确认、计量的结果，是连接企业和外部使用者的载体和桥梁。外部使用者主要是通过充分披露的财务会计报告，了解企业的财务状况、经营成果和现金流量，判断企业的内在价值，预测企业未来的发展趋势，从而作出相关的经济决策。

第四节　财务会计假设与基础

一、财务会计假设

财务会计核算是对于特定利益主体发生的交易或事项进行确认、计量和报告的过程。在确认、计量和报告过程中，时间、空间和计量单位是财务会计核算的基本问题。在实际工作中，财务会计核算所面临的时间、空间和计量单位都存在两种或两种以上的可能，亦即财务会计核算面临的核算环境具有较大的不确定性，但由于财务会计核算最终需要提供确定性的会计信息，而确定性信息不允许多种可能的存在，所以必须对财务会计核算约定一个较确定的环境，这就是财务会计假设。

财务会计假设是企业财务会计确认、计量和报告的前提，是对财务会计核算所处的时间、空间环境和计量单位等所作的合理设定。财务会计假设包括会计主体、持续经营、会计分期和货币计量。

（一）会计主体

会计主体是对财务会计确认、计量和报告的空间范围的约定，回答的是企业的会计人员在进行财务会计确认、计量和报告时记录和报告的是谁的交易或事项。

财务会计对象是企业的生产经营活动，而生产经营活动又是由许多交易或事项组成的。一个企业的交易或事项总是与其他企业、单位或个人的交易或事项相联系，即使企业内部的一项交易或事项也总是与其他交易或事项相联系，企业的会计人员在处理交易或事项时，首先必须明确处理的是谁的交易或事项，明确哪些交易或事项需要确认、计量和报告，哪些不应包括在确认、计量和报告的范围内，也就是要确定会计主体。

在会计主体假设下，企业应当对其本身发生的交易或事项进行财务会计确认、计量和报告，反映企业本身所从事的各项生产经营活动。

明确界定会计主体是开展财务会计确认、计量和报告工作的重要前提。其作用表现在：

1. 明确会计主体，才能界定会计所需处理的交易或事项的范围

在会计工作中，只有那些影响企业本身经济利益的交易或事项才需加以确认、计量和报告，不影响企业本身经济利益的交易或事项就不能确认、计量和报告。

2. 明确会计主体，才能将会计主体的交易或事项与会计主体所有者的交易或事项以及其他会计主体的交易或事项区分开来

会计主体不同于法律主体。一般来说，法律主体必然是一个会计主体，但会计主体不一定是法律主体。会计主体的弹性很大，凡是具有经营活动的任何特定的独立实体，只要需要进行独立核算，就可以成为一个独立的会计主体。会计主体可以是一个企业，或是一个企业中的一个车间、部门，也可以是由若干家企业通过控股关系组织起来的集团公司。

（二）持续经营

持续经营是指在可以预见的将来，企业将会按照当前的规模和状态继续经营下去，不会停业，也不会大规模削减业务。

持续经营要求会计人员以企业持续、正常的经营活动为前提，选择会计程序和方法进行财务会计确认、计量和报告。财务会计确认、计量和报告所使用的一系列会计原则和会计处理方法都建立在持续经营的基础上。我国颁布的企业会计准则体系是以企业持续经营为前提加以制定和规范的，涵盖了企业从成立到清算整个期间的交易或事项的会计处理。如果企业不能持续经营，就不能采用企业会计准则中的规定进行财务会计确认、计量和报告。

（三）会计分期

会计分期是指将一个企业持续经营的生产经营活动划分为一个个连续的、长短相同的期间。会计分期是对持续经营假设的逻辑扩展。

企业的经营是持续不断的，但人们不可能等到企业歇业时才去考核企业的经营成果和财务状况及其变动情况。为了及时向会计信息使用者提供反映企业财务状况、经营成果和现金流量的信息，出现了将企业的持续经营期划分为长短相同期间的需求。

会计期间的划分是人为的。会计期间的跨度可以是 1 年（12 个月），也可以短于 1

年。时间跨度为1年的，通常称为会计年度，会计年度可以与日历年度相一致，也可以不一致。我国规定以日历年度作为企业的会计年度，即以公历1月1日起至12月31日止为一个会计年度。时间跨度短于1年的称为中期，中期可以是月、季度或半年。

由于会计分期的存在，才有了本期与以前期间、以后期间的区别，才有了资本性支出和收益性支出的区别，才使不同类型的会计主体有了记账的基础，进而出现了折旧、摊销等会计处理方法。

（四）货币计量

货币计量是指会计主体在财务会计确认、计量和报告时以货币作为计量尺度，反映会计主体的生产经营活动。

货币计量假设隐含了三个方面的涵义，分别是：

1. 以货币作为主要计量尺度。

在企业生产经营过程中，反映交易或事项的计量工具有多种，如货币、实物量、工作时间等。由于实物量和工作时间并不具有普遍的可接受性和全面的可加性，而财务会计确认、计量和报告客观上需要一种统一的计量工具作为计量尺度，货币作为商品的一般等价物，是衡量商品价值的共同尺度，所以会计上必然选择货币作为计量尺度。虽然会计信息是重要的，但有时用其他计量尺度计量的经济信息也很重要，因而会计选择货币作为计量尺度，并不排斥其他计量尺度。因此，货币计量假设是以货币为主要计量尺度的会计计量，是货币计量假设的第一层涵义。

2. 记账本位币。

随着世界经济一体化的进展，企业的经营逐渐融入世界经济体系中，发生的交易或事项可能涉及多种货币。由于不同货币的价值不同，不能直接简单地相加减，所以需要从众多的货币中选择一种货币作为统一的计量尺度，被选定的这种货币就是记账本位币，这是货币计量假设的第二层涵义。所谓记账本位币就是财务会计在确认、计量和报告时用来统一计量交易或事项的货币，是企业经常使用和大量使用的货币，一般是企业所在国的法定货币。在我国，企业的记账本位币一般是人民币，也可以采用其他国家或地区的货币。凡是采用其他国家或地区的货币作为记账本位币的企业，对外提供财务报告时，应当提供以人民币计量的会计信息。

3. 币值不变。

货币计量假设的第三层涵义是币值不变，或虽有变化但可以忽略不计。在选择名义货币单位作为计量单位时，不同时期的货币的购买力不同，意味着不同时期的货币其价值是不等的，但为了使不同时期的会计信息具有可比性，通常并不考虑货币本身价值的变化，也就是假设货币的币值不变。

二、财务会计基础

企业财务会计确认、计量和报告应当以权责发生制为基础。权责发生制要求，凡是当期已经实现的收入和已经发生或应当负担的费用，无论款项是否收付，都应当作为当期的收入和费用，计入利润表；凡是不属于当期的收入和费用，即使款项已在当期收付，也不应当作为当期的收入和费用。

与权责发生制相对应的另一种会计基础是收付实现制。收付实现制要求以收到或支付现金作为确认收入和费用的依据。在实务中，由于交易或事项的发生时间与相关货币收付时间有时并不完全一致，如根据合同规定在销售商品前预收货款，款项已经收到，但货物未发出，销售并未实现，该项交易若按照收付实现制，在收到款项时就应确认收入，而此时销货交易尚未发生，所以利润表中提供的会计信息就与实际情况不符。为了更加真实、公允地反映特定会计期间的财务状况和经营成果，财务会计确认、计量和报告应以权责发生制为基础。

第五节　财务会计信息的质量特征

财务会计目标解决了信息使用者需要什么样的信息，在总体上规定了信息的需求量，即解决了信息的“多与少”问题。但是合乎需要的信息还有一个“好与坏”的问题，即信息的质量问题。所有对决策有用的信息在质量上必须达到一定的要求，这些要求包括可靠性、相关性、可理解性、可比性、实质重于形式、重要性、谨慎性和及时性。

一、可靠性

可靠性是指会计信息合理、不受错误或偏见的影响，能够真实地反映它意欲反映的内容。可靠性要求企业应当以实际发生的交易或事项为依据进行确认、计量和报告，如实反映符合确认和计量要求的各项财务会计要素及其他相关信息，保证财务会计信息真实可靠、内容完整。

一项信息是否可靠取决于三个因素，即真实性、可核性和中立性。

1. 真实性。

真实性就是如实反映，即财务会计确认、计量和报告应以实际发生的交易或事项为依据，不得根据虚构的、没有发生的或者尚未发生的交易或事项进行财务会计确认、计量和报告。

2. 可核性。

可核性是指信息经得住复核和验证，同一会计主体的会计信息，独立的计量人员采用相同的计量方法，会得出高度一致的会计计量结果。

3. 中立性。

中立性是指在生成财务会计信息的过程中，会计人员应该站在公正的立场上，不抱偏见，不追求预定的计量结果。

二、相关性

相关性是指会计信息应当与会计信息使用者的经济决策需要相关，有助于会计信息使用者对企业过去、现在或未来的情况作出评价或预测。

一项信息是否具有相关性取决于两个因素，即预测价值和反馈价值。

1. 预测价值。

预测价值是指会计信息能帮助使用者预测未来事项的可能结果，提高决策者对决策的把握性。这就要求财务会计信息必须是决策者关注的信息，并且这些信息与未来事项的发展有密切的必然联系。预测价值是相关性的重要因素，具有影响决策者决策的作用。

2. 反馈价值。

反馈价值是指会计信息有助于决策者验证或修正过去的决策和实施方案。把过去决策所产生的实际结果反馈给决策者，使之与当初的预测结果相比较，验证过去的决策是否正确，总结经验与教训，防止今后决策时再犯同样的错误。

信息反馈价值与预测价值同时并存，相互影响。验证过去才有助于预测未来，不明白过去，预测就缺乏基础。

三、可理解性

可理解性是指会计信息必须能够被使用者所理解。企业提供会计信息的目的在于使用，而使用者要有效地使用会计信息，必须了解会计信息的内涵，弄懂会计信息的内容。由于会计信息是一种专业性较强的信息产品，而相当一部分会计信息的使用者并不具备专业的会计知识，所以可理解性要求企业提供的会计信息应当清晰明了、易于理解。

四、可比性

可比性是指企业提供的会计信息应当相互可比，包括不同企业相同会计期间的会计信息可比和同一企业不同时期的会计信息可比两个方面。

1. 不同企业相同会计期间可比。

为了便于使用者评价不同企业的财务状况、经营成果和现金流量及其变动情况，要求不同企业提供的会计信息可比。要保证不同企业的会计信息可比，就必须有统一的会计规范（会计准则或会计制度）来保证不同企业的信息共性。这就是会计信息的统一性。只有不同企业的财务会计确认、计量和报告采用相同的规则处理交易或事项，才能使不同企业提供的会计信息可比。

2. 同一企业不同时期可比。

为了便于使用者了解企业财务状况、经营成果和现金流量的变化趋势，比较不同时期的会计信息，全面、客观地评价过去，预测未来，要求企业不同时期的会计信息应当可比。要保证企业不同时期的会计信息可比，就要求企业在不同时期发生的相同的交易或事项采用一致的会计政策，不得随意变更。这就是会计信息的一贯性。

五、实质重于形式

实质重于形式是指企业应当按照交易或事项的经济实质进行财务会计确认、计量和报告，不应仅以交易或事项的法律形式为依据。

企业在经营过程中，大多数交易或事项的经济实质和法律形式是一致的，但也有不一致的情况。在两者不一致的时候，会计处理是重经济实质还是重法律形式，企业必须作出选择。会计上通常选择重经济实质而不是法律形式，因为这样做才能真实反映客观事物的实际情况。

在会计实务中，经济实质和法律形式不一致的交易或事项比较多，如售后回购、售后回租、融资租赁等。财务会计在处理这些交易或事项时，是按照实质重于形式的原则进行确认、计量和报告的。

六、重要性

重要性是指企业在财务会计确认、计量和报告过程中对交易或事项应区别其重要程度，采取不同的会计处理方法和程序。凡是对使用者重要的交易或事项，应当单独确认，并在财务报告中充分披露；相对来说，不重要的交易或事项，在不影响会计信息真实性的前提下，可以与其他交易或事项合并反映，采取简便的会计处理方法进行处理。

在会计实务中，如果会计信息的省略或者错报会影响会计信息使用者据此作出的决策，该信息就具有重要性，生成这些信息的交易或事项也就是重要的交易或事项。交易或事项是否重要的判断依赖于会计人员的职业判断，会计人员应当根据交易或事项所处的环境和实际情况，从交易或事项的性质和金额大小两方面加以判断。

七、谨慎性

谨慎性是指企业对交易或事项进行确认、计量和报告时应保持稳健态度，不应高估资产或者收益、低估负债或费用。

企业在经营过程中发生的交易或事项，按其是否确定可分为确定的交易或事项和不确定的交易或事项。对于不确定的交易或事项的确认、计量和报告，需要应用谨慎性原则进行处理，充分考虑可能遇到的风险和损失，既不高估资产或收益，也不低估负债或费用。

谨慎性的应用不允许企业设置秘密准备，如果企业故意低估资产或者收益，或者高估负债或费用，将会影响会计信息的可靠性和相关性，进而影响会计信息使用者的决策。

八、及时性

及时性是指企业对于已经发生的交易或事项，应当及时进行确认、计量和报告，不得提前或延后。

信息具有时效性。如果信息的提供不及时，就会失去时效性。过时的信息对使用者的效用就会大大降低，甚至不再具有实际意义。

会计上，要求其所提供的会计信息具有及时性体现在以下几个方面：一是及时收集会计信息，即企业经营过程中发生交易或事项后，及时收集整理各种原始单据；二是及时处理会计信息，即按照会计准则的规定，及时对发生的交易或事项进行确认、计量和报告；三是及时传递会计信息，即按照国家规定的有关时限，及时将财务报告传递给信息使用者。

【本章主要参考文献】

[1]葛家澍：《中级财务会计学》，中国人民大学出版社 1999 年版。
[2]杨有红、欧阳爱平：《中级财务会计》，北京大学出版社 2006 年版。
[3]王善平、汤健、刘天雄：《中级财务会计学》，湖南人民出版社 2007 年版。
[4]朱学义：《中级财务会计》，机械工业出版社 2007 年版。
[5]中华人民共和国财政部：《企业会计准则》，经济科学出版社 2006 年版。
[6]中华人民共和国财政部：《企业会计准则应用指南》，经济科学出版社 2006 年版。
[7]财政部会计司编写组：《企业会计准则讲解》，人民出版社 2007 年版。
[8]刘永泽、陈立军：《中级财务会计》，东北财经大学出版社 2007 年版。
[9]中国注册会计师协会：《会计》，中国财政经济出版社 2007 年版。
[10]谢承基：《管理会计的理论和方法》，山东人民出版社 1996 年版。
[11]谢承基：《西方企业财务会计》，山东科学技术出版社 1993 年版。
[12]唐国平：《财务会计对象要素研究》，东北财经大学出版社 2003 年版。
[13]葛家澍、杜兴强：《会计理论》，复旦大学出版社 2005 年版。

CHAPTER 2　第二章

金融资产——货币资金

【学习目标】

1. 了解各种结算方式的程序及要求。
2. 了解库存现金、银行存款等管理要求。
3. 熟练掌握支票、银行汇票、委托收款、汇兑等常用结算方式的会计处理。

金融资产是指企业持有的现金、其他方的权益工具以及符合下列条件之一的资产：(1)从其他方收取现金或其他金融资产的合同权利，如企业的银行存款、应收账款、应收票据和贷款等，但预付账款不是金融资产，因其产生的未来经济利益是商品或服务，不是收取现金或其他金融资产的权利。(2)在潜在有利条件下，与其他方交换金融资产或金融负债的合同权利，如企业持有的看涨期权或看跌期权等。(3)将来须用或可用企业自身权益工具进行结算的非衍生工具合同，且企业根据该合同将收到可变数量的自身权益工具。(4)将来须用或可用企业自身权益工具进行结算的衍生工具合同，但以固定数量的自身权益工具交换固定金额的现金或其他金融资产的衍生工具合同除外。其中企业自身权益工具不包括按照金融工具列报准则分类为权益工具的可回售工具或发行方仅在清算时才有义务向另一方按比例交付其净资产的金融工具，也不包括本身就要求在未来收取或交付企业自身权益工具的合同。金融资产包括货币资金、以摊余成本计量的金融资产、以公允价值计量且变动计入其他综合收益的金融资产、以公允价值计量且变动计入当期损益的金融资产和长期股权投资。

金融工具是指形成一个企业的金融资产，并形成其他单位的金融负债或权益工具的合同。

货币资金是指企业生产经营过程中停留在货币形态的那部分资产，按其存放地点和用途不同，分为库存现金、银行存款和其他货币资金。货币资金与货币性资产属于不同的概念。货币性资产是指企业持有的货币资金以及能以固定或可确定金额的货币收取的资产，包括库存现金、银行存款、其他货币资金、除预付账款外的应收款项以及准备持有至到期的债券投资。货币资金仅是货币性资产的一部分，而不是全部。

第一节　结算方式

一、结算及种类

单位或个人在社会经济活动中与其他单位或个人之间所发生的款项收付行为称为结算。按照款项收付的方式不同，结算可分为现金结算和转账结算。

现金结算是指收付双方直接使用现金进行款项收付的行为。

转账结算是指收付双方通过银行将款项从付款人的账户划入收款人账户的行为。

二、转账结算

为了保证银行结算业务的正常开展，中国人民银行总行制定了统一的结算制度。根据中国人民银行结算制度的有关规定，目前，企业采用转账结算时，可以采取的结算方式包括支票、银行汇票、商业汇票、银行本票、汇兑、委托收款、异地托收承付、信用卡、信用证等。

（一）支票

支票是出票人签发的，委托办理支票存款业务的银行在见票时无条件支付确定的金额给收款人或者持票人的票据。

支票结算方式的适用范围限于同城结算，单位和个人在同一票据交换区域的各种款项结算，都可以使用支票。支票由银行统一印制，实务中使用的支票一般分为现金支票和转账支票两种。支票上印有“现金”字样的为现金支票，只能用于向银行提取现金；支票上印有“转账”字样的为转账支票，只能用于银行转账，不能提取现金。支票的提示付款期限为自出票日起 10 日内，转账支票可以根据需要在票据交换区域内背书转让。现金支票的样式见图 2－1。

企业的财会部门在签发支票前，首先应查明银行存款的实际结存数额，以防止签发超过银行存款余额的空头支票。如果签发了空头支票，银行除了退票以外，还会对企业加以处罚。签发支票时，应用蓝黑墨水或碳素墨水，将支票上的各项要素填写齐全，并且在支票上加盖预留银行印鉴。支票的日期、金额、收款人等内容不得更改，否则支票无效。

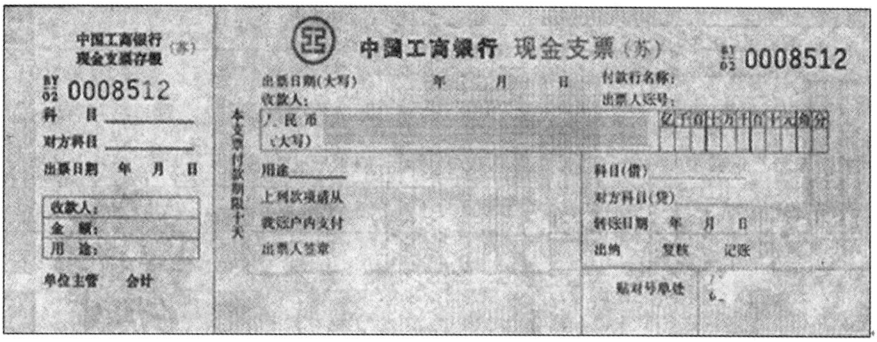
中国工商银行（苏）
现金支票存根
BY 02 0008512
科　目
对方科目
出票日期　年　月　日
收款人：
金　额：
用　途：
单位主管　会计

中国工商银行　现金支票（苏）　BY 02 0008512
出票日期(大写)　年　月　日　付款行名称：
收款人：　出票人账号：
本支票付款期限十天
人民币（大写）　亿千百十万千百十元角分
用途　科目(借)
上列款项请从　对方科目(贷)
我账户内支付　转账日期　年　月　日
出票人签章　出纳　复核　记账
贴对号单处

图 2－1　现金支票

采用支票结算方式的，收到支票的一方，应在提示付款期限内将收到的支票送交银行，并根据银行盖章退回的进账单和有关的原始凭证（如销货发票）编制收款凭证；付出支票的一方，应根据支票存根和有关原始凭证（如购货发票）及时编制付款凭证。

（二）银行汇票

银行汇票是出票银行签发的，由其在见票时按照实际结算金额无条件支付给收款人或者持票人的票据。

银行汇票具有使用灵活、票随人到、兑现性强等特点，广泛适用于单位和个人的同城和异地的各种款项结算。银行汇票可以用于转账，填明"现金"字样的银行汇票也可以支取现金，但银行汇票的付款人和收款人必须是个人。银行汇票的提示付款期限自出票日起 1 个月，超过付款期限的，兑付银行不予受理。在提示付款期限内，银行汇票可以背书转让。银行汇票的样式见图 2－2。

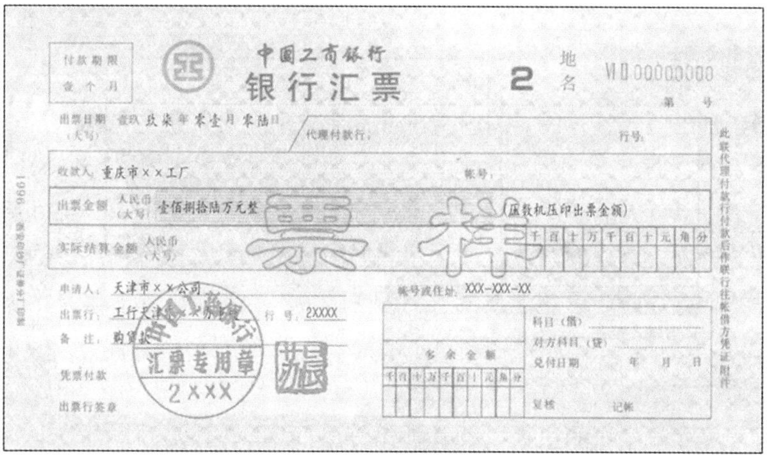
付款期限 壹个月
中国工商银行
银行汇票　2　地名　VII 00000000
第　号
出票日期（大写）　贰玖玖柒年零壹月零陆日　代理付款行：　行号：
收款人：重庆市××工厂　帐号：
出票金额　人民币（大写）　壹佰捌拾陆万元整　（压数机压印出票金额）
实际结算金额　人民币（大写）　千百十万千百十元角分
票样
申请人：天津市××公司　帐号或住址：XXX-XXX-XX
出票行：工行天津××分理处　行号：2XXXX
备　注：购货款　科目（借）
凭票付款　对方科目（贷）
出票行签章　多余金额　兑付日期　年　月　日
汇票专用章 2XXX　千百十万千百十元角分　复核　记帐
此联代理付款行付款后作联行往帐借方凭证附件

图 2－2　银行汇票（正面）

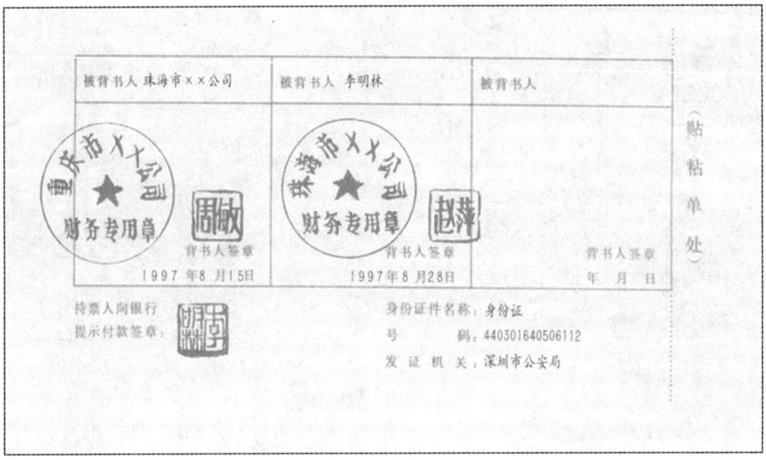

被背书人 珠海市××公司	被背书人 李明林	被背书人
重庆市××公司 财务专用章 周敏 背书人签章 1997年8月15日	珠海市××公司 财务专用章 赵萍 背书人签章 1997年8月28日	背书人签章 年 月 日

（贴粘单处）

持票人向银行提示付款签章：

身份证件名称：身份证
号　　码：440301640506112
发证机关：深圳市公安局

（反面）

银行汇票申请人在向其出票银行申请签发银行汇票时，需填写“银行汇票申请书”，详细填明收款人名称（需要在兑付地支取现金的，应填写“现金”字样），并将款项交存银行。出票银行受理后应进行审查，符合条件的，在办妥转账或收妥现金后，据以签发银行汇票，然后将银行汇票和解讫通知连同盖章的银行汇票申请书交给银行汇票申请人。申请人持银行汇票和解讫通知可以向收款人办理结算。

收款企业收到银行汇票后，既可以背书转让，也可以将银行汇票送存银行。在送存银行时，应在出票金额以内，根据实际结算金额和多余金额准确、清晰地填入银行汇票和解讫通知的有关栏目内，并填写进账单，然后将进账单连同银行汇票和解讫通知一并交存银行。其后根据银行盖章退回的进账单和有关的原始凭证编制收款凭证。银行汇票的实际结算金额低于出票金额的，多余金额由出票银行退还申请人。

（三）商业汇票

商业汇票是出票人签发的，委托付款人在指定日期无条件支付确定的金额给收款人或者持票人的票据。

商业汇票按承兑人的不同，分为商业承兑汇票和银行承兑汇票。商业承兑汇票是由银行以外的付款人承兑的商业汇票，它可以由收款人签发，经付款人承兑，或可以由付款人签发并承兑。商业承兑汇票的样式见图 2－3。银行承兑汇票是由银行承兑的商业汇票，由在承兑银行开立存款账户的付款人签发，经银行审查同意承兑的票据。银行承兑汇票的样式见图 2－4。

在银行开立存款账户的法人以及其他组织之间，具有真实的商品交易关系或债权债务关系，不论同城还是异地均可使用商业汇票。商业汇票允许背书转让和向银行贴现。商业汇票的承兑期限由交易双方商定，但最长不超过 6 个月。

采用商业承兑汇票方式结算的，先由销货单位或购货单位签发商业承兑汇票，再由

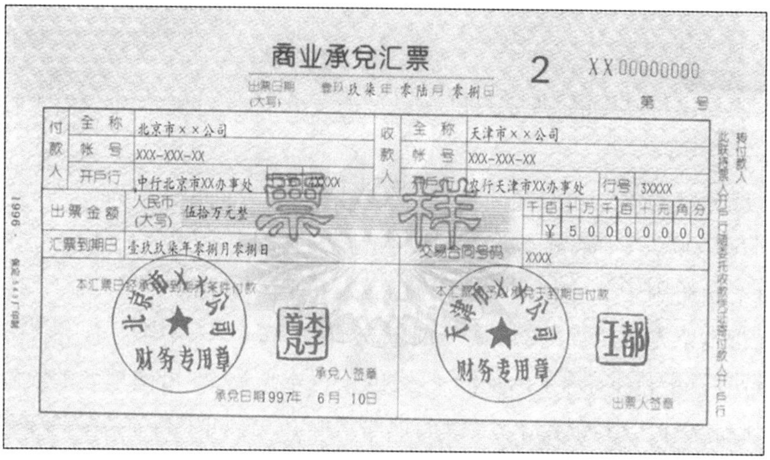
商业承兑汇票　2　XX00000000

出票日期（大写）　壹玖玖柒年零陆月零捌日　第　号

付款人 全称	北京市××公司	收款人 全称	天津市××公司
帐号	XXX-XXX-XX	帐号	XXX-XXX-XX
开户行	中行北京市XX办事处	开户行	农行天津市XX办事处　行号 3XXXX
出票金额	人民币（大写）伍拾万元整		¥500000000
汇票到期日	壹玖玖柒年零捌月零捌日	交易合同号码	XXXX

本汇票已经承兑，到期无条件付款　承兑人签章　承兑日期1997年6月10日

本汇票请予以承兑于到期日付款　出票人签章

图2－3　商业承兑汇票

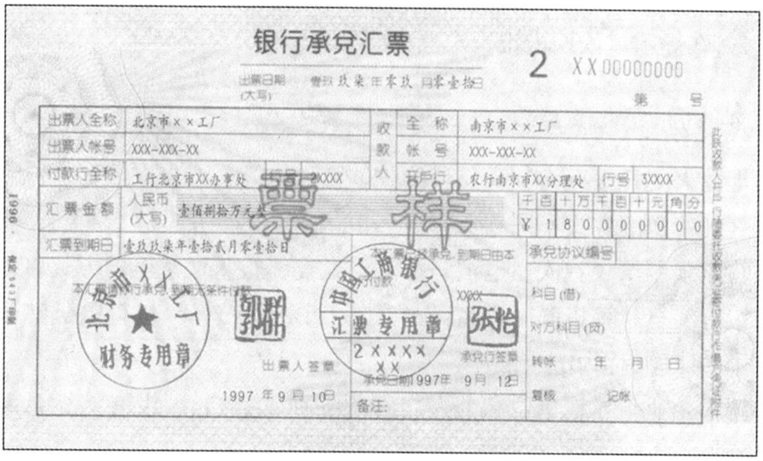
银行承兑汇票　2　XX00000000

出票日期（大写）　壹玖玖柒年零玖月零壹拾日　第　号

出票人全称	北京市××工厂	收款人 全称	南京市××工厂
出票人帐号	XXX-XXX-XX	帐号	XXX-XXX-XX
付款行全称	工行北京市XX办事处　行号 3XXXX	开户行	农行南京市XX分理处　行号 3XXXX
汇票金额	人民币（大写）壹佰捌拾万元整		¥180000000
汇票到期日	壹玖玖柒年壹拾贰月零壹拾日	承兑协议编号	

出票人签章　1997年9月10日　承兑日期1997年9月12日　备注：

图2－4　银行承兑汇票

付款人承兑后交给收款人办理结算。收款单位在汇票到期前，即在提示付款期限（商业汇票的提示付款期为自汇票到期日起10日）内，填制委托收款凭证，连同商业承兑汇票一并送交银行办理转账收款，在收到银行的收账通知时，据以编制收款凭证，做收款处理；付款单位在收到开户银行转来的付款通知时，据以编制付款凭证，做付款处理。若付款单位账户上无款支付，则应办理退票退证手续。

采用银行承兑汇票方式结算的，先由购货单位签发银行承兑汇票，填写银行承兑协议，连同银行承兑汇票一并交开户银行办理承兑手续。银行承兑后，将已承兑的银行承兑汇票交收款单位办理结算。收款单位在汇票到期前，填制委托收款凭证，连同将要到期的银行承兑汇票，送交银行办理转账，并根据银行的收账通知编制收款凭证，做收款处理；付款单位在收到银行的付款通知时应编制付款凭证，做付款处理。

（四）银行本票

银行本票是银行签发的，承诺自己在见票时无条件支付确定的金额给收款人或持票人的票据。

银行本票分定额本票和不定额本票两种。定额本票面值分别为1 000元、5 000元、10 000元和50 000元；不定额本票没有金额起点的限制，根据实际需要用压数机压印金额。银行本票适用于单位和个人在同城范围内的各种款项结算。

采用银行本票方式结算的，付款单位应先填写"银行本票申请书"，将款项交存银行，申请银行签发银行本票。收到银行签发的银行本票后，即可向填明的收款单位办理款项结算。收款单位收到银行本票后，应填写进账单，连同银行本票一并交开户银行，根据银行盖章退回的进账单和有关原始凭证编制收款凭证，做收款处理。

银行本票必须记名，并允许背书转让。银行本票的提示付款期限自出票日起最长不超过2个月，在提示付款期内银行本票见票即付。

（五）汇兑

汇兑是汇款人委托银行将款项支付给收款人的结算方式。

汇兑按凭证传送的方式不同，分为信汇和电汇两种。信汇是指汇款人委托银行通过邮寄方式将款项划给收款人。电汇是指汇款人委托银行通过电报方式将款项划转给收款人。在银行实行计算机联网后，各银行之间可利用计算机进行电子转账。汇兑采用计算机电子转账的，称为电子汇兑。

汇兑适用于企业与异地单位和个人之间的各种款项结算，没有结算金额起点的限制。

采用汇兑方式结算的，付款单位应填写汇兑凭证，委托银行将款项汇往异地的收款单位。付款单位对于汇出的款项，应在银行办理汇款后，根据汇款凭证的回单编制付款凭证，做付款处理。收款单位对于汇入的款项，应在收到银行的收账通知时，据以编制收款凭证，做收款处理。

（六）委托收款

委托收款是收款人委托银行向付款人收取款项的结算方式。

按照《支付结算办法》的规定，单位和个人凭已承兑商业汇票、债券、存单等付款人债务证明办理款项的结算，均可以使用委托收款结算方式。这种结算方式同城、异地都可以使用。委托收款结算款项的划回方式分邮寄和电报两种，由收款人选择使用。

采用委托收款方式结算的，收款人委托银行向付款人收取款项时，应填写一式五联的委托收款结算凭证，连同有关债务证明送交银行办理委托收款手续。收款人开户银行受理后,应将有关凭证寄交付款人开户银行并由其审核后通知付款人。付款人为银行的,应在收到委托收款凭证及有关债务证明的当日,主动将款项支付给收款人;审查有关债务证明后需拒绝付款的,应自收到委托收款及债务证明的次日起 3 日内出具拒绝证明并连同有关债务证明、委托收款凭证寄给被委托银行,转交收款人。付款人为企业的,应于接到通知的当日书面通知银行付款。按照规定,付款人未在接到通知日的次日起 3 日内通知银行付款的,视同付款人同意付款,银行应于付款人接到通知日的次日起 4 日上午开始营业时,将款项划给收款人。银行在办理划款时,付款人存款账户不足以支付应付金额时,应通过被委托银行向收款人发出未付款项通知书。债务证明留存付款人开户银行的,付款人开户银行应将债务证明连同未付款项通知书邮寄被委托银行转交收款人。付款人审查有关债务证明后需拒绝付款的,应在接到通知日的次日起 3 日内出具拒绝证明。

收款人应在收到银行的收账通知时,据以编制收款凭证,做收款处理;付款单位在收到银行转来的委托收款凭证后,根据委托收款凭证的付款通知联和有关的原始凭证,编制付款凭证,做付款处理。如果拒绝付款,属于全部拒付的,不做会计处理;属于部分拒付的,企业应在付款期内出具部分拒付理由书并提交开户银行,根据银行盖章退回的拒付理由书第一联编制部分付款的付款凭证,做付款处理。

在同城范围内,收款人收取公用事业费,可以使用同城特约委托收款。采用委托收款收取公用事业费的,必须具有收付双方事先签订的经济合同,由付款人向开户银行授权,并经开户银行同意,报经中国人民银行当地分支行批准。

(七)异地托收承付

异地托收承付是指收款人根据购销合同发货后,委托银行向指定的异地付款人收取款项,付款人根据购销合同核对单证或验货后,向银行承诺付款的一种结算方式。

这种结算方式适用于异地订有购销合同的商品交易,以及因商品交易而产生的劳务供应和垫付费用等款项的结算。

采用这种结算方式必须具备三个条件:第一,购销双方订有合法的购销合同;第二,购销双方的信用较好,都能遵照合同的有关规定;第三,要有货物确已发运的证件。销货单位按照购销合同发货后,应及时填制“异地托收承付结算凭证”一式五联,连同发票账单、发运证件和代垫费用清单等送交开户银行办理托收手续。开户银行审查受理后,将托收凭证回单退还企业,作为其会计处理的依据,并将其单证寄往购货单位开户银行通知购货单位承付货款。

购货单位收到托收承付结算凭证和所附单据后,应立即审核是否符合合同的规定。按照结算办法的规定,承付货款分为验单付款和验货付款两种,这在双方签订的合同中已做了明确规定。验单付款是购货单位根据购销合同对银行转来的托收承付结算凭证、发票账单和发运证件等审核无误后，即可承付货款。为了便于购货单位对凭证进行审核和筹措资金，结算办法规定承付期为3天。验货付款是等到货物到达购货单位，对其进行检查与购销合同完全相符后才承认付款。为了便于购货单位组织验货，结算办法规定承付期为10天。购货单位在承付期内，未向银行表示拒绝付款，银行视为同意承付，并在承付期满的次日（法定节假日顺延），将款项主动从付款人的账户内付出，按照销货单位指定的划款方式，划转给销货单位。采用异地托收承付结算方式的，收款人对托收款项应在收到银行的收账通知时，根据收账通知和有关原始凭证，编制收款凭证；付款单位对于承付的款项，应于承付时根据托收承付结算凭证的托付通知和有关发票账单等原始凭证，编制付款凭证；对于既未表示承付也未表示拒付的款项，应于规定的承付期满的次日，编制付款凭证。

（八）信用卡

信用卡是指商业银行向单位和个人发行的，凭以向特约单位购物、消费和向银行存取现金，且具有消费信用的特制载体卡片。信用卡按使用对象分为单位卡和个人卡，按信誉等级分为金卡和普通卡。

凡在中国境内金融机构开立基本存款账户的单位均可申领单位卡。单位卡可申领若干张，持卡人资格由申领单位法定代表人或其委托的代理人书面指定和注销。单位申领使用信用卡时，应按规定填制申请表，连同有关资料一并送交发卡银行。符合条件的单位应按银行的要求交存一定金额的备用金后，银行才能为申领人开立信用卡存款账户，并发给信用卡。单位卡账户的资金一律从其基本存款账户转入，不得交存现金，不得将销货收入的款项存入其账户。单位卡销户时账户余额要转入其基本存款账户，不能提取现金。

利用单位卡进行结算的商品交易、劳务供应，其款项的金额不能高于10万元。信用卡在规定的限额和期限内允许善意透支，而且对透支金额有明确的规定。信用卡透支期限最长为60天。

（九）信用证

信用证是一种由银行依照客户的要求和指示开立的有条件承诺付款的书面文件。

信用证属于银行信用，主要适用于国际结算。虽然我国1997年就制定了《国内信用证结算办法》，但由于国内贸易的特点，利用这种结算方式进行结算的企业还很少。

信用证业务涉及六个方面的当事人：（1）开证申请人，指向银行申请开立信用证的人，又称开证人。（2）开证行，接受开证申请人的委托开立信用证的银行，它承担保证付款的责任。（3）通知行，指受开证行的委托，将信用证转交出口人的银行，它只证明信用证的真实性，不承担其他义务。（4）受益人，指信用证上所指定的有权使用该证的人,即出口人或实际供货人。(5)议付银行,指愿意买入受益人交来跟单汇票的银行。(6)付款银行,信用证上指定付款的银行,在多数情况下,付款行就是开证行。

信用证结算方式的一般收付程序是:

1. 开证申请人根据合同填写开证申请书并交纳押金或提供其他保证,请开证行开证。

2. 开证行根据申请书内容,向受益人开出信用证并寄交出口人所在地通知行。

3. 通知行核对印鉴无误后,将信用证交受益人。

4. 受益人审核信用证内容与合同规定相符后,按信用证规定装运货物、备妥单据并开出汇票,在信用证有效期内,送议付行议付。

5. 议付行按信用证条款审核单据无误后,把货款垫付给受益人。

6. 议付行将汇票和货运单据寄开证行或其特定的付款行索偿。

7. 开证行核对单据无误后,付款给议付行。

8. 开证行通知开证人付款赎单。

上述各种结算方式的使用,需以加强结算纪律为保证。中国人民银行发布的《银行结算办法》中规定了银行结算纪律,即不准出租、出借银行账户;不准签发空头支票和远期支票;不准套取银行信用等。企业必须严格遵守《银行结算办法》规定的结算纪律,保证结算业务的正常进行。

第二节 库存现金

一、库存现金的管理

库存现金是指存于企业、用于日常零星开支的现钞,是资产中流动性最强的一种货币性资产。

库存现金具有货币性、通用性、无限制与可流通性的特性。正是由于这些特性,库存现金也最容易发生错误或被经济管理人员挪用或侵占,因此企业必须建立健全库存现金的内部控制制度,对现金实施严格的管理,以防止意外事件或损失的发生。

(一)现金的使用范围

根据《现金管理暂行条例》和支付结算制度的规定,企业可在下列范围内使用库存现金:

1. 职工工资、津贴。

2. 个人劳务报酬。

3. 根据国家规定颁发给个人的科学技术、文化艺术、体育等各种奖金。

4. 各种劳保、福利费用以及国家规定的对个人的其他支出。

5. 向个人收购农副产品和其他物资的价款。

6. 出差人员必须随身携带的差旅费。

7. 结算起点(1000 元)以下的零星支出。

8. 中国人民银行确定需要支付库存现金的其他支出。

属于库存现金结算范围的支出,企业可以根据需要向银行提取现金支付;不属于上述库存现金结算范围的款项支付,一律通过银行进行转账结算。

(二)库存现金的限额

为了满足企业日常零星开支现金的需要,企业必须经常保留一定数额的库存现金。库存现金的限额是指企业保留库存现金的最高数额,由企业的基本户开户银行来核定。核定的依据一般是企业 3 ~5 天的正常零星开支,同时考虑企业距离银行的远近及交通是否方便。边远地区和交通不便地区最多可以按 15 天的正常开支核定库存现金的限额。库存限额一经核定,企业必须严格执行,不能任意超出,超过限额规定的现金应及时送存银行。库存现金低于限额时,可以签发现金支票从银行提取现金补足限额。

(三)库存现金收支的日常管理

1. 建立内部牵制制度。

所谓内部牵制制度,是指凡涉及财物和货币资金的收付、结算及其登记的任何一项工作,必须由两人或两人以上分工掌管,以起到相互制约作用的一种内部控制制度。主要包括:

(1)实行钱账分管。管钱的出纳员不得兼管收入、费用、债权、债务等账簿的登记工作以及会计稽核和会计档案的保管工作;管账的会计人员不得同时兼管出纳工作。

(2)严格印章管理。财务专用章应由专人保管,个人名章必须由本人或其授权人保管,严禁一个人保管支付款项所需要的全部印章。

(3)定期进行岗位轮换。

2. 制定票据管理办法。

出纳员保管企业的空白支票、空白收据和各种有价证券,应专设登记簿办理空白支票、空白收据的领用注销手续。

3. 严格现金收支手续。

会计人员(或出纳员)填制收付款凭证,经会计主管人员审核后,由出纳员办理款项收付。出纳员收付款项后,要在收付款凭证上签章,并加盖"收讫"或"付讫"戳记,据以登记现金日记账。

4. 企业取得的现金收入应于当日送存银行。

当日送存银行有困难的，由开户银行确定送存时间。

5. 企业支付现金，可从库存现金限额中支付或从开户银行提取，一般不得坐支现金。

所谓坐支现金，是指企业利用现金收入直接支付自身的支出。

6. 建立现金审查制度。

出纳员应每日结算出现金日记账余额，并与库存现金实存数核对，做到日清月结，账款相符。财务主管人员要对其进行抽查和稽核。

7. 不得“白条顶库”。

即不准以不符合财务会计制度规定的凭证、单据（如借条、收据等白条）顶替库存现金。

8. 企业收入的现金应及时入账。

企业不得私设“小金库”，不得“账外设账”和“公款私存”。

二、库存现金的会计处理

为了记录企业库存现金的收入、付出和结存情况，企业应设置“库存现金”账户，借方登记库存现金收入数，贷方登记库存现金的支出数，余额在借方，表示现金的库存数。“库存现金”账户，可以根据现金收款凭证和付款凭证直接登记，但在收付款业务比较多的企业中，如果根据收付款凭证逐笔登记，必然增加了记账的工作量。在这种情况下，为了简化记账工作，企业可以把现金收款凭证和付款凭证按照科目进行归类，定期编制汇总收款凭证和汇总付款凭证，据以登记“库存现金”和有关科目。

企业收入现金时，借记“库存现金”科目，贷记有关科目；支出现金时，借记有关科目，贷记“库存现金”科目。

[例2－1] 润华公司2015年6月发生如下库存现金收支业务：

（1）签发现金支票，从银行提取现金2 000元。

借：库存现金　　2 000

　　贷：银行存款　　2 000

（2）某业务员出差，预支差旅费1 000元。

借：其他应收款　　1 000

　　贷：库存现金　　1 000

（3）购买办公用品500元，用现金支付。

借：管理费用　　500

　　贷：库存现金　　500

（4）企业销售产品，收到现金580元，货已发出，开出增值税专用发票。

借：库存现金　　580
　贷：主营业务收入　　500
　　应交税费——应交增值税（销项税额）　　80

三、库存现金的清查

库存现金清查的基本方法是实地盘点，包括出纳员的每日清点和清查小组的定期和不定期清查。盘点结束后，将清查库存现金的实存数与现金日记账余额进行核对，确定账款是否相符。核对时，应注意的是库存现金的实存数不包括"白条"抵充的现金。现金管理条例规定不准白条顶库，即不准以不符合财务会计制度规定的凭证（如借条、收据等白条）顶替库存现金。清查核对过程中如发现差额，要查明原因，及时更正；如果发现库存现金短款或长款，要及时查明原因，加以处理，不得以今日盘点的长款抵补以前的短款。对于超过库存限额的现金，要及时送存银行。

为反映库存现金短缺或溢余的处置情况，应设置"待处理财产损溢"账户，借方登记发现的库存现金短缺数和查明原因、报经批准进行处置的溢余数，贷方登记发现的库存现金溢余数和报经批准处置的短缺数；处理结束后，该账户没有余额。

发现短缺时，按短缺库存现金的金额，借记"待处理财产损溢"科目，贷记"库存现金"科目；查明原因，报经批准，应由责任人赔偿的，按其赔偿金额，借记"其他应收款"或"库存现金"科目，按短缺的金额贷记"待处理财产损溢"科目；借贷方之间的差额，借记"管理费用"科目。

发现溢余时，按溢余库存现金的金额，借记"库存现金"科目，贷记"待处理财产损溢"科目。查明原因，报经批准时，借记"待处理财产损溢"科目，凡属于应支付给有关人员或单位的库存现金溢余，贷记"其他应付款"或"库存现金"科目；无法查明原因的库存现金溢余，贷记"营业外收入"科目。

第三节　银行存款

一、银行账户的类型

银行存款是企业存放在银行和其他金融机构的各种货币资金。按规定，企业除了可以在现金收付范围内用现金结算外，其他各种款项的结算必须通过银行办理转账结算。为了办理转账结算，企业必须在银行开立账户。根据业务需要，企业在银行开立的账户包括以下几种类型：

(一)基本存款账户

它是企业办理日常转账结算和现金收付的账户。企业职工薪酬等现金的支取只能通过基本存款账户办理,企业只能在银行开立一个基本存款账户。

(二)一般存款账户

它是企业在基本存款账户以外的银行借款转存以及与基本存款账户的企业不在同一地点的附属非独立核算单位开立的账户。企业可以通过一般存款账户办理转账结算和现金缴存,但不能办理现金支取。

(三)临时存款账户

它是企业因临时经营活动需要开立的账户。企业可以通过临时存款账户办理转账结算和根据国家现金管理规定办理现金收付。

(四)专用存款账户

它是指企业因特定用途需要开立的账户。

二、银行存款的会计处理

企业在日常经营活动中,经常与开户银行发生款项的收付业务。这些收付业务必须严格按照国家现金管理和银行结算制度的有关规定,填制或取得各种银行结算凭证,作为收、付款项的书面证明,经会计主管人员审核签字后,据以编制收款凭证或付款凭证,进行银行存款收付的核算。为了避免重复编制记账凭证,凡从银行提取现金或将现金存入银行时,企业只编制付款凭证。

为了记录企业银行存款的收支和结存情况,企业应设置"银行存款"账户,借方登记企业银行存款的增加,贷方登记企业银行存款的减少,期末余额在借方,反映企业期末结存的银行存款。

[例2-2] 润华公司2015年9月发生如下银行存款收付业务:

(1)3日,将现金3 000元存入银行。

借:银行存款	3 000	
贷:库存现金		3 000

(2)6日,采购原材料一批,货款2 000元,增值税320元,款项用银行存款支付,材料已验收入库。

借:原材料	2 000	
应交税费——应交增值税(进项税额)	320	

贷:银行存款　　　　2 320

(3)15 日,销售产品一批,价款 10 000 元,增值税 1 600 元,收到转账支票存入银行。

借:银行存款　　　　11 600
　贷:主营业务收入　　　　10 000
　　应交税费——应交增值税(销项税额)　　　　1 600

(4)17 日,购买办公用品 1 000 元,签发转账支票支付。

借:管理费用　　　　1 000
　贷:银行存款　　　　1 000

(5)27 日,签发现金支票,从银行提取现金 5 000 元。

借:库存现金　　　　5 000
　贷:银行存款　　　　5 000

银行存款的收付业务除了进行总分类核算外,还需设置银行存款日记账,按照银行存款收付业务发生的先后顺序逐笔登记,每日终了应结出余额。

三、银行存款的清查

清查银行存款的基本方法是定期将银行存款日记账与银行对账单核对,每月至少核对一次。如有不符,要查明原因,予以调整。企业与开户银行双方记录的存款余额如果不相符,不外乎两种情况:一是双方记账发生差错,二是存在未达账项。对于银行或企业错记或漏记的业务,在查找原因后应编制分录进行更正。所谓的未达账项是指由于结算凭证在传递、接收时间上不一致而导致的一方已经入账,另一方没有接到凭证尚未入账的收付款项。产生未达账项的原因归纳起来有以下 4 种情况:

1. 企业已收款记账,而银行尚未收款记账的账项。

例如,企业将收到的转账支票存入银行,但银行尚未转账。

2. 企业已付款记账,而银行尚未付款记账的账项。

例如企业签发支票并已记账,而持票人尚未将支票送存银行。

3. 银行已收款记账,而企业尚未收款记账的账项。

例如委托收款收到的货款,银行已经入账,企业尚未收到收账通知因而未入账。

4. 银行已付款记账,而企业尚未付款记账的账项。

例如企业的借款利息,银行已从企业存款户付出,企业尚未收到付款通知因而未入账。

由于未达账项使双方余额不一致时,可通过编制银行存款余额调节表,使之调节相符。发生的未达账项不需要调账。

[例 2 - 3] 润华公司 2017 年 10 月 31 日银行存款日记账的余额为 12 000 元,银行

对账单上的存款余额是17 000元。经逐笔核对后,发现有以下未达账项:

(1)润华公司10月31日存入转账支票一张1 000元,但银行因内部手续尚未办妥,还未入账。

(2)润华公司10月30日开出的一张转账支票1 400元,持票人尚未送存银行。

(3)银行已将润华公司5 000元的销货款收妥入账,收账通知尚未送达企业,企业尚未入账。

(4)供电局委托银行代收润华公司应付的电费400元,银行已从企业存款中支付,付款通知单尚未送达企业,企业尚未记账。

根据上述资料,润华公司2017年10月31日编制银行存款余额调节表(见表2-1)。

表2-1 银行存款余额调节表——××银行

2017年10月31日

项 目	金额	项 目	金 额
企业银行存款账户余额 加:银行已代收的货款 减:银行已代付的电费	12 000 5 000 400	银行对账单的存款余额 加:企业存入银行的支票 减:企业已开出的支票	17 000 1 000 1 400
调节后余额	16 600	调节后余额	16 600

经过上述调节后双方的余额相符,调节后的余额16 600元表示该企业10月31日银行存款实有数。调节后如果余额仍不相符,表明账目有差错,应进一步查明原因,并加以更正。

需注意的是:银行存款余额调节表主要是用来核对企业与银行双方的记账有无差错,不能作为记账的依据。对于因未达账项而使双方账面余额出现的差异,无须作账面调整,待结算凭证到达后再进行账务处理,登记入账。

第四节 其他货币资金

一、其他货币资金的定义及范围

其他货币资金是指企业除库存现金、银行存款以外,为准备某些特殊的结算业务存放在银行或其他金融机构的货币资金总称,包括外埠存款、银行汇票存款、银行本票存款、信用卡存款、信用证存款、存出投资款等。

为了记录企业的各种其他货币资金增减变动及结余情况,企业应设置"其他货币资金"账户,并按照其他货币资金的种类,分别设置"外埠存款""银行汇票""银行本票”“信用卡”“信用证保证金”和“存出投资款”等明细账户。本账户属于资产类账户，借方登记各项其他货币资金的增加额，贷方登记减少额，余额在借方，表示各项其他货币资金的结余额。

二、外埠存款

外埠存款是指企业到外地进行临时或零星采购时，汇往采购地银行开立采购专户的款项。外埠存款涉及以下 3 个方面问题的处理：

1. 采购地选择开户银行，将采购款汇往采购专户。

［例 2－4］润华公司委托开户银行汇出 10 000 元给采购地银行，开立采购专户。

借：其他货币资金——外埠存款　　10 000

　　贷：银行存款　　10 000

2. 采购员根据购货情况，从采购专户取款采购货物。

［例 2－5］（接［例 2－4］）假设采购员从采购专户取款 6 960 元购买原材料。财务部门收到采购员交来的购货增值税专用发票，列明材料价款 6 000 元，增值税960元。材料验收入库。

借：原材料　　6 000

　　应交税费——应交增值税（进项税额）　　960

　　贷：其他货币资金——外埠存款　　6 960

3. 采购结束，将未用完的款项转回。

［例 2－6］（接［例 2－5］）采购员完成采购任务，将未用完外埠存款 3 040 元转回。假设已收到开户银行的收账通知。

借：银行存款　　3 040

　　贷：其他货币资金——外埠存款　　3 040

三、银行汇票

银行汇票存款是指企业采用银行汇票结算方式进行往来结算时，为取得银行汇票，按照银行结算制度规定存入银行的款项。采用银行汇票结算方式，将款项支付给收款人时，可能涉及以下 3 个方面的问题：

1. 根据结算需要，向开户银行申请签发银行汇票。

［例 2－7］润华公司因采购原材料的需要，向开户银行申请签发金额为 10 000 元银行汇票。银行已受理，并签发汇票。公司取得银行汇票和银行盖章退回的银行汇票申请书。

借：其他货币资金——银行汇票　　10 000

　　贷:银行存款　　　　10 000

2. 企业持银行汇票采购货物,或用银行汇票偿付以前债务。

[例2-8](接[例2-7])假设润华公司使用银行汇票支付材料价款8 000元,增值税1 280元。材料已验收入库。

借:原材料　　　　8 000
　　应交税费——应交增值税(进项税额)　　　　1 280
　　贷:其他货币资金——银行汇票　　　　9 280

如果企业用银行汇票偿付以前所欠债务,则做如下会计处理:

借:应付账款等科目　　　　×××
　　贷:其他货币资金——银行汇票　　　　×××

3. 如果实际结算金额小于银行汇票的票面金额,退回多余款项。

[例2-9](接[例2-8])假设润华公司收到开户银行转来的银行汇票多余款收账通知,银行汇票的余款720元已存入公司的银行账户。

借:银行存款　　　　720
　　贷:其他货币资金——银行汇票　　　　720

四、银行本票

银行本票存款是指企业采用银行本票结算方式进行往来结算时,为取得银行本票,按银行结算制度规定存入银行的款项。采用银行本票结算方式,将款项支付给收款人时,涉及两个方面的问题:

1. 根据结算需要,向开户银行申请签发银行本票。

[例2-10] 润华公司因偿还以前所欠宏源公司货款,向开户银行申请签发金额为100 000元的银行本票。银行已受理,并签发银行本票。润华公司取得银行本票和开户银行盖章退回的银行本票申请书。

借:其他货币资金——银行本票　　　　100 000
　　贷:银行存款　　　　100 000

2. 企业持银行本票采购货物,或用银行本票偿付以前债务。

[例2-11](接[例2-10])假设润华公司将银行本票交给宏源公司,偿还其所欠货款100 000元。

借:应付账款　　　　100 000
　　贷:其他货币资金——银行本票　　　　100 000

五、信用卡

信用卡存款是指企业为取得信用卡而存入银行信用卡专户的款项。企业申请领用信用卡，应按照有关规定填制申请表，并按银行要求交存备用金开立信用卡存款账户，领取信用卡。企业使用信用卡过程中，可能涉及4个方面的问题：

1. 根据业务需要，在商业银行开立信用卡。

［例2－12］润华公司根据业务需要，在工商银行开立一张牡丹卡信用卡，存入80 000元，开卡时以现金支付开卡手续费100元。

借：其他货币资金——信用卡　　80 000
　　财务费用　　100
　　贷：银行存款　　80 000
　　　　库存现金　　100

2. 使用信用卡进行消费。

［例2－13］润华公司用信用卡支付餐费2 800元。

借：管理费用　　2 800
　　贷：其他货币资金——信用卡　　2 800

3. 支付信用卡透支额及透支利息。

［例2－14］假设润华公司签发转账支票一张，支付信用卡透支额80 000元及透支利息800元。

借：其他货币资金——信用卡　　80 000
　　财务费用　　800
　　贷：银行存款　　80 800

4. 将款项存入信用卡。

［例2－15］润华公司签发转账支票一张，金额70 000元，存入信用卡。

借：其他货币资金——信用卡　　70 000
　　贷：银行存款　　70 000

六、信用证保证金

信用证保证金存款是指采用信用证结算方式的企业为取得信用证按规定存入银行的保证金。信用证业务涉及申请开立信用证和付款赎单两方面的交易。

1. 开立信用证，存入保证金。

［例2－16］润华公司欲进口一批商品，该批货物的总价值折合人民币100万元，采用信用证结算方式。公司向银行申请开立信用证，按银行要求，需交纳开证金额30%的保证金。润华公司签发转账支票一张，金额30万元，存入开证行。

借：其他货币资金——信用证保证金　　300 000
　　贷：银行存款　　300 000

2. 收到货物，付款赎单。

［例2－17］润华公司进口的货物（原材料）已收到，验收入库。以银行存款支付关税100 000元，增值税160 000元，另支付给开证行70万元，赎回购货单据。

借：原材料　　1 100 000
　应交税费——应交增值税（进项税额）　　160 000
　贷：其他货币资金——信用证保证金　　300 000
　　银行存款　　960 000

七、存出投资款

存出投资款是指企业已存入证券公司但尚未进行相关投资的款项。企业欲在证券市场进行投资，按照相关规定，首先应选择证券公司开立股票账户和资金账户；然后在资金账户中存入投资所需款项，以备投资。这里只介绍将款项存入资金账户中的会计处理，至于投资的会计处理，详见第四章和第五章的内容。

［例2－18］润华公司欲在证券市场投资，选择齐鲁证券开立股票账户和资金账户。签发转账支票一张，金额20 000 000元，存入资金账户，准备用于证券投资。

借：其他货币资金——存出投资款　　20 000 000
　贷：银行存款　　20 000 000

【本章主要参考文献】

［1］钟安石、闫守常：《中级财务会计学》，经济科学出版社2006年版。
［2］张维宾：《中级财务会计学》，立信会计出版社2007年版。
［3］方正生：《企业会计学》，中国财政经济出版社2007年版。
［4］王善平、汤健、刘天雄：《中级财务会计学》，湖南人民出版社2007年版。
［5］朱学义：《中级财务会计》，机械工业出版社2007年版。
［6］杨全德：《财务会计实务》，中国财政经济出版社2008年版。

【实训练习题】

1. 宏源公司发生如下交易：

（1）开出现金支票一张，向银行提取现金6 000元。

（2）职工王芳出差，借支差旅费8 000元，以现金支付。

（3）收到乙公司交来的转账支票一张，金额50 000元，用以归还上月所欠货款，支票已送存银行。

（4）向丙公司采购A材料，收到的增值税专用发票上列明价款100 000元，增值税16 000元，企业采用汇兑结算方式将款项支付给丙公司。A材料已验收入库。

（5）企业开出转账支票一张，归还以前欠丁公司货款30 000元。

（6）职工王芳出差回来报销差旅费，原借支8 000元，实报销8 236元，差额即用现金补付。

（7）将现金 10 000 元送存银行。

（8）企业在现金清查中，发现现金短缺 200 元，原因待查。

（9）上述短缺原因已查明，是出纳员程红工作失职造成，程红当即交回现金 200 元以作赔偿。

（10）销售商品收到现金 696 元，其中货款 600 元，增值税 96 元。

（11）销售商品一批，货款 20 000 元，增值税 3 200 元，货已发出，收到转账支票一张，存入银行。

要求：根据上述交易编制会计分录。

2. 宏源公司 6 月 30 日“银行存款日记账”账面余额为 226 600 元，“银行对账单”余额为 269 700 元。经核对，存在如下未达账项：

（1）6 月 30 日销售商品，收到转账支票一张，金额 23 000 元，已送存银行，银行尚未入账。

（2）6 月 29 日开出转账支票一张，支付购买材料款 58 500 元，持票单位尚未向银行办理手续。

（3）6 月 30 日，银行代宏源公司收到销货款 24 600 元，宏源公司尚未收到收款通知。

（4）6 月 30 日，银行代宏源公司付出电费 17 000 元，宏源公司尚未收到付款通知。

要求：根据资料编制银行存款余额调节表。

3. 宏源公司发生如下交易：

（1）宏源公司委托银行签发银行汇票 50 000 元，有关手续已办妥，采购员李强持汇票到外地 A 市采购材料。

（2）李强在 A 市采购结束，增值税专用发票上列明的材料价款为 40 000 元，增值税 6 400 元，合计 46 400 元，材料已验收入库。

（3）接到银行转来的银行汇票余款通知，剩余款项已存入银行。

（4）宏源公司购买办公用品 2 100 元，用信用卡付款，取得普通发票。

要求：根据上述交易编制会计分录。

4. 宏源公司发生如下交易：

（1）出纳员从银行购买转账支票 5 本，每本 25 元，付现金。

（2）购买办公用品一批，金额 2 000 元，签发转账支票一张，取得普通发票。

（3）收到乙公司出票的银行汇票一张，金额 100 000 元，用于偿还以前欠款，于当日送存银行。

（4）为偿还以前欠丙公司货款，向开户银行申请签发 50 万元的银行汇票一张。银行已受理，并签发汇票。

(5)签发转账支票一张,金额68万元,用于发放本月工资。

(6)企业董事会经研究决议,以企业暂时不用的资金5000万元从事证券投资业务。为控制风险,只从事一级市场的新股申购业务。财务部门根据董事会的决议,将5000万元的资金存入证券公司的资金账户。

(7)3月5日,企业因采购材料向银行申请签发50万元的银行汇票一张,银行已受理并签发汇票。3月10日采购的材料已验收入库,取得增值税专用发票一张,货款42万元,增值税6.72万元。3月12日,收到银行转来的"多余款收账通知"。

(8)5月20日,向信用卡中转存款项时,发现信用卡透支50 000元,期限60天,除补足透支款50 000元外,还需支付1 500元的利息。为此,宏源公司签发转账支票2张,其中一张金额为51 500元,用于归还银行的透支款和利息;另一张金额为30 000元,存入信用卡中。

(9)6月10日,收到银行的收款通知,企业委托银行收款的银行承兑汇票款已经收到,金额200 000元。

(10)委托银行将50 000元以汇兑方式汇往北京,偿还以前欠乙公司的购货款。

(11)7月10日,销售产品一批,货款74 000元,增值税11 840元。产品发运时开转账支票代客户垫付运费1 600元。8月10日,收到客户提交的银行汇票一张,汇票票面金额为90 000元,实际结算金额为87 440元,当日送存银行。

要求:根据上述交易编制会计分录。

第三章 CHAPTER 3
金融资产——应收款项

【学习目标】

1. 了解应收款项的特征和各应收款项账户所反映的内容。

2. 熟练掌握应收账款的产生、收回，应收票据的取得、收款、贴现以及背书转让所涉及的会计处理。

3. 了解预付账款、应收股利、应收利息以及其他应收款的会计处理。

4. 了解长期应收款的范围及其确认和计量。

应收款项是指在活跃市场中没有报价、回收金额固定或可确定的非衍生金融资产。根据变现速度的快慢可分为流动性应收款项和非流动性应收款项。流动性应收款项按其产生的原因不同可分为：(1)销售商品或提供劳务引起的，包括应收账款和应收票据；(2)购进商品或接受劳务而发生的预付账款；(3)投资活动引起的款项，包括应收股利和应收利息；(4)其他活动引起的款项，如其他应收款。非流动性应收款项是指超过一年才能收回的应收款项，如长期应收款。

第一节 应收账款和合同资产

一、应收账款

(一)应收账款的产生

1. 应收账款产生的原因

(1)商业信用的产物。

在当今市场竞争日益激烈的情况下,企业要想不断扩大市场份额,千方百计吸引客户或中间商,所采取的一项重要措施便是向下游客户提供商业信用。商业信用是指在商品交换中,由于商品和货币在时间和空间上的分离而形成的企业之间的直接信用行为。

企业在销售货物或提供劳务过程中,通常可以采取两种方式①:一是现销,即采取一手交钱一手交货的交换方式;二是赊销,即企业先将货物销售给购货方,延迟一定时期后再收回货款,也就是货物的销售时间和货款的收回时间发生分离。正是由于这个分离,销货方向购货方提供了商业信用。销货方在向购货方提供商业信用时,根据购货方信用情况的不同,可提供不同的商业信用。如果购货方信用良好,销货方对购货方的信用又非常了解,这时销货方可直接向购货方提供商业信用,而不需要提供任何担保,我们把销货方向购货方提供的这种方式的商业信用称为"普通信用"。销货方向购货方提供普通信用而形成的债权,会计上称为应收账款。如果销货方对购货方的信用不很了解,为了确保货款能够及时收回,在向购货方提供商业信用时就需购货方提供一定形式的书面承诺,作为对信用的担保。在实际工作中,这个书面承诺就是购货方出具的商业汇票。我们把以商业汇票为担保的商业信用称为"保证信用"。销货方向购货方提供保证信用而形成的债权,会计上称为应收票据。本节介绍因普通信用而形成的应收账款。至于"应收票据"的内容,将在第二节介绍。

(2)扩大企业营业收入的手段。

只要是购买方经审查符合企业的信用资格要求,企业可以在购买方不支付任何资金的情况下销售货物或提供劳务,这样一方面扩大了企业的销售收入,另一方面也给购买方提供了一种资金使用成本很低的短期融资渠道,因此,赊销是一种双方互利共赢的手段,在企业的日常经营过程中极为常见。

2. 应收账款的风险

从销售方来看,赊销使企业营业收入增加的同时,应收账款的风险也会随之增加。应收账款的风险来自两个方面:

(1)信用风险导致的应收账款风险。

应收账款是基于商业信用而产生的,商业信用本身除了受到历史的因素影响以外,更多地受到未来不确定性因素的影响,因此,商业信用本身充满了不确定性。商业信用本身的不确定性意味着企业未来回收应收账款存在风险。企业经营的历史经验告诉我们,即使企业制定了非常严格的信用标准,仍然难以避免部分应收账款收不回来,从而发生坏账。

---

① 除了现销和赊销外,还有预收货款销售货物的方式。预收货款销售一般发生在企业生产的产品处于卖方市场的情况下,而现在的产品通常都处于买方市场,所以很难采用预收货款方式销售商品。采取预收货款销售方式也会产生商业信用,只是这种信用是由购货方向销货方提供,会计上称为预付账款。

(2)巨额应收账款带来资金周转风险。

应收账款在企业流动资产中占有较大比重,对企业的营运资金管理至关重要。如果企业产生巨额应收账款,即使企业的营运资金非常充裕,但是因为没有充裕的货币资金可供支用,也可能给企业带来偿债或固定资产投资方面的困难。如果说信用风险是来自购买方的风险,那么资金周转风险则是来自企业自身的风险。

应收账款是一把“双刃剑”。从销售方来看,赊销带来企业营业收入增加的同时,也增加了应收账款资金的机会成本,同时坏账风险会随之增加,在企业目前的信用标准下可能导致的坏账损失也会增加。因此,企业应在赊销带来的收益和可能发生的损失之间进行权衡,根据企业具体情况确定合理的应收账款水平。

(二)应收账款的计量

应收账款是企业在正常经营过程中,由于销售商品或提供劳务而应向购货方或接受劳务单位应收且未收的款项,入账时一般按照实际发生额或应收额入账。销售时只要不是销货方应当承担的费用,而是代为垫付的,都应计入应收账款,通过回收应收账款加以收回。

企业在销售货物时,往往给购货方一定方式的折扣,给予的折扣可能会影响到应收账款的入账价值,因此,企业对应收账款进行计量时,需要考虑折扣的具体情况进行入账。企业提供的折扣主要有商业折扣和现金折扣两种。

1. 商业折扣

商业折扣是指企业为了促进销售而在商品的标价上给予的扣除,包括正常的企业打折销售、量大从优销售以及其他名目的打折销售。例如,企业为了鼓励购买者买更多的商品,规定购买100件以上,价格是零售价的九折,即给予10%的价格折扣;附带赠品销售也是一种折扣销售,比如规定买100件送10件;为了处理陈旧库存、过季商品、残次商品进行的降价销售也是商业折扣销售。商业折扣在现实生活当中可能还有更多的表现形式,但不管是什么形式和方法,商业折扣的目的在于企业能更多、更快地销售。商业折扣在交易发生时已经确定,它仅仅是确定销售价格的一种手段,不需要在买卖双方任何一方的账上进行反映。商业折扣对应收账款的入账价值没有实质性的影响。因此,在存在商业折扣的情况下,企业应收账款的入账金额应按扣除商业折扣以后的实际售价确认。例如宏达公司主要生产儿童玩具,每件售价为40元,批量购买20件以上的,每件折扣20%;批量购买40件以上的,每件折扣30%,如果客户实际购买25件玩具,则实际售价为$25 \times 40 \times (1-20\%)=800$元,即宏达公司应将800元作为确定应收账款的入账价值依据。

2. 现金折扣

现金折扣是指债权人为鼓励债务人在规定的期限内付款,而向债务人提供的债务扣除。在赊销方式销售商品或提供劳务情况下，现金折扣现象比较常见。现金折扣的具体规定取决于企业信用部门制定的信用政策，通常的做法是：债务人在不同的期限内付款，可以享受不同的债务扣除比例，即在“应收账款”上给予打折。现金折扣一般用符号“折扣/付款期限”表示。例如，符号“2/10，1/20，n/30”，表示买方在10天内付款可按照开票价格给买方2%的折扣，在20天内付款可按照开票价格给买方1%的折扣，30天属于信用期限，到期后要全额付款。

现金折扣与商业折扣相比，区别有以下几点：(1)时间不同。商业折扣发生在开票前，而现金折扣发生在开票后。(2)目的不同。商业折扣既然发生在开票前，其目的在于促进企业销售，诱使买方购买，开票时就已经确定这种折扣；现金折扣发生在开票后，企业目的在于尽可能早地收回货款，享受折扣的多少取决于购买方的付款时间。由于销售方不知道购买方何时付款，因此，在开票时企业无法确定购买方享受还是不享受现金折扣以及享受多少现金折扣。

在存在商业折扣的情况下，企业按照扣除商业折扣后的价款作为应收账款的初始入账价值。在存在现金折扣的情况下，企业根据发票等原始凭证入账时有两种选择：

一是将未减去现金折扣后的金额作为应收账款的初始入账价值，即一开始的时候就视同客户不享受折扣，这种方法称为总价法。在总价法下，只有客户在折扣期内支付货款现金折扣才予以确认。如果客户在折扣期限内付了款，销售方将给予客户的现金折扣视为融资的理财费用，销售方自愿承担这笔费用，会计上作为财务费用处理。总价法可以较好地反映企业销售的全过程，但是可能会因为客户享受现金折扣而高估了应收账款和营业收入。

二是将扣除现金折扣后的金额作为应收账款的初始入账价值，即一开始的时候就视同客户享受折扣，这种方法称为净价法。在净价法下，把客户取得现金折扣视为正常现象，认为客户一般都会理性地选择提前付款。如果客户超过折扣期才支付货款，收到的货款超过应收账款初始入账价值的部分视为企业提供信贷获得的收入，于收到货款时作冲减财务费用处理。

目前，我国执行的会计规范只允许企业采用总价法确定应收账款的入账金额，禁止使用净价法。

（三）应收账款的会计处理

在会计实务中，为了反映和监督应收账款的发生、收回等情况，企业应设置应收账款总账和明细账。

应收账款总账的借方用于登记会计期间内应收账款的增加金额，贷方用于登记会计期间内应收账款的减少金额，余额通常在借方，表示已经发生尚未收回的应收账款金额。应收账款也可能出现贷方余额，表示企业预收的货款金额。对于预收账款不多的企业，可以不单设预收账款账簿，收到预收的货款时记入应收账款的贷方，实际开票销售时从借方冲销。从销售方来看，货款结算时，如果某一个购货方实际支付的货款超过本企业应收的货款，或者企业提前预收购货方的部分货款，都会导致应收账款某一个明细账出现贷方余额，表示预收某购货单位的货款，期末在资产负债表上将其列示为负债。

应收账款的明细账应该按照购货单位或接受劳务单位的名称来设置，用于反映企业和每一个购货单位发生的往来账务核算情况。

1. 不提供现金折扣的处理

（1）应收账款产生。

当企业因赊销产生应收账款时，借记“应收账款”科目，按实现的收入贷记“主营业务收入”科目，按增值税专用发票上注明的增值税额，贷记“应交税费——应交增值税（销项税额）”科目。代垫的运费，借记“应收账款”科目，贷记“银行存款”等科目。

［例3－1］济钢公司（增值税一般纳税人）2018年6月20日赊销给轻骑公司A商品一批，增值税专用发票上的价款为50 000元，适用增值税率16%，代垫运杂费1000元，付款期1个月。该业务的会计处理如下：

借：应收账款——轻骑公司	58 000	
贷：主营业务收入——A商品		50 000
应交税费——应交增值税（销项税额）		8 000
借：应收账款——轻骑公司	1 000	
贷：银行存款		1 000

上述两笔处理可以合并如下：

借：应收账款——轻骑公司	59 000	
贷：主营业务收入——A商品		50 000
应交税费——应交增值税（销项税额）		8 000
银行存款		1 000

（2）应收账款到期。

应收账款到期时，企业可能及时收回货款，也可能因购货方暂时无法足额支付货款而向企业签发商业汇票，使得收款期延后。收到货款时，借记“银行存款”等科目，贷记“应收账款”科目。收到商业汇票时，借记“应收票据”科目，贷记“应收账款”科目。

［例3－2］（接［例3－1］）假设济钢公司在7月20日收到货款。该业务的会计处理如下：

借：银行存款	59 000	
贷：应收账款——轻骑公司		59 000

［例3－3］济钢公司（增值税一般纳税人）赊销轻骑公司一批A商品，按照公司规

定的价目表上标明的价格计算，其售价金额为 30 000 元，由于是老客户，企业给予 10% 的商业折扣，金额为 3000 元，折扣以后的售价金额为 27 000 元，增值税为 4 320 元，产品发运时，企业用现金代垫运费 900 元。该业务的会计处理如下：

借：应收账款——轻骑公司　　32 220
　贷：主营业务收入——A 商品　　27 000
　　应交税费——应交增值税（销项税额）　　4 320
　　库存现金　　900

济钢公司收到货款时，会计处理如下：

借：银行存款　　32 220
　贷：应收账款——轻骑公司　　32 220

2. 提供现金折扣的处理

（1）总价法的会计处理。

①应收账款的产生。当企业因赊销产生应收账款时，按销售货物的金额，借记“应收账款”科目，按实现的收入，贷记“主营业务收入”科目，按增值税专用发票上注明的增值税额，贷记“应交税费——应交增值税（销项税额）”科目。代垫的运费，借记“应收账款”科目，贷记“银行存款”等科目。

［例 3 －4］济钢公司（增值税一般纳税人）2018 年 6 月 20 日赊销给轻骑公司 A 商品一批，增值税专用发票上的价款 100 000 元，规定对价款的付款条件为 2/10，n/30，适用增值税率 16%。该业务的会计处理如下：

借：应收账款——轻骑公司　　116 000
　贷：主营业务收入——A 商品　　100 000
　　应交税费——应交增值税（销项税额）　　16 000

②应收账款的收回。

假设轻骑公司在 10 天内支付了货款，则济钢公司只收到货款 113 680 元，产生了 2 340元的现金折扣，会计处理如下：

借：银行存款　　113 680
　财务费用　　2 320
　贷：应收账款——轻骑公司　　116 000

假设轻骑公司在第 11 天至 30 天内支付了货款，因其不享受现金折扣，济钢公司收到货款 116 000 元，会计处理如下：

借：银行存款　　116 000
　贷：应收账款——轻骑公司　　116 000

（2）净价法的会计处理。

虽然现行会计规范禁止使用净价法，但为了了解这种方法的应用原理，便于和总价法进行比较,也对其进行详细的讲解。

①应收账款的产生。当企业因赊销产生应收账款时,按销货金额扣除现金折扣后的净额,借记“应收账款”科目,按增值税专用发票上注明的增值税额,贷记“应交税费——应交增值税(销项税额)”科目,按借贷方之间的差额,贷记“主营业务收入”科目。代垫的运费,借记“应收账款”科目,贷记“银行存款”等科目。

[例3-5] 济钢公司(增值税一般纳税人)2018年6月20日赊销给轻骑公司A商品一批,增值税专用发票上的价款为100 000元,规定对价款的付款条件为2/10, n/30,增值税专用发票上注明的增值税为16 000元,该业务的会计处理如下:

借:应收账款——轻骑公司　　113 680
　贷:主营业务收入——A商品　　97 680
　　应交税费——应交增值税(销项税额)　　16 000

②应收账款的收回。

假设轻骑公司在10天内支付货款,享受了现金折扣,济钢公司收到货款113 680元,会计处理如下:

借:银行存款　　113 680
　贷:应收账款——轻骑公司　　113 680

假设轻骑公司在第11天至30天内支付了货款,因其不享受现金折扣,济钢公司收到货款116 000元,会计处理如下:

借:银行存款　　116 000
　贷:应收账款——轻骑公司　　113 680
　　财务费用　　2 320

二、合同资产

合同资产是指企业已向客户转让商品而有权收取对价的权利,且该权利取决于时间流逝因素和其他因素。

合同资产与应收账款都是因为企业赊销商品而提供普通信用产生的收款权利,区别在于应收账款代表的是无条件收取合同对价的权利,即企业仅仅随着时间的流逝即可收款,而合同资产并不是一项无条件收款权,该权利除了受时间流逝影响之外,还取决于其他条件(如履行合同中的其他履约义务)才能收取相应的合同对价。因此,应收账款是一项无条件的收款权,合同资产是有条件的收款权。此外,合同资产与应收账款未来承担的风险是不同的,应收账款仅承担信用风险,而合同资产除信用风险之外,还可能承担其他风险,如履约风险。

为记录企业因赊销商品而产生的有条件收款权,应设置“合同资产”科目。有条件的收款权产生时,借记“合同资产”科目,贷记“主营业务收入”科目或“其他业务收入”

科目和“应交税费——应交增值税(销项税额)”科目。收到款项时,借记“银行存款”等科目,贷记“合同资产”科目。合同资产在收到款项前,有条件收款的“条件”消失,变成无条件收款时,借记“应收账款”科目,贷记“合同资产”科目。

第二节　应收票据

一、应收票据及其分类

应收票据是指企业因销售商品、产品或提供劳务等收到商业汇票而形成的债权。商业汇票是指由付款人或收款人签发,由承兑人承兑,并于到期日向持票人支付款项的一种票据。所谓承兑,是指商业汇票的付款人愿意负担起票面金额的支付义务的行为,通俗地讲,就是他承认到期将无条件地支付汇票金额的行为。

商业汇票属于汇票的一种,它是一种期票,即在规定时间期限或确定时间由付款人付款的汇票。也就是说,如果一个人向您签发了一张商业汇票的话,您当时肯定是拿不到钱的。例如:签发的是一张出票后 3 个月付款的商业汇票,您需要拿着这张汇票在家等上 3 个月,3 个月到期时您才能要求出票人付款。

商业汇票按其承兑人的不同,可以分为商业承兑汇票和银行承兑汇票两种。商业承兑汇票是指由收款人签发,经付款人承兑,或者由付款人签发并承兑的汇票,商业承兑汇票属于商业信用范畴。银行承兑汇票是指由收款人或付款人签发,并由付款人向开户银行申请,经银行审查同意承兑的汇票,银行承兑汇票属于银行信用。和商业承兑汇票相比,银行承兑汇票到期拒付的可能性较小,风险较低。在票据流通过程中,比如背书转让和贴现,企业和银行都比较乐于接受银行承兑汇票。银行承兑汇票不同于银行汇票,它们是两种不同的结算方式。

商业汇票按是否计息,可分为不带息商业汇票和带息商业汇票两种。不带息商业汇票是指商业汇票到期时,承兑人只按票面金额向持票人支付款项的汇票。带息商业汇票是指商业汇票到期时,承兑人必须按票面金额加上应计利息向持票人支付票款的汇票。

商业汇票到期以后,应按照规定时间提示付款人付款。商业汇票的提示付款期限为自汇票到期日起 10 日内。对于异地委托收款的,持票人可匡算邮程,提前通知开户银行委托收款。

二、应收票据的计量

在我国,商业汇票的期限比较灵活,具体的商业汇票期限可以由交易双方共同商定，但最长不得超过6个月（含6个月），因此，商业汇票的期限比较短，持票人持票期间的利息相对来说不大，因此初始入账时不再考虑货币的时间价值，持票人一般按照商业汇票的票面价值入账。票面价值是指商业汇票的票面面值和出票日至收到票据日之间按票面面值和票面利率计算的利息之和。如果商业汇票是不带息商业汇票，则票面价值就是票面面值。计算公式如下：

票面价值 = 票面面值 + 出票日至收到票据日之间的利息

企业收到的带息商业汇票，如果涉及跨期，要求在持有期间的每一个期末（中期期末和年度终了）按照面值和票面利率计提利息，确认持票期间的利息收入。期末计提利息时，按照面值和票面利率计算的利息金额，增加应收票据的账面余额，同时冲减财务费用。

三、应收票据的会计处理

为了反映和监督商业汇票的取得、票款的收回等交易或事项，企业应设置"应收票据"总账，借方登记取得的商业汇票的面值和计提的票据利息，贷方登记到期收回的票款或到期前向银行贴现的应收票据的账面余额，期末余额在借方，表示企业尚未收回且未申请贴现的商业汇票的面值和应计利息。

由于企业经营过程中使用的商业汇票比较多，为加强对商业汇票的实物管理，确保票款的及时收回，企业应设置"应收票据备查簿"，逐笔登记每一商业汇票的种类、号码和出票日期、票面金额、票面利率、交易合同号和付款人、承兑人、背书人的姓名或单位名称、到期日、背书转让日、贴现日期、贴现率和贴现净额、未计提的利息，以及收款日期和收回金额、退票情况等资料。商业汇票到期结清票款或退票后，应当在备查簿内逐笔注销。应收票据备查簿的格式比较灵活，企业可从方便登记的角度出发，自行设计账簿的格式。

（一）不带息商业汇票

1. 商业汇票的取得。

企业在经营过程中，取得商业汇票的原因大致包括两种情况：一是因销售货物或提供劳务而收到商业汇票；二是因信用方式的转换而收到商业汇票。信用方式的转换是指企业提供的普通信用到期，而债务人暂时无力偿还债务，经与债权人协商，债务延期并提供商业汇票以承诺在未来某一时点偿付债务的行为。这两种方式取得的商业汇票所带来的会计处理不同。

（1）销售货物或提供劳务收到商业汇票。企业因销售货物或提供劳务收到商业汇票，按收到的商业汇票的票面面值，借记"应收票据"科目，按实现的收入，贷记"主营业务收入"科目，按增值税专用发票上注明的增值税额，贷记"应交税费——应交增值税

（销项税额）”科目。

［例3－6］济钢公司销售一批A产品给南阳公司，货已发出，货款100 000元，增值税额16 000元，按照双方的购销合同，赊销期限3个月，3个月后支付货款。南阳公司交给济钢公司一张不带息3个月到期的商业承兑汇票，面值116 000元。该业务的会计处理如下：

借：应收票据　　116 000

　贷：主营业务收入——A商品　　100 000

　　应交税费——应交增值税（销项税额）　　16 000

（2）信用方式转换收到商业汇票。企业因信用方式转换收到商业汇票，按收到的商业汇票的票面面值，借记“应收票据”科目，按普通信用到期未收到的金额，贷记“应收账款”科目。

［例3－7］济钢公司（增值税一般纳税人）2018年6月20日赊销给轻骑公司A商品一批，增值税专用发票上的价款为100 000元，规定价款的付款条件为2/10，n/30，适用增值税率16%。假设普通信用到期前，因轻骑公司暂时无力偿还该债务，经与济钢公司协商，债务再延长4个月，但要求轻骑公司出具一张票面面值为116 000元，期限4个月的不带息银行承兑汇票。该项普通信用到期时，发生了信用方式的转换问题，信用方式转换的会计处理如下：

借：应收票据　　116 000

　贷：应收账款　　116 000

2. 商业汇票的使用。

企业取得商业汇票后，将如何处置商业汇票称为商业汇票的使用。一般来说，商业汇票的使用有三种方式：一是持有至到期；二是背书转让；三是贴现。因贴现业务的处理相对于持有至到期和背书转让而言比较复杂，所以，我们将不带息商业汇票和带息商业汇票所涉及的贴现业务单独作为一个问题介绍。

（1）持有至到期。企业将商业汇票持有至到期时，应于到期前在规定的时间内委托其开户银行收款。收到开户银行的收款通知时，按收到的金额，借记“银行存款”科目，贷记“应收票据”科目。如果汇票到期时付款人无力付款，则商业汇票作废，这时又发生信用方式转换，只是转换的方式是由保证信用转换为普通信用。按汇票金额，借记“应收账款”科目，贷记“应收票据”科目。

［例3－8］（接［例3－7］）假设济钢公司从轻骑公司处收到银行承兑汇票持有至到期，委托银行收款。2018年11月25日，收到银行的收款通知，该汇票款已收到。该业务会计处理如下：

借：银行存款　　116 000

　贷：应收票据　　116 000

（2）背书转让。企业在经营过程中，可以将未到期的商业汇票背书转让，以偿还以前所欠债务或用于购进货物以及接受劳务。偿还债务时，按偿还债务的金额，借记“应付账款”等科目，贷记“应收票据”科目。

［例3－9］（接［例3－7］）假设济钢公司从轻骑公司处收到银行承兑汇票在未到期之前，背书转让给国阳煤炭销售公司，偿还以前所欠国阳公司的煤炭款。该业务会计处理如下：

借：应付账款——国阳公司　　116 000

　贷：应收票据　　116 000

（二）带息商业汇票

1. 商业汇票的取得。

（1）销售货物或提供劳务收到商业汇票。企业因销售货物或提供劳务收到商业汇票，按收到的商业汇票的票面价值，借记“应收票据”科目，按实现的收入，贷记“主营业务收入”科目，按增值税专用发票上注明的增值税额，贷记“应交税费——应交增值税（销项税额）”科目。

［例3－10］济钢公司2018年9月1日销售产品A给南阳公司，货已发出，发票上注明的销售收入1 000 000元，增值税额160 000元；收到南阳公司2018年9月1日出票的商业承兑汇票一张，面值1 160 000元，期限为6个月，票面利率为6%。

济钢公司收到票据时，商业汇票的票面价值与票面面值相等，会计处理如下：

借：应收票据　　1 160 000

　贷：主营业务收入——A商品　　1 000 000

　　应交税费——应交增值税（销项税额）　　160 000

（2）信用方式转换收到商业汇票。企业因信用方式转换收到商业汇票，按收到的商业汇票的票面价值，借记“应收票据”科目，贷记“应收账款”科目。

［例3－11］2018年11月1日，济钢公司收到南阳公司背书转让的新希望公司2018年9月1日出具的商业承兑汇票一张，面值1 000 000元，期限为6个月，票面利率为6%，偿还以前所欠货款。

济钢公司收到票据时，首先应计算商业汇票的票面价值。计算如下：

票面价值＝1 000 000＋1 000 000×6%÷12×2＝1 010 000（元）

借：应收票据　　1 010 000

　贷：应收账款——南阳公司　　1 010 000

2. 持有商业汇票利息的处理。

商业汇票的利息只有在商业汇票到期时，才能连同商业汇票的面值一起收回。根据权责发生制，持有商业汇票期间应按期计提利息。由于商业汇票的最长期限不超过

6 个月,所以在实际工作中,对于不跨年度的商业汇票,期末一般不计提利息,在应收票据终止确认时一次确认利息收入。对于跨年度的商业汇票,年末需计提属于本年度的利息收入,按计提的利息收入,借计“应收票据”科目,贷记“财务费用”科目。

票据利息的计算一般根据面值和票面利率进行计算。计算公式如下:

票据利息 = 面值 × 票面利率 × 期限

公式中,票面利率是指和期限相对应的利率。

期限是指票据本身载明的签发日或出票日至计息日之间的时间长度。

票据的期限有两种表示方法:按日表示和按月表示。

票据期限按日表示时,应从出票日按照实际经历的天数计算实际天数。计算实际天数时,应注意出票日这个“头”和计息日这个 “尾”,两者只能计算一边,即“算头不算尾”或“算尾不算头”。

[例 3 - 12] 济钢公司收到一张 2018 年 3 月 8 号签发的面值为 500 000 元,票面利率为 8%,期限为 90 天的商业承兑汇票,计算到期日和到期值。

按照算头不算尾,实际经历天数为 3 月份 24 天,4 月份 30 天,5 月份 31 天,6 月份 5 天(2018.06.01 至 2018.06.06,6 号这一天不算在内),一共 90 天。因此 2018 年 6 月 6 号到期;

按照算尾不算头,实际经历天数为 3 月份 23 天,4 月份 30 天,5 月份 31 天,6 月份 6 天(2018.06.01 至 2018.06.06,6 号这一天计算在内),一共 90 天。因此 2018 年 6 月 6 号到期。

2 月份在计算时,应按照实际天数,平年 28 天,闰年 29 天。

进行期限的折算时,一年按照 360 天计算,一个月按照 30 天计算,一年按 12 个月计算。

到期值 = 本金 + 利息 = 500 000 + 500 000 × 8% × (90 ÷ 360) = 510 000 元。

票据期限按月表示时,应以到期月份中与出票日相同的那一天为到期日,而不论各月份实际的天数是多少。例如 4 月 15 日签发的一个月的票据,到期日应为 5 月 15 日。但有三个例外:其一,如果出票日为某月 31 日,而票据到期的那个月份只有 30 天,那么这张票据的到期日是该月的 30 日;其二,如果出票日为 2 月 28 日,而票据到期的那个月份有 31 天,那么这张票据的到期日是该月 31 日;其三,如果出票日为某月份的 29 日、30 日或 31 日,而票据到期的那个月份是 2 月份,那么这张票据的到期日就是该 2 月份的最后一天。

比如,2015 年 11 月 30 日签发的 3 个月期限的商业汇票,到期日为 2016 年 2 月 29 日;2017 年 11 月 30 号签发的 3 个月期限的商业汇票,到期日为 2018 年 2 月 28 号;2018 年 2 月 28 号签发的 5 个月的商业汇票,到期日应为 2018 年 7 月 31 号。

[例 3 - 13] (接[例 3 - 11])假设 2018 年 12 月 31 日济钢公司仍持有南阳公司背

书转让的商业承兑汇票。济钢公司需计算属于2018年度2个月的利息收入10 000元(1 000 000×6%÷12×2)，会计处理如下：

借：应收票据　　10 000
　贷：财务费用　　10 000

3. 商业汇票的使用。

(1)持有至到期。企业将商业汇票持有至到期时，应于到期前在规定的时间内委托其开户银行收款。收到开户银行的收款通知时，按收到的金额，借记“银行存款”科目，按应收票据的账面余额，贷记“应收票据”科目，按已收到未计提的利息收入，贷记“财务费用”。如果汇票到期时付款人无力付款，则商业汇票作废，这时又发生信用方式转换，只是转换的方式是由保证信用转换为普通信用。按汇票的票面价值，借记“应收账款”科目，按应收票据的账面余额，贷记“应收票据”科目，按未计提的利息收入，贷记“财务费用”科目。

[例3-14]（接[例3-13]）假设济钢公司在汇票到期时，如数收到票据款，会计处理如下：

借：银行存款　　1 030 000
　贷：应收票据　　1 0 20 000
　　财务费用　　10 000

如果未收到票据款，会计处理如下：

借：应收账款——南阳公司　　1 030 000
　贷：应收票据　　1 020 000
　　财务费用　　10 000

(2)背书转让。企业在经营过程中，可以将未到期的商业汇票背书转让，以偿还以前所欠债务或用于购进货物以及接受劳务。偿还债务时，按汇票的票面价值，借记“应付账款”等科目，按应收票据的账面余额，贷记“应收票据”科目，按未计提的属于背书公司的利息收入，贷记“财务费用”科目。

[例3-15]（接[例3-13]）假设济钢公司于2019年2月1日，将持有的南阳公司背书转让的商业承兑汇票再背书转让给中信国安公司，用以偿还以前所欠其货款。

汇票的票面价值=1 000 000+1 000 000×6%÷12×5=1 025 000(元)

应收票据的账面余额=1 020 000(元)

未计提的属于济钢公司的利息收入=1 000 000×6%÷12×1=5 000(元)

借：应付账款——中信国安公司　　1 025 000
　贷：应收票据　　1 02 0 000
　　财务费用　　5 000

（三）贴现

1. 贴现的含义。

贴现就是指持票人将未到期的票据在背书后转让给银行，银行受理后，扣除按银行的贴现率计算确定的贴现息后，将余额付给贴现企业的金融资产转移活动。有关金融资产转移的情形、条件等具体内容见第六章。

2. 贴现所得。

贴现所得是指企业将未到期的票据向银行贴现后，实际从贴现银行获得的金额，也就是票据的到期值扣除贴现息后的差额。计算公式为：

贴现所得＝票据到期值－贴现息

票据到期值＝票据面值＋票据面值×票面利率×期限

贴现息＝票据到期值×贴现率×贴现期

贴现率不是企业决定的，而是银行设定的，企业在贴现时可向申请贴现的银行咨询。贴现期是指贴现日至票据到期日之间的时间间隔，也就是占用银行垫款资金的天数。在计算贴现期时，贴现日和票据到期日这两头只计算一头，即"算头不算尾"或"算尾不算头"；此外，如果承兑人在异地，在计算贴现期时，需另加 3 天的划款日期。如果扣除另加的 3 天划款时间，票据持有期加上贴现期应等于整个票据期限。票据持有期是指出票日至贴现日之间的时间间隔。

［例 3－16］济钢公司 2018 年 6 月 1 日因销售货物收到济南柴油机厂签发、由其开户银行承兑的不带息银行承兑汇票一张，面值 600 000 元，3 个月到期。因急需资金，济钢公司于 2018 年 6 月 10 日向其开户银行建设银行申请贴现，经银行确认，当日的贴现率为 6%（年利率）。贴现计算如下：

先确定票据的到期日为 2018 年 9 月 1 日。票据持有期与贴现期的关系可以用下图表示：

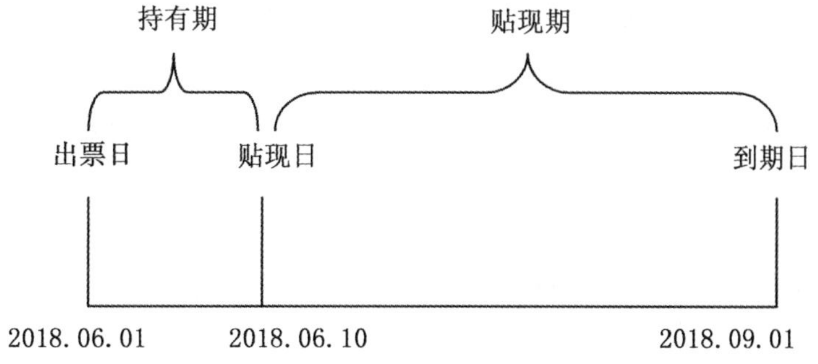

持有期天数为 9 天，贴现期天数为 21＋31＋31＝83 天。

持有期＋贴现期＝9＋83＝92 天，正好是从 2018. 06. 01 至 2018. 09. 01，一共 3 个

月时间。

票据到期值 = 面值 = 600 000 元

贴现息 = 票据到期值 × 贴现率 × 贴现期 = 600 000 × 6% × (83 ÷ 360) = 8 300 元

贴现所得 = 票据到期值 - 贴现息 = 600 000 - 8 300 = 591 700 元

3. 贴现的会计处理。

贴现既然属于金融资产转移，企业应当按照金融资产转移的相关规定进行会计处理。

金融资产转移的会计处理涉及的核心问题是金融资产转移是否符合终止确认条件。也就是说，企业的金融资产转移后，企业应当判断是否符合终止确认条件，如果符合终止确认条件，企业应终止确认该金融资产。终止确认是指将该金融资产在账面上和资产负债表上转销。如果不符合终止确认条件，企业就不应该终止确认，也就是企业要继续确认该金融资产，不能从账面上和资产负债表中转销。终止确认条件的具体内容见第六章。

票据贴现以后，企业是否应终止确认应收票据（被转移的金融资产），分以下两种情况：

（1）不带追索权的票据贴现。不带追索权的票据贴现是指贴现企业将未到期的票据向银行贴现后，根据贴现企业和贴现银行之间的协议，在所贴现的票据到期银行无法收回款项时，银行无权向贴现企业追偿。可见，贴现企业已将该金融资产所有权上几乎所有的风险和报酬转移给了贴现银行，因此，贴现企业应当终止确认应收票据，并在账户中和资产负债表上转销应收票据。

对于不带追索权的票据贴现，贴现企业的会计处理仅涉及贴现成立的处理。按贴现所得，借记“银行存款”科目，按贴现息，借记“财务费用”科目，按应收票据的账面余额，贷记“应收票据”科目，按票面面值和票面利率计算的未计提的票据到期时的持有票据利息，贷记“财务费用”科目。

[例 3 - 17]（接[例 3 - 16]）假设济钢公司向银行的贴现属于不带追索权的票据贴现。济钢公司收到贴现所得时，会计处理如下：

借：银行存款	591 700	
财务费用	8 300	
贷：应收票据		600 000

同时，企业应将备查账簿中的该票据记录予以注销。

[例 3 - 18] 2018 年 7 月 1 日，济钢公司将一张出票日期为 2018 年 6 月 1 日的未到期商业承兑汇票向开户银行申请贴现。票据的面值 234 000 元，票面利率 10%，期限为 6 个月。根据济钢公司与贴现银行之间的协议，该贴现属于不带追索权的票据贴现，贴现率为 12%。假设济钢公司贴现时，未计提票据利息。

到期值 = 234 000 + 234 000 × 10% ÷ 12 × 6 = 245 700(元)

贴现息 = 245 700 × 12% ÷ 12 × 5 = 12 285(元)

贴现所得 = 245 700 - 12 285 = 233 415(元)

持有票据利息 = 234 000 × 10% × (6 ÷ 12) = 11 700(元)

借:银行存款　　233 415

　财务费用(贴现息)　　12 285

　贷:应收票据　　234 000

　　财务费用(持有票据利息)　　11 700

(2)带追索权的票据贴现。带追索权的票据贴现是指贴现企业将未到期的票据向银行贴现后,根据贴现企业和贴现银行之间的协议,在所贴现的票据到期贴现银行无法收回款项时,贴现银行有权向贴现企业追偿。在这种情况下,贴现企业仍保留了金融资产所有权上几乎所有的风险和报酬,因此,不应当终止确认应收票据,不能在账户中和资产负债表上转销。此种情况下的票据贴现业务实质上是贴现企业以应收票据为质押取得银行借款,因此,应按照借款的处理原则进行会计处理。

①贴现时的会计处理。带追索权的票据贴现时,按贴现所得,借记"银行存款"科目,按贴现息,借记"短期借款——利息调整"科目,按票据到期值,贷记"短期借款"科目。

[例 3 - 19] 2018 年 11 月 1 日,济钢公司将一张出票日期为 2018 年 9 月 1 日的未到期商业承兑汇票向开户银行申请贴现。票据的面值 234 000 元,票面利率 10%,期限为 6 个月。根据济钢公司与贴现银行之间的协议,该贴现属于带追索权的票据贴现,贴现率为 12%。

到期值 = 234 000 + 234 000 × 10% ÷ 12 × 6 = 245 700(元)

贴现息 = 245 700 × 12% ÷ 12 × 4 = 9 828(元)

贴现所得 = 245 700 - 9 828 = 235 872(元)

借:银行存款　　235 872

　短期借款——利息调整　　9 828

　贷:短期借款　　245 700

②持有票据利息的会计处理。因商业汇票的所有权并未因贴现而转移,所以期末票据持有人应将归属于本期的利息确认为利息收入。按计算确定的持有票据利息,借记"应收票据"科目,贷记"财务费用"科目。

[例 3 - 20] (接[例 3 - 19])2018 年 12 月 31 日,济钢公司将归属于 2018 年度 4 个月的利息确认为利息收入。

持有票据利息 = 234 000 × 10% ÷ 12 × 4 = 7 800(元)

借:应收票据　　7 800

贷:财务费用 7 800

③贴现利息的会计处理。票据贴现后,每月月末,应根据本月承担的贴现利息,借记“财务费用”科目,贷记“短期借款——利息调整”科目。

[例3－21]（接[例3－19]）2018年11月30日,本月应承担的贴现利息为2 457（245 700×12%÷12）元。

借:财务费用 2 457

贷:短期借款——利息调整 2 457

贴现票据到期前1个月,每月月末作相同的会计处理。

④票据到期时的会计处理。票据到期时,如果商业汇票的出票人按时付款,则贴现企业因贴现而承担的连带责任自动解除,贴现企业按票据到期值,借记“短期借款”科目,按应收票据的账面余额,贷记“应收票据”科目,按未计提的持有票据利息,贷记“财务费用”科目。如果商业汇票的出票人未付款,则贴现企业就需向贴现银行支付票据的到期值。按向贴现银行支付的票据到期值,借记“短期借款”科目,贷记“银行存款”科目。确认最后一期的贴现利息,借记“财务费用”科目,贷记“短期借款——利息调整”科目。同时,应继续向商业汇票的付款人继续行使要钱的权力,按票据到期值,借记“应收账款”科目,按应收票据的账面余额,贷记“应收票据”科目,按未计提的持有票据利息,贷记“财务费用”科目。

[例3－22]（接[例3－21]）,票据到期,如果出票人付款。

济钢公司未计提的持有票据利息＝234000×10%÷12×2＝3 900（元）

借:短期借款 245 700

贷:应收票据 241 800

财务费用 3 900

确认最后一期贴现利息2 457元。

借:财务费用 2 457

贷:短期借款——利息调整 2 457

如果出票人未付款,贴现银行向济钢公司追偿,从济钢公司的账户中划走票据款。则济钢公司的会计处理如下:

借:短期借款 245 700

贷:银行存款 245 700

借:财务费用 2 457

贷:短期借款——利息调整 2 457

借:应收账款 245 700

贷:应收票据 241 800

财务费用 3 900

第三节　应收股利和应收利息

一、应收股利

应收股利是指企业因股权投资而确认的应收未收的现金股利或利润。

企业每年经营结束后，应将其盈利以股利的方式向投资者分配。企业的权力机构，如股东大会在审议通过企业董事会提出的利润分配方案后，对于确定发放的现金股利或利润，被投资企业在未支付现金股利或利润前就产生了对股东的义务，投资企业因此产生向被投资企业索取现金股利的权利。投资企业应根据被投资企业已宣告而未发放的现金股利或利润，按应享有的份额，借记“应收股利”，贷记“投资收益”等科目；收到股利时，借记“银行存款”等科目，贷记“应收股利”科目。企业由于股权投资的类型不同，在不同的股权投资方式下，所涉及的应收现金股利或利润的会计处理有所不同，具体内容详见第四章和第五章。

［例3－22］2018年1月1日，济钢公司购入南阳公司的股票250 000股，作为以公允价值计量且变动计入当期损益的金融资产。2018年3月5日，南阳公司宣告2017年度的利润分配决案，每股派发现金股利0.2元，2018年6月18日收到现金股利。

南阳公司宣告2017年度的利润分配方案时，济钢公司的会计处理如下：

应收现金股利250 000×0.2＝50 000元。

借：应收股利	50 000	
贷：投资收益		50 000

收到现金股利时：

借：其他货币资金——存出投资款	50 000	
贷：应收股利		50 000

二、应收利息

应收利息是指企业因债权投资而确认的需在一年内收回的利息。

企业购入债券进行投资，在持有债券期间，根据权责发生制，对于归属于本期但尚未收到的利息收入，应采用预提的方式确认为本期的收入。企业在预提利息时，如果预提的利息能够在1年内收回，则预提的利息作为应收利息处理。对于债券投资而言，企业首次预提持有债券投资的利息时，如果预提的利息需超过1年才能收回，则预提的利息不作为应收利息处理，而是计入持有至到期投资或可供出售金融资产的应计利息，具体内容见第四章。

预提利息时，如果债券的票面利率和实际利率相等，则按债券的票面面值和票面利率计算的利息，借记“应收利息”科目，贷记“投资收益”科目。如果票面利率和实际利率不等，则按债券的票面面值和票面利率计算的利息，借记“应收利息”科目，按债券投资的摊余成本和实际利率计算的利息，贷记“投资收益”科目，两者的差额，借记或贷记“持有至到期投资——利息调整”等科目。

［例3－23］2018年1月1日，甲公司支付1000万元从活跃市场购入某公司5年期债券，面值1000万元，票面利率5%，实际利率也为5%。按年支付利息，付息日为次年的1月1日。甲公司购入后分类为以摊余成本计量的金融资产。

2018年12月31日，计提利息时，做如下处理：

借：应收利息	500 000	
贷：投资收益		500 000

2019年1月1日收到利息时，会计处理如下：

借：其他货币资金——存出投资款	500 000	
贷：应收利息		500 000

第四节　预付账款和其他应收款

一、预付账款

（一）预付账款的含义

预付账款是企业按照合同或有关协议规定预先支付给供货单位或劳务提供者定金或货款而形成的一种金融资产。

预付账款本质上不属于金融资产，但它是企业的货币资金暂时被其他单位（供货单位或劳务提供者）占用而形成。同应收账款一样，预付账款属于企业的短期债权。预付账款与应收账款的区别在于：预付账款是企业支付款项在先，使用产品或享受服务在后，故而形成了企业的一项短期债权，一般形成于供应阶段，债权的实现方式则是收回相应的货物；应收账款是企业应收的销货款，即应向购货方收取的款项，形成于销售阶段，债权的实现方式是收回相应的货币资金。

（二）预付账款的会计处理

为了反映和监督预付账款的增减变动以及支付和结算情况，企业需要设置“预付账款”总账，用于总括核算企业按照购货合同规定预付给供应单位的款项。借方登记企业因购货预付的款项和收到货物后补付的款项，贷方登记收到货物后冲销的预付账款和退回多余的预付款。该账簿期末如有借方余额，表示预付款项大于实际货款的差额或尚未退回的货款；如有贷方余额，反映企业应予补付的款项。在总账基础上，为反映预付账款的详细情况，还需按供应单位名称设置明细账。

如果企业的预付账款业务不多，也可以不单独设置预付账款账簿，而是在发生预付款时，记入应付账款的借方，等到收到对方的供货以后，再记入应付账款的贷方，整个核算过程通过应付账款进行。如果整个核算过程涉及跨期，则应注意分析余额的性质及产生原因。应付账款某个明细账期末如有借方余额，应作为预付款项列示于资产负债表的资产项目中。同理，预付账款某一个明细账期末如有贷方余额，应作为应付账款列示于资产负债表的负债项目中。

预付账款按实际发生额记账，实际支付价款与预付款项的差额，也在“预付账款”科目反映。企业按购货合同的规定预付货款时，借记“预付账款”科目，贷记“银行存款”科目。收到货物时，按所购货物的实际成本，借记“原材料”等科目，按增值税专用发票上注明的增值税额，借记“应交税费——应交增值税（进项税额）”科目，按实际应付金额，贷记“预付账款”科目。补付货款时，借记“预付账款”科目，贷记“银行存款”科目；退回多余款时，借记“银行存款”科目，贷记“预付账款”科目。

［例3－24］济钢公司根据购货合同规定，通过银行转账预付给明达公司定购材料款9 000元。该业务的会计处理如下：

借：预付账款——明达公司　　9 000
　贷：银行存款　　9 000

向明达公司定购的甲材料已经收到并验收入库，增值税专用发票列明材料价款是10 000元、增值税额是1 600元，共计11 600元。以银行转账补付给明达公司材料款2 600元。会计处理如下：

借：原材料——甲材料　　10 000
　应交税费——应交增值税（进项税额）　　1 600
　贷：预付账款——明达公司　　11 600
借：预付账款——明达公司　　2 600
　贷：银行存款　　2 600

如果济钢公司没有设置预付账款账簿，而是通过“应付账款”核算，则整个过程的会计处理如下：

借：应付账款——明达公司　　9 000
　贷：银行存款　　9 000
借：原材料——甲材料　　10 000

应交税费——应交增值税（进项税额）　　1 600
　贷：应付账款——明达公司　　11 600
借：应付账款——明达公司　　2 600
　贷：银行存款　　2 600

二、其他应收款

（一）其他应收款的含义

其他应收款是指企业除应收票据、应收账款、预付账款、应收股利、应收利息、长期应收款等以外的其他各种应收及暂付款而导致的一种金融资产。

其他应收款主要包括应收的各种罚款、赔款（包括应向过失人和保险公司以及其他单位收取的款项）、应收的出租包装物的租金（未收到时确认其他应收款）、存出的保证金（比如各种押金）、应向职工收取的各种垫付款项（比如替本单位职工垫付的水电费、煤气费、有线电视费等）、不设置"备用金"科目的企业预付给企业内部某个部门的备用金或个人的备用金（比如预借的差旅费等）以及其他各种应收款。

（二）其他应收款的会计处理

为了加强其他应收款的核算和管理，企业应设置"其他应收款"总账，借方登记发生的各种其他应收款，贷方登记企业收到的款项情况，期末余额一般在借方，表示应收未收的其他应收款项。应按对方单位或个人设置明细科目，进行明细核算。

［例3-25］济钢公司一台机器设备发生非正常毁损，根据保险协议，平安保险公司应赔款25 000元。

设备清理，确认应收赔款时，会计处理如下：

借：其他应收款——平安保险公司　　25 000
　贷：固定资产清理　　25 000

收到保险公司赔款时，会计处理如下：

借：银行存款　　25 000
　贷：其他应收款——平安保险公司　　25 000

［例3-26］济钢公司以现金方式支付给南阳公司购货包装物押金1 200元。

支付押金时，会计处理如下：

借：其他应收款——南阳公司　　1 200
　贷：库存现金　　1 200

退还包装物收回押金时，会计处理如下：

借：库存现金　　1 200

贷:其他应收款——南阳公司　　1 200

如果包装物押金被南阳公司没收,应转销其他应收款,同时向南阳公司索取增值税专用发票,会计处理如下:

借:周转材料——包装物　　1 034.48

应交税费——应交增值税(进项税额)　　165.52

贷:其他应收款——南阳公司　　1 200

(三)备用金的会计处理

1. 备用金的含义。

备用金是指企业预付给职工和内部有关单位用作差旅费、零星采购和零星开支,事后需要报销的款项。备用金业务在企业日常的现金收支业务中占有很大的比重,企业为加强备用金的管理,需严格执行备用金的预借、使用和报销的手续制度。

2. 备用金的管理方式。

备用金按其管理方式不同,可分为定额备用金和非定额备用金。

定额备用金是指由企业财务部门根据企业内部业务部门的需要所核定的可以周转使用的备用金,适用于经常使用备用金的部门和个人。其特点是根据业务需要核定一个备用金定额,在定额内花掉的备用金,报销时补足现金。

非定额备用金是指根据业务需要专门建立的一次性的备用金,适用于不经常使用备用金的部门和个人。其特点是随借随用、用后报销,不允许周转使用。

3. 备用金的会计处理。

为反映备用金的建立、使用和报销情况,企业可以设置“备用金”总账,但实际工作中的一般做法是不设置“备用金”总账,而是通过“其他应收款”来记录备用金的建立、使用和报销情况。由于备用金的管理方式不同,其会计处理有所不同。

(1)定额备用金的会计处理。企业建立定额备用金时,按建立的定额备用金数额,借记“其他应收款”科目,贷记“库存现金”科目;报销时,按报销的金额,借记相关费用科目,贷记“库存现金”科目。

[例3-27] 济钢公司经研究决定,厂部办公室建立定额备用金5 000元,以库存现金支付。会计处理如下:

借:其他应收款——厂部办公室　　5 000

贷:库存现金　　5 000

厂部办公室报销餐饮费3 000元,补付现金。会计处理如下:

借:管理费用——招待费　　3 000

贷:库存现金　　3 000

(2)非定额备用金的会计处理。企业建立非定额备用金时,按建立的非定额备用金数额，借记“其他应收款”科目，贷记“库存现金”科目；报销时，按报销的金额，借记相关费用科目，贷记“其他应收款”科目，两者之间的差额借记或贷记“库存现金”科目。

［例3－28］济钢公司营销部职工王兵出差预借差旅费2 000元，以现金支付，三天后王兵出差回来，报销单据上列示的差旅费共计1 800元，剩余的现金交回了财务处。

预借差旅费时，会计处理如下：

借：其他应收款——王兵　　2 000

　　贷：库存现金　　2 000

报销时，会计处理如下：

借：库存现金　　200

　　管理费用——差旅费　　1 800

　　贷：其他应收款——王兵　　2 000

第五节　长期应收款

一、长期应收款的范围

长期应收款是指企业发生的应收未收、且收款期间超过1年的各种应收款项，主要包括融资租赁产生的应收款项和采用分期收款方式销售商品或提供劳务等产生的应收款项。融资租赁产生的长期应收款属于租赁业务范畴，将在《高级财务会计学》中介绍，本节主要介绍企业采用分期收款方式销售商品或提供劳务所产生的长期应收款的会计处理。

二、分期收款销售方式产生的长期应收款的会计处理

企业采用赊销方式销售的，商品销售的当时不能收到购货方的货款，从而形成了企业的金融资产——应收款项。如果赊销期限比较短，通常短于1年（含1年），在会计上可确认为应收账款。应收账款在收回时，可能是一次收回，也可能是一年内分次收回，不管是一次收回还是一年内分次收回，收回期限都短于1年，会计上认为这是非融资性质的赊销方式销售商品，不确认融资收益；如果赊销期限比较长，通常超过1年，在会计上应确认长期应收款。如果长期应收款具有融资性质，那么在长期应收款收回期间应按照实际利率法分期确认融资收益，确认的融资收益一般作冲减财务费用处理。

为反映长期应收款的发生和收回情况，企业应设置“长期应收款”总账，借方登记长期应收款的发生，贷方登记长期应收款的收回，期末余额通常在借方，表示尚未收回

的长期应收款。按照承租人或购货单位(接受劳务单位)的名称设置明细账。期末,应具体分析每一个长期应收款明细账的未来回收期限,如果期限短于一年,应作为一年内到期的非流动资产在资产负债表中列示。

企业发生的分期收款、具有融资业务的销售业务,按合同或协议价款,借记"长期应收款"科目,按合同或协议价款的公允价值,贷记"主营业务收入"科目,按专用发票上注明的增值税额,贷记"应交税费——应交增值税(销项税额)"科目,按借贷方之间的差额,贷记"未实现融资收益"科目。

未实现融资收益应在分期收款期间按照实际利率法分期确认已实现收益,冲减收款当期的财务费用。按确认分摊的数额,借记"未实现融资收益"科目,贷记"财务费用"科目。

[例 3-29] 2019 年 1 月 1 日,济钢公司采用分期收款方式向南阳公司销售一套大型机器,合同约定的销售价格(不含税价格,下同)为 1 000 000 元,分 5 次于每年 12 月 31 日等额收取。该大型机器的生产成本为 780 000 元。在现销方式下,该大型机器销售的公允价值(价格)为 800 000 元。假定济钢公司在向客户交货时,开具了增值税专用发票,注明的增值税额为 160 000 元,并于当天收到增值税额160 000元。

由于济钢公司销售该大型机器具有融资性质,所以 2019 年 1 月 1 日,济钢公司应做如下会计处理:

借:长期应收款——南阳公司	1 000 000	
银行存款	160 000	
贷:主营业务收入		800 000
应交税费——应交增值税(销项税额)		160 000
未实现融资收益		200 000
借:主营业务成本	780 000	
贷:库存商品		780 000

在收款期内,应按实际利率确认融资收益,所以需首先计算确定该笔交易的实际利率。由于现销方式下,该大型机器销售的公允价值(价格)为 800 000 元,可以认为是长期应收款未来 5 年现金流入的现值。实际利率是企业未来现金流入量的现值恰好等于公允价值时的折现率。采用插值法确定该项交易的实际利率。

先假定实际利率为 6%,则:

长期应收款的现值 = 200 000 × 4.2124 = 842 480

长期应收款的现值 842 480 大于大型机器的公允价值 800 000,说明实际利率大于 6%。再按 8% 的折现率进行测算。

按 8% 作为实际利率测算,则:

长期应收款的现值 = 200 000 × 3.9927 = 798 540

以8%作为折现率的现值小于大型机器的公允价值800 000元，说明该项交易的实际利率在6%和8%之间。使用插值法估算实际利率如下：

实际利率＝6%＋(800 000－842 480)÷(798 540－842 480)×(8%－6%)

＝7.93%

经过测算，实际利率为7.93%，在分期收款期间内应按照7.93%确认融资收益。

未实现融资收益在分期收款期间的分期确认情况如表3－1所示：

表3－1　未实现融资收益确认表

日期	分期收款 (1)	财务费用 (2)＝期初(4)×7.93%	本金收回 (3)＝(1)－(2)	本金剩余 (4)＝期初(4)－(3)
2019年1月1日				800 000
2019年12月31日	200 000	63 440	136 560	663 440
2020年12月31日	200 000	52 611	147 389	516 051
2021年12月31日	200 000	40 923	159 077	356 974
2022年12月31日	200 000	28 308	171 692	185 282
2023年12月31日	200 000	14 718①	185 282	0
合计	1 000 000	200 000	800 000	

2019年12月31日，济钢公司应做如下会计处理：

借：银行存款　　200 000

　　贷：长期应收款——南阳公司　　200 000

借：未实现融资收益　　63 440

　　贷：财务费用　　63 440

2020年12月31日，济钢公司应做如下会计处理：

借：银行存款　　200 000

　　贷：长期应收款——南阳公司　　200 000

借：未实现融资收益　　52 611

　　贷：财务费用　　52 611

2021年12月31日，济钢公司应做如下会计处理：

借：银行存款　　200 000

　　贷：长期应收款——南阳公司　　200 000

借：未实现融资收益　　40 923

　　贷：财务费用　　40 923

2022年12月31日，济钢公司应做如下会计处理：

① 尾数调整。

借:银行存款　　200 000
　贷:长期应收款——南阳公司　　200 000
借:未实现融资收益　　28 308
　贷:财务费用　　28 308

2023 年 12 月 31 日,济钢公司应做如下会计处理:

借:银行存款　　200 000
　贷:长期应收款——南阳公司　　200 000
借:未实现融资收益　　14 718
　贷:财务费用　　14 718

【本章主要参考文献】

[1]戴德明、林钢、赵西卜:《财务会计学(第四版)》,中国人民大学出版社 2006 年版。

[2]葛家澍、杜兴强:《中级财务会计学(上)(第三版)》,中国人民大学出版社 2007 年版。

[3] 何卫红:《财务会计新编(上)(第二版)》,清华大学出版社 2007 年版。

[4] 胡燕灵、桑立霞:《中级财务会计(第二版)》,清华大学出版社 2008 年版。

[5] 王华、石本仁:《中级财务会计》,中国人民大学出版社 2008 年版。

[6] 林钟高:《财务会计学》,东北财经大学出版社 2008 年版。

[7] 张培英:《中级财务会计》,哈尔滨工业大学出版社 2008 年版。

[8] 刘永泽、陈立军:《中级财务会计》,东北财经大学出版社 2008 年版。

【实训练习题】

1. 九阳公司发生如下业务:

(1)2019 年 1 月 2 日,九阳公司(增值税一般纳税人)赊销给重汽公司 A 商品一批,价款 50000 元,增值税 8 000 元,货已发出。在发出商品时,以支票支付代垫运费 400 元。

(2)2019 年 2 月 2 日,九阳公司收到重汽公司当天签发的建设银行金额为58 400元的转账支票一张。

(3)2019 年 2 月 5 日,九阳公司将重汽公司签发的建设银行转账支票交给基本存款户开户银行建设银行,并取得进账单回单。

(4)2019 年 2 月 6 日,九阳公司赊销给重汽公司一批 B 商品,按照九阳公司规定的价格,价款总额为 10 000 元。由于长期业务往来,九阳公司决定给予重汽公司 10% 的商业折扣,扣除折扣以后的价款为 9 000 元,增值税为 1 440 元,发票已开,产品已经发出,双方商定的付款期限为 30 天。

（5）2019 年 3 月 5 日，在规定的付款期到期前，重汽公司根据当时的财务状况，确定不能按时付款，遂向九阳公司提出申请，要求延期付款。九阳公司和重汽公司经协商同意重汽公司的请求，但要求重汽公司在 2019 年 3 月 5 日签发金额为10 440元的银行承兑汇票，该汇票期限 3 个月。

（6）2019 年 3 月 6 日，九阳公司赊销给元首公司 A 商品一批，增值税专用发票上的不含税价款 50 000 元，规定的付款条件为 2/10， n/30，适用增值税率 16%。

（7）2019 年 3 月 15 日，九阳公司收到元首公司交来的一张转账支票，当天送存银行，取得进账单回单。

要求：根据上述业务编制相应的会计分录。

2. 九阳公司 2019 年发生如下业务：

（1）3 月 15 日，九阳公司销售一批 A 产品给元首公司，货已发出，货款100 000元，增值税额 16 000 元。按照双方的购销合同，赊销期限 3 个月，3 个月后支付货款。元首公司交给九阳公司一张当天签发带息 3 个月到期的银行承兑汇票，面值116 000元，票面利率 5%。

（2）4 月 20 日，九阳公司将持有的元首公司签发的银行承兑汇票到建设银行申请贴现，当天经过向银行咨询，贴现率为 6%，九阳公司办理了贴现业务，并支付了贴现息，贴现款存入银行账户，根据合同规定，建设银行无追索权。假设九阳公司按照季度计提利息。

（3）4 月 21 日，九阳公司销售一批 A 产品给济南灯泡厂，货已发出，价款 200 000 元，增值税专用发票上注明的增值税额 32 000 元。济南灯泡厂交给九阳公司一张当天签发带息 90 天到期的商业承兑汇票，面值 232 000 元，票面利率 5%。

（4）6 月 21 日，九阳公司将持有的济南灯泡厂签发的商业承兑汇票到建设银行申请贴现，当天经过向银行咨询，贴现率为 8%，公司办理了贴现业务，贴现款存入银行账户，根据合同规定，建设银行有追索权。

（5）7 月 20 日，济南灯泡厂签发的商业承兑票据到期，接银行通知，济南灯泡厂及时向银行偿付了票款。

（6）接银行通知，济南灯泡厂无力支付票款，按照合同，建设银行把商业承兑汇票退给九阳公司，九阳公司偿还贴现款。

（7）九阳公司将一张金额为 117 000 元的不带息银行承兑汇票背书转让给鲁松公司，用来抵付其前欠的购货款 130 000 元，不足部分以银行存款补付。

要求：根据上述业务编制相应的会计分录。

3. 九阳公司 2019 年发生如下业务：

（1）7 月 25 日，九阳公司为了从乙公司购买生产所需的 1 号材料，与乙公司签订了购买合同。购买材料的货款金额为 500 000 元，增值税 80 000 元。合同规定，甲公司应于合同签订后立即支付交易金额的 30%，7 月 31 日取货时，支付其余款。同日，九阳公司将交易金额的 30% 以电汇方式汇出。

(2)7 月 30 日，为支付从乙公司购货的剩余货款，九阳公司到其开户银行申请签发银行汇票，银行受理并签发银行汇票 1 张，金额 406 000 元。

(3)7 月 31 日，九阳公司取货的同时，将银行汇票交与乙公司，取得购货发票 1 张，货物已验收入库。

(4)九阳公司通过银行转账预付给宏盛公司定购 2 号原材料款 19 000 元。

(5)向宏盛公司定购的 2 号原材料已经收到并验收入库，增值税专用发票列明材料价款是 10 000 元、增值税额是 1 600 元，共计 11 600 元。

(6)通过银行转账收到宏盛公司退回的多余材料款 7 400 元。

要求：(1)如果九阳公司对于预付货款设置了"预付账款"账户，针对上述 1 ~6 笔交易，编制会计分录。

(2)如果九阳公司没有设置"预付账款"账户，针对上述 1 ~6 笔交易，编制会计分录。

4. 九阳公司 2019 年发生如下业务：

(1)8 月 1 日，九阳公司供应部门采购员张明预借差旅费 3 000 元，以现金付讫。

(2)8 月 4 日，供应部门采购员张明出差回来报销差旅费 2 860 元，余款退还现金。

(3)九阳公司为职工刘老根垫付应由其个人负担的住院费和医药费共计 1 000 元，刘老根本月工资 3 000 元，发放时从其工资中扣除。

(4)九阳公司以现金方式支付给元首公司购货包装物押金 2 200 元。

(5)九阳公司人事部职工张浩出差时借款 2 000 元，财务处以现金支付，3 天后张浩出差回来，报销单据上列示的差旅费共计 2 200 元，不足部分以现金补足。报销发票均为普通发票。

(6)九阳公司会计部门对供应部门实行定额备用金制度，根据核定的定额，付给定额备用金 2000 元。

(7)供应部门发生备用金支出 1 600 元，持开支凭证到会计部门报销。报销发票均为普通发票。

(8)假设九阳公司因管理需要，取消供应部门的定额备用金。取消定额备用金时，有 800 元的现金，1 200 元的发票单据。报销发票均为普通发票。

要求：(1)根据上述业务，编制会计分录。

(2)针对交易 4，作出退还押金和没收押金的会计分录。没收押金时，该包装物的增值税税率为 16%。

5. 2019 年 1 月 3 日，长江公司销售产品给光明公司。考虑到光明公司由于资金紧张，但是信誉很好，双方签订购销合同，销售价格为 4 000 000 元，增值税税率为 16%。发货当日，光明公司需支付该笔货物的增值税 640 000 元，货款4 000 000元分 4 次偿还，偿还日期为每年的 12 月 31 日。2019 年 1 月 3 日长江公司发出了产品，并按 4 000 000 元的价格开具了增值税专用发票。当日该产品的市场价格只有 3 600 000 元，即如果光明公司当日能及时付清款项，则产品的价格为3 600 000元。发出产品时，公司收到转账支票一张，金额 640 000 元，存入银行。假设每年年末光明公司按期付款。

要求：根据上述交易，编制长江公司自发货到收回全部货款的会计处理。

CHAPTER 4 第四章

金融资产——金融工具规范的对外投资

【学习目标】

1. 了解金融工具规范的对外投资的分类和重分类。

2. 掌握以摊余成本计量的金融资产、以公允价值计量且其变动计入其他综合收益的金融资产和以公允价值计量且其变动计入当期损益的金融资产的初始计量和后续计量规则及相关的会计处理。

企业除了运用其所拥有的资源从事自身的生产经营活动外，还可以将其拥有的资源投入到其他企业，或投放到证券市场，以获取所期望的回报。我们把企业将其拥有的资源投入到其他企业或投放到证券市场的行为称为投资活动，因此，投资是指企业为通过分配来增加财富，或为谋求其他利益，而将资产让渡给其他单位所获取的另一项资产。企业的投资活动，可以按不同的标准进行分类，如按投资的性质不同，可以分为债权性投资、股权性投资和混合性投资；按管理层持有投资的意图不同，可以分为以摊余成本计量的金融资产、以公允价值计量且其变动计入其他综合收益的金融资产、以公允价值计量且其变动计入当期损益的金融资产和长期股权投资。

第一节　金融工具规范的对外投资的分类和重分类

一、企业管理金融资产的业务模式及类型

（一）企业管理金融资产的业务模式

企业管理金融资产的业务模式是指企业如何管理其金融资产以产生现金流量。业

务模式不同,决定了企业所管理的金融资产产生的现金流量的来源不同。

企业取得金融资产时,首先应评估、确定管理该类金融资产的业务模式。企业在评估、确定管理金融资产的业务模式时,应注意以下几点:

1. 企业应当在金融资产组合的层次上确定管理金融资产的业务模式,而不必按照单个金融资产逐项确定。

2. 企业应当以企业关键管理人员决定的对金融资产进行管理的特定业务目标为基础确定。

3. 企业应当以客观事实为依据,确定管理金融资产的业务模式,不得以按照合理预期不会发生的情形为基础确定。如企业对于某项金融资产组合预期仅会在压力情形下将其出售,且企业合理预期该压力情形不会发生,则该压力情形不得影响企业对该类金融资产业务模式的评估。

4. 金融资产实际现金流量的实现方式与评估、确定业务模式时不同,只要企业在评估业务模式时已经考虑了当时所有可能获得的相关信息,这一差异不构成企业财务报表的前期差错,也不改变企业在该模式下持有的剩余金融资产的分类。但是,企业在评估新的金融资产模式时,应当考虑这些信息。

(二)业务模式的类型

1. 以收取合同现金流量为目标的业务模式。

以收取合同现金流量为目标的业务模式是指企业管理金融资产的目标在于通过收取金融资产存续期内的合同付款来实现现金流量,而不是通过持有并出售金融资产产生整体回报。以收取合同现金流量为目标的金融资产确认为以摊余成本计量的金融资产。

2. 以收取合同现金流量和出售金融资产为目标的业务模式。

以收取合同现金流量和出售金融资产为目标的业务模式是指企业关键管理人员认为收取合同现金流量和出售金融资产对于实现其管理目标而言都是不可或缺的。以收取合同现金流量和出售金融资产为目标的金融资产确认为以公允价值变动且变动计入其他综合收益的金融资产。

3. 其他业务模式。

其他业务模式是指企业管理金融资产不是以收取合同现金流量为目标,也不是既以收取合同现金流量又出售金融资产来实现其目标。以其他业务模式为目标的金融资产确认为以公允价值计量且变动计入当期损益的金融资产,

二、金融资产的合同现金流量特征

金融资产的合同现金流量特征是指金融工具合同约定的、反映相关金融资产经济

特征的现金流量属性。

企业分类为以摊余成本计量的金融资产和以公允价值计量且变动计入其他综合收益的金融资产,其合同现金流量特征应当与基本借贷安排相一致。即相关金融资产在特定日期产生的合同现金流量仅为对本金和以未偿付本金金额为基础的利息的支付。本金是指金融资产在初始确认时的公允价值,本金金额可能因提前偿付等原因在金融资产的存续期内发生变动;利息包括对货币时间价值、与特定时期未偿付本金金额相关的信用风险、以及其他基本借贷风险、成本和利润的对价。其中,货币时间价值是利息要素中仅因为时间流逝而提供对价的部分,不包括为所持有金融资产的其他风险或成本提供的对价,但货币时间价值要素有时可能存在修正。在货币时间价值要素存在修正的情况下,企业应当对相关修正进行评估,以确定其是否满足上述合同现金流量特征的要求。此外,金融资产包含可能导致其合同现金流量的时间分布或金额发生变更的合同条款(如包含提前偿付特征)的,企业应当对相关条款进行评估(如评估提前偿付特征的公允价值是否非常小),以确定其是否满足上述合同现金流量特征的要求。

三、金融工具规范的对外投资的分类

根据企业管理金融资产的业务模式和金融资产的合同现金流量特征,金融资产划分为以摊余成本计量的金融资产、以公允价值计量且其变动计入其他综合收益的金融资产和以公允价值计量且其变动计入当期损益的金融资产。

(一)以摊余成本计量的金融资产

金融资产同时符合下列条件的,应当分类为以摊余成本计量的金融资产:

1. 企业管理该金融资产的业务模式是以收取合同现金流量为目标。

2. 该金融资产的合同条款规定,在特定日期产生的现金流量,仅为对本金和以未偿付本金金额为基础的利息的支付。

(二)以公允价值计量且其变动计入其他综合收益的金融资产

金融资产同时符合下列条件的,应当分类为以公允价值计量且其变动计入其他综合收益的金融资产:

1. 企业管理该金融资产的业务模式既以收取合同现金流量为目标又以出售该金融资产为目标。

2. 该金融资产的合同条款规定,在特定日期产生的现金流量,仅为对本金和以未偿付本金金额为基础的利息的支付。

(三)以公允价值计量且其变动计入当期损益的金融资产

除了分类为以摊余成本计量的金融资产和以公允价值计量且其变动计入其他综合收益的金融资产之外的金融资产,企业应当将其分类为以公允价值计量且其变动计入当期损益的金融资产。

权益工具投资的合同现金流量评估一般不符合基本借贷安排,因此只能分类为以公允价值计量且变动计入当期损益的金融资产。然而,在初始确认时,企业可以将非交易性权益工具投资指定为以公允价值计量且其变动计入其他综合收益的金融资产,并按照股利收入的确认条件确认股利收入。股利收入的确认条件是必须同时满足三个条件,即(1)企业收取股利的权利已经确立;(2)与股利相关的经济利益很可能流入企业;(3)股利的金额能够可靠计量。该指定一经做出,不得撤销。

金融资产满足下列条件之一的,表明企业持有该金融资产的目的是交易性的:

1. 取得金融资产的目的,主要是为了近期出售。

2. 金融资产在初始确认时属于集中管理的可辨认金融工具组合的一部分,且有客观证据表明近期实际存在短期获利模式。

3. 金融资产属于衍生工具。但符合财务担保合同定义的衍生工具以及被指定为有效套期工具的衍生工具除外。

企业在非同一控制下的企业合并中确认的或有对价构成金融资产的,该金融资产应当分类为以公允价值计量且其变动计入当期损益的金融资产,不得指定为以公允价值计量且其变动计入其他综合收益的金融资产。

在初始确认时,如果能够消除或显著减少会计错配,企业可以将金融资产指定为以公允价值计量且其变动计入当期损益的金融资产。该指定一经做出,不得撤销。会计错配,是指当企业以不同的会计确认方法和计量属性对在经济上相关的资产或负债进行确认或计量由此产生的利得或损失时,可能导致的会计确认和计量上的不一致。

四、金融工具规范的对外投资的重分类

(一)金融资产重分类的原则

金融资产存续期内,企业如果改变了管理金融资产的业务模式,应当按照规定对所有受影响的相关金融资产进行重分类。金融资产(即非衍生债权资产)可以在以摊余成本计量的金融资产、以公允价值计量且其变动计入其他综合收益的金融资产和以公允价值计量且其变动计入当期损益的金融资产之间进行重分类。

企业对金融资产进行重分类,应当自重分类日起采用未来适用法进行相关会计处理,不得对以前已经确认的利得、损失(包括减值损失)或利息进行追溯调整。重分类

日是指导致企业对金融资产进行重分类的业务模式发生变更后的首个报告期间的第一天，如A上市公司决定于2018年5月26日改变某项金融资产的业务模式，因上市公司按季度披露信息，所以，变更后的首个报告期间是2018年3季度，因此，重分类日是2018年7月1日。

（二）金融资产重分类的计量

1. 以摊余成本计量的金融资产的重分类。

（1）企业将一项以摊余成本计量的金融资产重分类为以公允价值计量且变动计入当期损益的金融资产的，应当按照该资产在重分类日的公允价值计量。原账面价值与公允价值之间的差额计入当期损益。

（2）企业将一项以摊余成本计量的金融资产重分类为以公允价值计量且变动计入其他综合收益的金融资产的，应当按照该资产在重分类日的公允价值计量。原账面价值与公允价值之间的差额计入其他综合收益。该金融资产重分类不影响其实际利率和预期信用损失的计量。

2. 以公允价值计量且变动计入其他综合收益的金融资产的重分类。

（1）企业将一项以公允价值计量且变动计入其他综合收益的金融资产重分类为以摊余成本计量的金融资产的，应当将变更之前计入其他综合收益的累计利得或损失转出，调整该金融资产在重分类日的公允价值，并以调整后的金额作为新的账面价值，即视同该金融资产一直以摊余成本计量。该金融资产重分类不影响其实际利率和预期信用损失的计量。

（2）企业将一项以公允价值计量且变动计入其他综合收益的金融资产重分类为以公允价值计量且变动计入当期损益的金融资产的，应当继续以公允价值计量该金融资产。同时，企业应当将变更之前计入其他综合收益的累计利得或损失从其他综合收益转入当期损益。

3. 以公允价值计量且变动计入当期损益的金融资产的重分类。

（1）以公允价值计量且变动计入当期损益的金融资产重分类为以摊余成本计量的金融资产的，应当以其在重分类日的公允价值作为新的账面价值。

（2）以公允价值计量且变动计入当期损益的金融资产重分类为以公允价值计量且变动计入其他综合收益的金融资产的，应当继续以公允价值计量该金融资产。

对以公允价值计量且变动计入当期损益的金融资产进行重分类的，企业应当根据该金融资产在重分类日的公允价值确定其实际利率。同时，企业应当自重分类日起对该金融资产适用金融资产减值的相关规定，并将重分类日视为初始确认日。

第二节　债权投资

债权投资属于以摊余成本计量的金融资产。

一、初始计量

企业取得债权投资时，按照其公允价值和相关交易税费之和，即取得债权投资的实际支出计量。公允价值通常是指企业取得债权投资的交易价格。

二、后续计量

期末，债权投资按摊余成本计量。

摊余成本是指该金融资产的初始确认金额经下列调整后的结果：①扣除已偿还的本金；②加上或减去采用实际利率法将该初始确认金额与到期日金额之间的差额进行摊销形成的累计摊销额；③扣除已发生的减值损失。

三、会计处理

（一）账户设置

为反映债权投资的取得、摊余成本变动、减值和处置情况，需设置“债权投资”“投资收益”“应收利息”和“债权投资减值准备”等账户。

1.“债权投资”账户。该账户属于资产类账户，下设“成本”“利息调整”和“应计利息”三个明细账户。“成本”明细账户用来记录债权投资的面值。“利息调整”明细账户用来记录债权投资的溢价或折价、支付的交易费用及摊销情况。“应计利息”明细账户用来记录企业持有的债权投资期末计提的需要1年以上时间收回的利息。

2.“应收利息”账户。该账户属于资产类账户，记录企业期末计提的1年以内（含1年）收回的利息和已到付息期但尚未领取的利息。

3.“债权投资减值准备”账户。该账户是债权投资的备抵账户，记录企业持有的债权投资发生减值而计提的减值准备和转出的减值准备情况。

（二）债权投资的会计处理

1. 取得债权投资。

取得债权投资时，应按其面值，借记“债权投资——成本”科目，按实际支付的价款，贷记“银行存款”“其他货币资金”等科目，实际支出中如果包含利息（即该债权投资从上一个计息日至本次交易间的利息），若1年内（含1年）收回，则按利息金额借记“应收利息”科目，若超过1年收回，则借记“债权投资——应计利息”科目，借贷方之间的差额，借记或贷记“债权投资——利息调整”科目，取得债权投资时支付的交易费用若取得了增值税专用发票，则应根据专业发票上的增值税借记“应计税费——应交增值税（进项税额）”科目。

［例4－1］西林公司对债权投资采用实际利率法确认利息收入。2018年1月3日该公司以银行存款106万元，不考虑交易费用，购入N公司当日发行的面值100万元、期限3年、票面利率10%、每年12月31日付息、到期一次还本的债券，根据管理该金融资产的业务模式和合同现金流量特征，确认为债权投资。取得投资时的会计处理如下：

借：债权投资——成本	1 000 000	
——利息调整	60 000	
贷：银行存款		1 060 000

2. 资产负债表日的会计处理。

（1）利息收入的确认。资产负债表日，企业应按债权投资期初的摊余成本和实际利率确定实际利息收入，实际利息收入与按票面利息之差为当期利息调整的摊销额。按债权投资的面值和票面利率计算的应计利息，借记“应收利息”或“债权投资——应计利息”科目，按期初摊余成本和实际利率计算的实际利息扣除因应计利息而产生的销项税额的差额，贷记“投资收益”科目，按应计利息计算的销项税额，贷记“应交税费——应交增值税（销项税额）”科目，借贷方之间的差额，借记或贷记“债权投资——利息调整”科目。

实际利率，是指将金融资产在预计存续期的估计未来现金流量，折现为该金融资产账面余额所使用的利率。实际利率应当在取得金融资产时确定，并在该金融资产预期存续期间内保持不变。企业取得债权投资后，应根据计算确定的实际利率，编制持有债权投资期间的利息收入确认表。

［例4－2］接［例4－1］，西林公司编制利息收入确认表。

①计算实际利率。假设该债券的实际利率为i，采用i对未来可收回的本金和利息进行折现：

本金和利息的现值之和 $=100\times(P/F,i,3)+100\times10\%\times(P/A,i,3)$

投资的取得成本 $=106$

$100\times(P/F,i,3)+100\times10\%\times(P/A,i,3)=106$

通过插值法计算，$i=7.69\%$

②编制利息收入确认表。西林公司采用实际利率法确认的利息收入，见表4－1。

表 4－1　利息收入确认表

（实际利率法）　　　　单位：万元

年份	期初摊余成本（a）	实际利息（b＝a×实际利率）	现金流入（c）	期末摊余成本（d＝a＋b－c）
2018	106.00	8.15	10.00	104.15
2019	104.15	8.01	10.00	102.16
2020	102.16	7.84	110.00	0

注：2020 年的实际利息 7.84 是为了避免误差到挤出来的。

2018 年 12 月 31 日，确认利息收入，会计处理如下：

销项税额＝100 000÷（1＋6%）×6%＝5 660.38

投资收益＝81 500－5 660.38＝75 839.62

借：银行存款　　100 000

　贷：投资收益　　75 839.62

　　应交税费——应交增值税（销项税额）　　5 660.38

　　债权投资——利息调整　　18 500

2019 年 12 月 31 日，确认利息收入，会计处理如下：

销项税额＝100 000÷（1＋6%）×6%＝5 660.38

投资收益＝80 100－5 660.38＝74 439.62

借：银行存款　　100 000

　贷：投资收益　　74 439.62

　　应交税费——应交增值税（销项税额）　　5 660.38

　　债权投资——利息调整　　19 900

（2）债权投资的减值。资产负债表日，如果有客观证据表明债权投资发生了减值的，应当确认减值损失，计提“债权投资减值准备”。具体内容详见第六章金融资产——减值与转移。

3. 债权投资的处置。

债权投资的处置通常有两种方式，即提前出售和到期收回。

（1）提前出售。提前出售债权投资时，一方面按实收款项增加银行存款等，另一方面按照账面价值冲减债权投资，二者之差确认为投资损益，处置时若存在允许抵扣的进项税额，还需借记“应交税费——应交增值税（进项税额）”科目。部分出售时，按比例结转债权投资的账面价值。出售时按转让金融商品应交的增值税借记或贷记“投资收益”科目，贷记或借记“应交税费——转让金融商品应交增值税”科目。

［例 4－3］接［例 4－2］，假设西林公司由于资金短缺，2020 年 1 月 4 日，将持有 N 公司的债券全部提前出售，转让所得为 99 万元，不考虑交易费用。会计处理如下：

借:银行存款　　990 000
　投资收益　　31 600
　贷:债权投资——成本　　1 000 000
　　　　——利息调整　　21 600

计算转让金融商品应交增值税。

销售额 = 990 000 - 1 060 000 = - 70 000

增值税额 = 70 000 ÷ (1 + 6%) × 6% = 3 962.26

借:应交税费——转让金融商品应交增值税 3 962.26
　贷:投资收益　　3 962.26

(2)到期收回。到期收回债权投资时,一方面按实收款项增加银行存款等,另一方面按照账面价值冲减债权投资。

[例4-4]接[例4-2],假设西林公司将持有的N公司债券持有至到期,于2020年12月31日收回债券的面值和利息110万元。会计处理如下:

借:银行存款　　1 100 000
　贷:债权投资——成本　　1 000 000
　　　　——利息调整　　21 600
　　投资收益　　72 739.62
　　应交税费——应交增值税(销项税额)　　5 660.38

4.债权投资的重分类。

(1)企业将一项债权投资重分类为交易性金融资产的,应当按照该资产在重分类日的公允价值计量。原账面价值与公允价值之间的差额计入当期损益。

[例4-5]接[例4-2],2020年2月18日,西林公司改变管理金融资产的业务模式,将持有的N公司发行的债券重分类为交易性金融资产。在重分类日(3月1日),该债券的账面价值为1 021 600元,其中面值1 000 000元,利息调整借方余额21 600元;公允价值1 010 000元。会计处理如下:

借:交易性金融资产——成本　　1 021 600
　公允价值变动损益　　11 600
　贷:债权投资——成本　　1 000 000
　　　　——利息调整　　21 600
　　交易性金融资产——公允价值变动　　11 600

(2)企业将一项债权投资重分类为其他债权投资的,应当按照该资产在重分类日的公允价值计量。原账面价值与公允价值之间的差额计入其他综合收益。该金融资产重分类不影响其实际利率和预期信用损失的计量。

[例4-6]接[例4-2],2020年2月18日,西林公司改变管理金融资产的业务模

式,将持有的N公司发行的债券重分类为其他债权投资。在重分类日(3月1日),该债券的账面价值为1 021 600元,其中面值1 000 000元,利息调整借方余额21 600元;公允价值1 010 000元。会计处理如下:

借:其他债权投资——成本　　1 000 000
　　　　　　　　——利息调整　　21 600
　其他综合收益——其他债权投资公允价值变动　　11 600
　贷:债权投资——成本　　　　1 000 000
　　　　　　——利息调整　　　　21 600
　　其他债权投资——公允价值变动　　　　11 600

5. 金融商品转让的增值税。

(1)金融商品转让的概念。金融商品转让是指企业转让外汇、有价证券、非货物期货和其他金融商品所有权的业务活动。其他金融商品转让包括基金、信托、理财产品等各类资产管理产品和各种金融衍生品的转让。不包括股权投资的转让,但股票的买卖属于金融商品转让。

(2)计税方式。目前,没有对金融商品转让可以简易征收的规定,因此,金融商品转让应适用一般纳税人计税模式,即计算销项税额,与纳税人其他销项税额一起计算总的销项税额,抵扣可以抵扣的进项税额,一并计算当月或当季的应纳税额。

(3)销售额的确定及销项税额的计算。金融商品转让的销售额是金融商品转让的卖出价扣除买入价的余额。

卖出价是转让金融商品时取得的全部价款和价外费用。转让金融商品时支付的佣金等交易费用不能扣减,原因是支付的佣金等,可以取得增值税专用发票,符合抵扣条件的应作为进项税额。

买入价购入金融商品所支付的全部价款和价外费用,不包括支付的交易费用。

销售额 = 卖出价 - 买入价

增值税额 = 销售额 ÷ (1 + 6%) × 6%

(4)转让金融商品的增值税。转让金融商品时,卖出价扣除买入价的差额可能是正数,也可能是负数。若相抵后出现负数,按负数计算的增值税可以结转至下一纳税期与下期转让金融商品的增值税相抵,但年末时仍出现负数的,不得转入下一个会计年度。

相抵后是正数时,根据计算的增值税做如下会计处理:

借:投资收益
　贷:应交税费——转让金融商品应交增值税

相抵后是负数时,根据计算的增值税做如下会计处理:

借:应交税费——转让金融商品应交增值税
　贷:投资收益

年末时,如果“应交税费——转让金融商品应交增值税”科目为借方余额,则根据借方余额,做如下会计处理:

借:投资收益

　贷:应交税费——转让金融商品应交增值税

交纳转让金融商品应交增值税时,做如下会计处理:

借:应交税费——转让金融商品应交增值税

　贷:银行存款

第三节　其他债权投资和其他权益工具投资

其他债权投资属于分类为以公允价值计量且变动计入其他综合收益的金融资产,其他权益工具投资属于指定为以公允价值计量且变动计入其他综合收益的非交易性权益工具投资。

一、其他债权投资

(一)初始计量

企业取得其他债权投资时,按照其公允价值和相关交易税费之和,即取得其他债权投资的实际支出计量。公允价值通常是指企业取得其他债权投资的交易价格。取得其他债权投资时支付的交易费用若取得了增值税专用发票,则支付的增值税作为进项税额,不构成投资成本。

(二)后续计量

期末,其他债权投资按公允价值计量。公允价值与账面价值之间的差额所产生的利得或损失,除减值损失或利得和汇兑损益外,都计入其他综合收益,直至其他债权投资终止确认或被重分类。持有其他债权投资期间,按实际利率法计算确定的实际利息收入应当计入当期损益,并且计入各期损益的金额应当与视同其一直按摊余成本计量而计入各期损益的金额相等。终止确认其他债权投资时,其累计确认的利得或损失应当从其他综合收益中转出,计入当期损益。

(三)会计处理

1.账户设置。

为反映其他债权投资的取得、价值变动、减值和处置情况,需设置“其他债权投资”

“应收利息”“投资收益”和“其他综合收益”等账户。

(1)“其他债权投资”账户。该账户属于资产类账户，下设“成本”“利息调整”“应计利息”和“公允价值变动”四个明细账户。“成本”明细账户用来记录其他债权投资的面值。“利息调整”明细账户用来记录其他债权投资的溢价或折价、支付的交易费用及摊销情况。“应计利息”明细账户用来记录企业持有的其他债权投资期末计提的需要1年以上时间收回的利息。“公允价值变动”明细账户用来记录资产负债表日其他债权投资的公允价值与其账面价值之间的差额。

(2)“应收利息”账户。该账户属于资产类账户，记录企业期末计提的1年以内(含1年)收回的利息和已到付息期但尚未领取的利息。

(3)“投资收益”账户。该账户属于损益类账户，记录企业因进行其他债权投资而发生的投资损益。

(4)“其他综合收益”账户。该账户属于所有者权益类账户，记录因持有资产或承担债务而发生的公允价值与账面价值之间的差额所形成的利得或损失。该账户记录的利得或损失按以后是否可以重分类记入损益划分为两类：一类是以后不能重分类进损益的其他综合收益，主要包括：①重新计量设定受益计划净负债或净资产的变动；②权益法下在被投资单位不能重分类进损益的其他综合收益中享有的份额；③其他权益工具投资公允价值变动产生的利得或损失。另一类是以后将重分类进损益的其他综合收益，主要包括：①权益法下在被投资单位以后将重分类进损益的其他综合收益中享有的份额；②其他债权投资公允价值变动产生的利得或损失；③债权投资重分类为其他债权投资产生的利得或损失；④现金流量套期损益的有效部分；⑤外币财务报表折算差额等。

2. 会计处理。

(1)取得其他债权投资。取得其他债权投资时，应按其面值，借记“其他债权投资——成本”科目，按实际支付的价款，贷记“银行存款”或“其他货币资金”科目，实际支出中如果包含利息(即该债权投资从上一个计息日至本次交易间的利息)，若1年内(含1年)收回，则按利息金额借记“应收利息”科目，若超过1年收回，则借记“其他债权投资——应计利息”科目，借贷方之间的差额，借记或贷记“其他债权投资——利息调整”科目，取得金融资产时支付的交易费用若取得了增值税专用发票，则应根据专业发票上的增值税借记“应计税费——应交增值税(进项税额)”科目。

(2)资产负债表日的会计处理

①利息收入的确认。资产负债表日，企业应按其他债权投资的期初摊余成本和实际利率确定实际利息收入，实际利息收入与按票面利息之差为当期利息调整的摊销额。按其他债权投资的面值和票面利率计算的应计利息，借记“应收利息”或“其他债权投资——应计利息”科目，按期初摊余成本和实际利率计算的实际利息扣除因应计利息

而产生的销项税额的差额，贷记“投资收益”科目，按应计利息计算的销项税额，贷记“应交税费——应交增值税（销项税额）”科目，借贷方之间的差额，借记或贷记“其他债权投资——利息调整”科目。

②期末计价。资产负债表日，其他债权投资应按公允价值计量。公允价值与账面价值之间的差额借记或贷记“其他债权投资——公允价值变动”科目，贷记或借记“其他综合收益——其他债权投资公允价值变动”科目。

③其他债权投资的减值。资产负债表日，如果有客观证据表明其他债权投资发生了减值，应当确认减值损失。具体内容详见第六章金融资产——减值与转移。

（3）其他债权投资的处置。其他债权投资处置时，其累计确认的利得或损失应当从其他综合收益中转出，计入当期损益。处置时，按实际收到的金额借记“银行存款”“其他货币资金”等科目，借记或贷记“其他债权投资——公允价值变动”科目，贷记“其他债权投资——成本”科目，借记或贷记“其他债权投资——利息调整”，借记或贷记“投资收益”科目，处置时若存在允许抵扣的进项税额，还需借记“应交税费——应交增值税（进项税额）”科目；同时，将该金融资产累计形成的利得或损失转入当期损益，借记或贷记“投资收益”科目，贷记或借记“其他综合收益——其他债权投资公允价值变动”科目。

［例4－7］西林公司2018年1月1日支付银行存款106万元，购入N公司当日发行的面值100万元、期限3年、票面利率10%、每年12月31日付息、到期一次还本的债券。根据管理金融资产的业务模式和合同现金流量特征，确认为其他债权投资。2018年12月31日，债券的公允价值为105万元。2019年12月31日，债券的公允价值为103万元。2020年3月1日，西林公司将N公司债券全部出售，取得转让收入104万元。假设不考虑相关税费。

西林公司会计处理如下：

（1）计算实际利率。假设该债券的实际利率为i，采用i对未来可收回的本金和利息进行折现：

本金和利息的现值之和＝100×（P/F，i，3）＋100×10%×（P/A，i，3）

投资的取得成本＝106

100×（P/F，i，3）＋100×10%×（P/A，i，3）＝106

通过插值法计算，i＝7.69%

（2）编制利息收入确认表。西林公司采用实际利率法确认的利息收入，见表4－2。

表4－2 利息收入确认表

（实际利率法） 单位:万元

年份	期初摊余成本（a）	实际利息（b＝a×实际利率）	现金流入（c）	期末摊余成本（d＝a＋b－c）
2018	106.00	8.15	10.00	104.15
2019	104.15	8.01	10.00	102.16
2020	102.16	7.84	110.00	0

注:2020年的实际利息7.84是为了避免误差到挤出来的。

（3）西林公司在不同阶段的会计处理

①2018年1月1日,取得投资。

借:其他债权投资——成本 1 000 000

——利息调整 60 000

贷:银行存款 1 060 000

②2018年12月31日,确认利息收入。

借:银行存款 100 000

贷:投资收益 75 839.62

应交税费——应交增值税(销项税额) 5 660.38

其他债权投资——利息调整 18 500

2018年12月31日,确认公允价值变动。

公允价值变动＝105－104.15＝0.85

借:其他债权投资——公允价值变动 8 500

贷:其他综合收益——其他债权投资公允价值变动 8 500

③2019年12月31日,确认利息收入。

借:银行存款 100 000

贷:投资收益 74 439.62

应交税费——应交增值税(销项税额) 5 660.38

其他债权投资——利息调整 19 900

2019年12月31日,确认公允价值变动。

公允价值变动＝103－103.01＝－0.01

借:其他综合收益——其他债权投资公允价值变动 100

贷:其他债权投资——公允价值变动 100

④2020年3月1日,出售债券。

借:银行存款 1 040 000

贷:其他债权投资——成本 1 000 000

——利息调整　　21 600
——公允价值变动　　8 400
投资收益　　10 000
借:其他综合收益——其他债权投资公允价值变动　　8 400
贷:投资收益　　8 400
计算转让金融商品应交增值税。
销售额 =1 040 000 - 1 060 000 = - 20 000
增值税额 = 20 000 ÷ (1 + 6%) × 6% = 1 132.08
借:应交税费——转让金融商品应交增值税　　1 132.08
贷:投资收益　　1 132.08

二、其他权益工具投资

(一)初始计量

企业取得其他权益工具投资时,按照其公允价值和相关交易税费之和,即取得其他权益工具投资的实际支出计量。公允价值通常是指企业取得其他权益工具投资的交易价格。实际支出中包含的已宣告而未发放的现金股利作为应收股利处理,不构成投资成本。

(二)后续计量

期末,其他权益工具投资按公允价值计量。公允价值与账面价值之间的差额所产生的利得或损失(包括汇兑损益)均应计入其他综合收益,且后续不得转入当期损益。当其终止确认时,之前计入其他综合收益的累计利得或损失应当从其他综合收益中转出,计入留存收益。持有期间获得的股利(明确代表投资成本部分收回的股利除外)计入当期损益。

(三)会计处理

1. 账户设置。

为反映其他权益工具投资的取得、价值变动和处置情况,需设置"其他权益工具投资""应收股利""投资收益"和"其他综合收益"等账户。

(1)"其他权益工具投资"账户。该账户属于资产类账户,下设"成本"和"公允价值变动"两个明细账户。"成本"明细账户用来记录其他权益工具投资的取得成本。"公允价值变动"明细账户用来记录资产负债表日其他权益工具投资的公允价值与其账面价值之间的差额。

（2）“应收股利”账户。该账户属于资产类账户，记录企业应收取的现金股利或利润。其他权益工具投资取得时，支付的价款中包含的已宣告但尚未发放的现金股利或利润也在本账户记录。

2. 会计处理。

（1）取得其他权益工具投资。取得其他权益工具投资时，应按成本，借记“其他权益工具投资——成本”科目，按已宣告而未发放的现金股利或利润，借记“应收股利”科目，按支付交易费用时允许抵扣的进项税额，借记“应交税费——应交增值税（进项税额）”科目，按实际支付的价款，贷记“银行存款”或“其他货币资金”等科目。

（2）持有期间现金股利的处理。持有其他权益工具投资期间收到的现金股利，除取得时计入应收股利外，一律确认为投资收益。宣告股利日，按应收的股利金额借记“应收股利”科目，贷记“投资收益”科目；收到股利时，借记“银行存款”或“其他货币资金”科目，贷记“应收股利”科目。

（3）资产负债表日的会计处理。资产负债表日，其他权益工具投资应按公允价值计量。公允价值与账面价值之间的差额借记或贷记“其他权益工具投资——公允价值变动”科目，贷记或借记“其他综合收益——其他权益工具投资公允价值变动”科目。

期末其他权益工具投资不计提减值准备。

（4）其他权益工具投资的处置。其他权益工具投资处置时，其累计确认的利得或损失应当从其他综合收益中转出，计入留存收益。处置时产生的损益也不计入当期损益，直接计入留存收益。处置时，按实际收到的金额借记“银行存款”或“其他货币资金”科目，借记或贷记“其他权益工具投资——公允价值变动”科目，贷记“其他权益工具投资——成本”科目，借记或贷记“盈余公积——法定盈余公积”“利润分配——未分配利润”科目，处置时若存在允许抵扣的进项税额，还需借记“应交税费——应交增值税（进项税额）”科目；同时，将该金融资产累计形成的利得或损失转入留存收益，借记或贷记“盈余公积——法定盈余公积”“利润分配——未分配利润”科目，贷记或借记“其他综合收益——其他权益工具投资公允价值变动”科目。

[例4－8]西林公司于2018年2月1日从证券市场购入M公司普通股股票20 000股，每股成交价5.2元（含M公司已宣告但尚未发放的现金股利每股0.2元，股权登记日为2月16日），另付手续费、佣金等交易费价税合计500元，取得增值税专用发票，增值税28.30元，根据管理金融资产的业务模式和合同现金流量的特征确认为其他权益工具投资。2月18日收到现金股利4 000元。2018年12月31日该股票市价为每股5.70元。2019年3月1日M公司宣告发放现金股利0.3元/股。3月10日收到现金股利6 000元。2019年11月10日西林公司出售该股票10 000股，每股价格5.4元，支付手续费275.6元，其中增值税15.6元，取得增值税专用发票。

西林公司会计处理如下：

(1)2018 年 2 月 1 日,取得金融资产。

借:其他权益工具投资——成本	100 471.70	
应收股利	4 000	
应交税费——应交增值税(进项税额)	28.30	
贷:其他货币资金——存出投资款		104 500

(2)2018 年 2 月 18 日,收到现金股利。

借:其他货币资金——存出投资款	4 000	
贷:应收股利		4 000

(3)2018 年 12 月 31 日,确认公允价值变动。

公允价值变动 = 5.70 × 20 000 − 100 471.70 = 13 528.30

借:其他权益工具投资——公允价值变动	13 528.30	
贷:其他综合收益——其他权益工具投资公允价值变动		13 528.30

(4)2019 年 3 月 1 日,M 公司宣告发放现金股利。

借:应收股利	6 000	
贷:投资收益		6 000

2019 年 3 月 10 日,收到现金股利。

借:其他货币资金——存出投资款	6 000	
贷:应收股利		6 000

(5)2019 年 11 月 10 日,出售部分股票。

实际收到价款 = 10 000 × 5.40 − 275.6 = 53 724.40

处置收益 = (10 000 × 5.40 − 100 471.70 ÷ 2 − 13 528.3 ÷ 2) − 260 = − 3 260

借:其他货币资金——存出投资款	53 724.40	
盈余公积——法定盈余公积	326	
利润分配——未分配利润	2 934	
应交税费——应交增值税(进项税额)	15.60	
贷:其他权益工具投资——成本		50 235.85
——公允价值变动		6 764.15

出售时的销售额 = 10 000 × 5.40 − 50 000 = 4 000

增值税额 = 4 000 ÷ (1 + 6%) × 6% = 226.41

借:盈余公积——法定盈余公积	22.64	
利润分配——未分配利润	203.77	
贷:应交税费——转让金融商品应交增值税		226.41

处置部分需转入留存收益的其他综合收益 = 6 764.15

形成盈余公积 = 6 764.15 × 10% = 676.42

形成未分配利润=6 764.15－676.42=6 087.73

借:其他综合收益——其他权益工具投资公允价值变动 6 764.15

　贷:盈余公积——法定盈余公积 676.42

　　利润分配——未分配利润 6 087.73

第四节　交易性金融资产

交易性金融资产属于以公允价值计量且变动计入当期损益的金融资产。

一、初始计量

企业取得交易性金融资产时,按照其公允价值计量,支付的相关交易费用直接计入当期损益,即投资收益。公允价值通常是指企业取得相关金融资产的交易价格。公允价值中包含的已宣告而未发放的现金股利作为应收股利处理,不构成投资成本。

二、后续计量

期末,交易性金融资产按公允价值计量。公允价值与账面价值之间的差额计入当期损益,即公允价值变动损益。

三、交易性金融资产的会计处理

(一)账户设置

为反映交易性金融资产的取得、价值变动和处置情况,需设置“交易性金融资产”“公允价值变动损益”“投资收益”“应收股利”和“应收利息”等账户。

1.“交易性金融资产”账户。该账户属于资产类账户,记录企业分类为交易性金融资产的公允价值。下设“成本”“公允价值变动”两个明细账户。“成本”明细账用来记录取得交易性金融资产时的公允价值。“公允价值变动”明细账记录交易性金融资产在资产负债表日的公允价值与取得时公允价值之间的差额。

2.“公允价值变动损益”账户。该账户属于损益类账户,记录交易性金融资产因公允价值变动形成的应计入当期损益的利得和损失。当交易性金融资产处置时,其持有该金融资产期间确认的利得或损失应转入“投资收益”账户。

3.“投资收益”账户。该账户属于损益类账户,记录企业因各项投资发生的投资损益。交易性金融资产取得时发生的交易费用在该账户的借方反映。

4.“应收股利”账户。该账户属于资产类账户，记录企业应收取的被投资企业已宣告但尚未发放的现金股利或利润。交易性金融资产取得时，支付的价款中包含的已宣告但尚未发放的现金股利也在本账户中记录。

5.“应收利息”账户。该账户属于资产类账户，记录企业应收取的已到付息期但尚未领取的利息。交易性金融资产取得时，支付的价款中包含的已到付息期但尚未领取的利息也在本账户中记录。

（二）交易性金融资产的会计处理

1. 交易性金融资产的初始计量。

交易性金融资产取得时，应按照取得时的公允价值计量，发生的交易税费直接计入当期损益。支付的价款中包含的、已宣告但尚未发放的现金股利以及已到付息期但尚未领取的利息，单独作为应收项目。按取得的交易性金融资产的公允价值，借记“交易性金融资产——成本”科目，支付的价款中包含的已宣告但尚未发放的现金股利以及上一个付息日至本次交易的利息，借记“应收股利”或“应收利息”科目，按支付的交易税费，借记“投资收益”科目，按允许抵扣的进项税额，借记“应交税费——应交增值税（进项税额）”科目，按实际支付的价款，贷记“银行存款”或“其他货币资金——存出投资款”等科目。

2. 交易性金融资产的后续计量。

（1）持有期间收到现金股利或利息。持有交易性金融资产期间，收到的现金股利或利息，除取得时实际支付的价款中包含的现金股利或利息冲减债权外，一律确认投资收益。对于确认投资收益的现金股利，在被投资企业宣告分派现金股利时，按其应分得的数额，借记“应收股利”科目，贷记“投资收益”科目；收到现金股利时，借记“银行存款”或“其他货币资金——存出投资款”等科目，贷记“应收股利”科目。对于确认投资收益的利息收入，应在收取利息日，借记“应收利息”科目，贷记“投资收益”科目；收到利息收入时，借记“银行存款”或“其他货币资金——存出投资款”等科目。

（2）期末计价。资产负债表日，交易性金融资产应按公允价值计量，公允价值与账面价值之间的差额确认为公允价值变动损益，并调整该金融资产的账面记录。如果公允价值大于账面价值，按其差额，借记“交易性金融资产——公允价值变动”科目，贷记“公允价值变动损益”科目；反之，做相反的会计处理。

3. 交易性金融资产的处置。

交易性金融资产处置时，按实际收到的金额与账面价值之间的差额确认为处置损益，同时将持有期间原计入公允价值变动损益的数额转出，计入投资收益。按实际收到的金额，借记“银行存款”或“其他货币资金——存出投资款”等科目，按取得时的公允价值，贷记“交易性金融资产——成本”科目，按持有期间公允价值变动金额，借记或贷记“交易性金融资产——公允价值变动”科目,按借贷方之间的差额,借记或贷记“投资收益”科目,处置时若存在允许抵扣的进项税额,还需借记“应交税费——应交增值税(进项税额)”科目;同时,按持有期间公允价值变动金额,借记或贷记“公允价值变动损益”科目,贷记或借记“投资收益”科目。对于处置部分交易性金融资产的,应按比例结转该金融资产的账面价值和持有期间公允价值变动损益。

[例4-9] 西林公司于2018年2月1日从证券市场购入M公司普通股股票200万股,每股成交价5.30元(含M公司已宣告但尚未发放的现金股利每股0.30元,股权登记日为2月16日),另付手续费4 346元,其中增值税246元,取得增值税专用发票,根据管理金融资产的业务模式和合同现金流量特征,确认为交易性金融资产。其他资料如下:

(1)2018年2月18日收到现金股利60万元。

(2)2018年6月30日,该股票市价为每股5.70元。

(3)2018年11月10日,出售该股票100万股,每股价格为6.60元,支付手续费2 756元,其中增值税156元,取得增值税专用发票。

西林公司的会计处理如下:

(1)2018年2月1日,取得该金融资产。

借:交易性金融资产——成本	10 000 000	
应收股利	600 000	
投资收益	4 100	
应交税费——应交增值税(进项税额)	246	
贷:其他货币资金——存出投资款		10 604 346

(2)2018年2月18日,收到现金股利60万元。

借:其他货币资金——存出投资款	600 000	
贷:应收股利		600 000

(3)2018年6月30日,确认公允价值变动。

公允价值变动 = 2 000 000 × 5.70 - 10 000 000 = 1 400 000

借:交易性金融资产——公允价值变动	1 400 000	
贷:公允价值变动损益		1 400 000

(4)2018年11月10日,出售100万股。

实际收到价款 = 1 000 000 × 6.60 - 2 756 = 6 597 244

处置收益 = (1 000 000 × 6.60 - 10 000 000 ÷ 2 - 1 400 000 ÷ 2) - 2 600 = 897 400

借:其他货币资金——存出投资款	6 597 244	
应交税费——应交增值税(进项税额)		156
贷:交易性金融资产——成本		5 000 000

——公允价值变动　　700 000

投资收益　　897 400

借:公允价值变动损益　　700 000

贷:投资收益　　700 000

出售时的销售额 = 1 000 000 × 6.60 - 5 000 000 = 1 600 000

增值税额 = 1 600 000 ÷ (1 + 6%) × 6% = 90 566.04

借:投资收益　　90 566.04

贷:应交税费——转让金融商品应交增值税　　90 566.04

[例 4 - 10] 众泰公司于 2018 年 1 月 2 日从证券市场以 5 160 000 元的价格买入格林公司债券,其中面值为 5 000 000 元,利息 150 000 元。支付手续费 2 120 元,其中增值税 120 元,取得增值税专用发票。该债券于 2017 年 1 月 1 日发行,期限 3 年,票面利率 6%,每半年付息 1 次,付息日为 1 月 5 日和 7 月 5 日,到期还本。根据管理金融资产的业务模式和合同现金流量特征,确认为交易性金融资产。其他资料如下:

(1)2018 年 1 月 5 日,收到利息 150 000 元。

(2)2018 年 6 月 30 日,格林公司债券的公允价值为 5 166 000 元,其中利息150 000 元。

(3)2018 年 7 月 5 日,收到利息 150 000 元。

(4)2018 年 8 月 1 日,全部出售格林公司债券,交易价格 5 040 000 元,其中利息 25 000元。支付手续费 2 067 元,其中增值税 117 元,取得增值税专用发票。

众泰公司的会计处理如下:

(1)2018 年 1 月 2 日,购入债券。

借:交易性金融资产——成本　　5 010 000

应收利息　　150 000

投资收益　　2 000

应交税费——应交增值税(进项税额)　　120

贷:其他货币资金——存出投资款　　5 162 120

(2)2018 年 1 月 5 日,收到利息。

借:其他货币资金——存出投资款　　150 000

贷:应收利息　　150 000

(3)2018 年 6 月 30 日,确认利息收入和公允价值变动。

借:应收利息　　150 000

贷:投资收益　　141 509.43

应交税费——应交增值税(销项税额)　　8490.57

借:交易性金融资产——公允价值变动　　6 000

　　贷:公允价值变动损益　　　　6 000

(4)2018 年 7 月 5 日,收到利息。

借:其他货币资金——存出投资款　　150 000

　　贷:应收利息　　　　150 000

(5)2018 年 8 月 1 日,出售债券。

实际收到价款 = 5 040 000 - 2 067 = 5 037 933

处置收益 = (5 040 000 - 5 010 000 - 6 000) - 1 950 = 22 050

借:其他货币资金——存出投资款　　5 037 933

　　应交税费——应交增值税(进项税额)　　117

　　贷:交易性金融资产——成本　　　　5 010 000

　　　　　　　　　　——公允价值变动　　　　6 000

　　　投资收益　　　　22 050

借:公允价值变动损益　　6 000

　　贷:投资收益　　　　6 000

出售时的销售额 = 5 040 000 - 5 010 000 = 30 000

增值税额 = 30 000 ÷ (1 + 6%) × 6% = 1 698.11

借:投资收益　　1 698.11

　　贷:应交税费——转让金融商品应交增值税　　　　1 698.11

【本章主要参考文献】

[1]中华人民共和国财政部:《企业会计准则(2006)》

[2]盖地、赵书和:《财务会计》(第三版),经济科学出版社 2008 年版

[3]李绍敬、贾建军:《中级财务会计》,上海财经大学出版社 2008 年版

[4]刘永泽:《中级财务会计》(第二版),东北财经大学出版社 2007 年版

[5]李家瑗、蒋晓凤:《中级财务会计》,中国财政经济出版社 2008 年版

[6]中华会计网校:《2007 年注册会计师全国统一考试应试指南·会计》,人民出版社 2007 年版

【实训练习题】

1. 甲公司 2018 年 2 月 10 日,从证券市场购入宝钢股份的股票 100 000 股,每股价格 10 元,其中含尚未支付的现金股利 0.50 元。支付手续费 800 元,其中增值税 45.28 元,取得专用发票。根据管理金融资产的业务模式和合同现金流量特征,确认为交易性金融资产。3 月 5 日收到股利。同年 7 月 5 日,该公司将所持宝钢股份的股票以每股 11 元的价格全部出售,另支付手续费 900 元,其中增值税 50.94 元,取得专用发票。

要求:根据上述业务编制会计分录。

2. 甲公司2018年11月29日从证券市场购入亚泰集团股票100 000股，每股价格20元，支付手续费900元，其中增值税50.94元，取得专用发票。根据管理金融资产的业务模式和合同现金流量特征，确认为交易性金融资产。12月31日，收盘价格每股18元。2019年4月26日，以每股26元的价格全部出售，支付手续费1060元，其中增值税60元，取得专用发票。

要求：根据上述业务编制会计分录。

3. 甲公司2018年4月1日从证券市场按248 000元的价格购入面值为200 000元、2016年1月1日发行、期限5年、票面利率5%、每年12月31日付息，到期一次还本的M公司债券。支付手续费500元，其中增值税28.30元，取得专用发票。根据管理金融资产的业务模式和合同现金流量特征，确认为交易性金融资产。同年6月28日，债券全部售出，转让价款252 000元，支付手续费600元，其中增值税33.96元，取得专用发票。

要求：根据上述业务编制会计分录。

4. 甲公司2018年4月1日从证券市场按210 000元的价格购入面值为200 000元、2016年7月1日发行、期限5年、票面利率6%、每年7月5日付息、到期还本的N公司债券，并付手续费400元，其中增值税22.64元，取得专用发票。根据管理金融资产的业务模式和合同现金流量特征，确认为交易性金融资产。6月30日，该债券市价为213 600元。7月5日收到债券利息12 000元。同年7月25日，将债券转让，转让价款200 900元，支付手续费390元，其中增值税22.08元。

要求：根据上述业务编制会计分录。

5. 甲公司2017年1月1日签发转帐支票1张，购入乙公司同日发行的4年期、年利率为12%的债券300张，每张面值1 000元，交易价格为1 050元，共发生交易费用2 000元，未取得的增值税专用发票。根据管理金融资产的业务模式和合同现金流量特征，确认为债权投资。利息收入的增值税税率为6%。

要求：(1)如果该债券每年12月31日支付利息，债券的实际利率为10.21%，根据上述资料，编制甲公司购入债券、每年年末和债券到期收回的会计分录。

(2)如果该债券到期一次还本付息，每年利息不计算复利，债券的实际利率为8.8%，编制甲公司购入债券、每年年末和债券到期收回的会计分录。

6. 甲公司2017年1月1日签发转帐支票1张，购入乙公司同日发行的4年期、年利率为12%的债券300张。该债券为分次付息债券，每年12月31日支付利息，每张面值1 000元，交易价格为1 050元，共支付手续费2 000元，未取得增值税专用发票。债券实际利率为10.21%。根据管理金融资产的业务模式和合同现金流量特征，确认为债权投资。利息收入的增值税税率为6%。2019年3月10日，因资金紧张，将持有的债券投资出售100张，每张交易价格为1 040元，手续费700元，未取得增值税专用发票。

要求：根据上述资料，编制甲公司自购入债券到出售债券所涉及的会计处理。

7. 甲公司于2017年9月19日从证券市场上以每股5元的价格购买乙公司的股票100 000股，支付手续费500元，其中增值税28.30元，取得增值税专用发票。根据管理金融资产的业务模式和合同现金流量特征，确认为其他权益工具投资。2017年12月31日，乙公司股票的收盘价格为每股9元；2018年乙公司宣告发放现金股利，甲公司应分得20 000元，2018年5月20日，收到乙公司发放的现金股利20 000元；2018年12月31日，每股收盘价格为8元。2019年3月25日，以每股8.5元的价格全部出售，手续费850元，其中增值税48.11元，取得增值税专用发票。

要求：根据上述资料，编制甲公司不同时点的会计分录。

8. 2018年1月1日，甲公司从证券市场购入乙公司首次发行的公司债券10万张，每张债券面值100元，期限3年，票面利率4%，每年年末支付利息，本金到期支付。实际支付价款（含交易费用）1 029.44万元，交易费用未取得增值税专用发票，债券的实际利率为3%。根据管理金融资产的业务模式和合同现金流量特征，确认为其他债权投资。2018年12月31日，债券的公允价值为1 008.51万元。

要求：编制甲公司购入债券和2018年12月31日所涉及的会计处理。

CHAPTER 5 第五章
金融资产——长期股权投资

【学习目标】

1. 理解长期股权投资的特征和长期股权投资的类型。
2. 掌握长期股权投资的初始计量以及会计处理。
3. 掌握长期股权投资后续计量的成本法和权益法的原理及应用。

长期股权投资作为金融资产的一个重要组成部分，其特征是准备长期持有，没有明确的出售计划。持有长期股权投资除获取收益外，往往还具有特殊目的，如控制被投资企业的财务和经营决策等。由于长期股权投资的目的与其他投资资产有着显著的不同，所以我国单独颁布了长期股权投资准则，以规范企业的长期股权投资行为。

第一节　长期股权投资概述

一、长期股权投资的概念

长期股权投资是指投资方对被投资单位实施控制、重大影响的权益性投资，以及对其合营企业的权益性投资。

长期股权投资具有如下特征：

（一）长期持有，没有明确出售计划

长期股权投资的目的是为了长期持有被投资单位的股份，成为被投资单位的股东，并通过所持有的股份，对被投资单位实施控制或施加影响，或为了改善和巩固贸易关系，或持有在活跃市场中没有报价、公允价值不能可靠计量的股权投资。虽然在一定条件下，企业可能出售长期股权投资，但在取得投资时并没有明确的出售计划。

（二）获取收益，承担风险

长期股权投资的最终目的是获取收益，这种收益可以通过股利方式取得，也可以通过其他方式取得，如保证产品销售或取得稳定的原材料供应等。如果被投资单位经营情况不佳，甚至发生亏损，投资方需承担相应的投资损失。

（三）除股票投资外，长期股权投资通常不能随意出售

投资方一旦成为被投资单位的股东，根据公司法的有关规定，凭所持股份依法享有股东的权利并承担相应的义务，不能随意抽回投资。

二、长期股权投资的类型

根据投资方对被投资单位财务和经营决策的影响程度不同，长期股权投资可以分为以下几种类型：

（一）控制

控制是指投资方拥有对被投资单位的权利，通过参与被投资单位的相关活动而享有可变回报，并且有能力运用对被投资单位的权利影响其回报金额。拥有控制权的投资方一般称为母公司，被母公司控制的企业，一般称为子公司。

如何判断投资方是否取得被投资单位的控制权，详见《高级财务会计学》合并财务报表一章，这里仅介绍直观判断的两种情形：

1. 投资方拥有被投资单位50%以上的表决权。

这种情形是指：投资方直接拥有被投资单位50%以上的表决权资本；投资方间接拥有被投资单位50%以上的表决权资本；投资方直接和间接拥有被投资单位50%以上的表决权资本。

2. 投资方虽未拥有被投资单位半数以上的表决权资本，但通过其他方式可以对被投资单位实施有效控制。

这种情形是指：根据与其他投资者的协议，投资方拥有被投资单位50%以上的表决权；根据章程或协议，投资方有权控制被投资单位的财务和经营政策；投资方有权任免被投资单位董事会等类似权力机构的多数成员；投资方在被投资单位董事会或类似机构占有半数以上投票权。

（二）共同控制

共同控制是指按照相关约定对某项安排所共有的控制，并且该安排的相关活动必须经过分享控制权的参与方一致同意后才能决策。需要注意的是并不是参与合营安排的所有方一致同意才算共同控制，共同控制的表现形式有两种：一是所有参与方必须一致行动才能决定某项安排；二是一组参与方必须一致行动才能决定某项安排。

共同控制分为共同经营和合营企业。凡是未通过单独主体达成的合营安排，应当划分为共同经营；通过单独主体达成的合营安排，通常应划分为合营企业。但有确凿证据表明满足下列条件之一，并且符合相关法律法规规定的合营安排应当划分为共同经营。(1)合营安排的法律形式表明，合营方对该安排中的相关资产和负债享有权利和承担义务；(2)合营安排的合同条款规定，合营方对该安排中的相关资产和负债分别享有权利和承担义务；(3)其他相关事实和情况表明，合营方对该安排中的相关资产和负债分别享有权利和承担义务，如合营方享有与合营安排相关的几乎所有支出，并且该安排中负债的清偿持续依赖于合营方的支持。

（三）重大影响

重大影响是指对一个企业的财务和经营政策有参与决策的权利，但并不能够控制或者与其他方一起共同控制这些政策的制定。被投资单位称为投资方的联营企业。

实际工作中，较为常见的重大影响体现为在被投资单位的董事会或类似权力机构中派有代表，通过在被投资单位生产经营决策制定过程中的发言权实施重大影响。投资方直接或通过子公司间接拥有被投资单位20%以上且低于50%的表决权股份时，一般认为对被投资单位具有重大影响，除非有明确的证据表明这种情况下不能参与被投资单位的生产经营决策，则不形成重大影响。

企业通常可以通过以下一种或几种情形来判断是否对被投资单位具有重大影响：(1)在被投资单位的董事会或类似权力机构中派有代表。(2)参与被投资单位的政策制定过程，包括股利分配政策等的制定。(3)与被投资单位之间发生重要交易。(4)向被投资单位派出管理人员。(5)向被投资单位提供关键技术资料。存在上述一种或多种情形并不意味着投资方一定对被投资单位具有重大影响。企业需要综合考虑所有事实和情况来做出恰当的判断。

第二节　长期股权投资的初始计量

长期股权投资的初始计量就是确定投资的初始投资成本。初始投资成本是指企业为取得长期股权投资所发生的实际支出。不同方式取得的长期股权投资，初始投资成本的确定有所不同。企业长期股权投资的取得，可以分为两大类：一类是企业合并取得的，另一类是其他方式取得的。

一、企业合并形成的长期股权投资

企业合并，是指将两个或者两个以上单独的企业合并形成一个报告主体的交易或事项。企业合并按合并方式划分为控股合并、新设合并和吸收合并。新设合并和吸收合并后被合并方均失去法人资格，合并方不会形成对被合并方的股权投资，因此新设合并和吸收合并不属于长期股权投资准则规范的内容。

控股合并后，被合并方的法人资格保留，合并方在合并中会因合并而形成对被合并方的长期股权投资。控股合并取得的长期股权投资，又分为同一控制下的企业合并和非同一控制下企业合并取得的长期股权投资。企业合并形成的长期股权投资问题见高级财务会计学。

二、其他方式取得的长期股权投资

除企业合并形成的长期股权投资外，企业还可以通过合营投资、联营投资等方式取得长期股权投资，由于企业投出的资产不同，长期股权投资的初始投资成本的构成也不同。

1. 以支付现金取得的长期股权投资。

以支付现金取得的长期股权投资，应当按照实际支付的购买价款与取得长期股权投资直接相关的费用、税金及其他必要支出作为初始投资成本。但所支付价款中包含的被投资单位已宣告但尚未发放的现金股利或利润应作为应收项目单独处理，不构成长期股权投资的成本。

企业支付现金取得长期股权投资时，按照确定的初始投资成本，借记“长期股权投资”科目，按享有被投资单位已宣告但尚未发放的现金股利或利润，借记“应收股利”科目，按照实际支付的买价及手续费、税金等，贷记“银行存款”或“其他货币资金——存出投资款”等科目。取得股权投资的，若支付了允许抵扣的增值税，应借记“应交税费——应交增值税（进项税额）”科目。

［例 5－1］黄河公司于 2018 年 1 月 1 日，自二级市场中买入乙公司 20% 的股份，购买价格 1 000 万元。另外，在购买过程中支付手续费等相关费用 10 万元，未取得增值税专用发票。黄河公司取得该部分股权后，能够对乙公司的生产经营决策施加重大影响。

黄河公司应当按照实际支付的价款作为取得长期股权投资的成本，会计处理为：

借：长期股权投资　　　　10 100 000

　　贷：其他货币资金——存出投资款　　　　10 100 000

2. 以发行权益性证券方式取得的长期股权投资。

以发行权益性证券方式取得的长期股权投资，其成本为所发行权益性证券的公允价值，但不包括应自被投资单位收取的已宣告但尚未发放的现金股利或利润。为发行权益性证券支付给有关证券承销机构等的手续费、佣金等与权益性证券发行直接相关的费用，不构成取得长期股权投资的成本，应自权益性证券的溢价发行收入中扣除，权益性证券的溢价收入不足冲减的，应冲减盈余公积和未分配利润。

企业以发行权益性证券方式取得长期股权投资时，按照确定的初始投资成本，借记“长期股权投资”科目，按享有被投资单位已宣告但尚未发放的现金股利或利润，借记“应收股利”科目，按照权益性证券的面值，贷记“股本”科目，按为发行权益性证券支付给有关证券承销机构等的手续费、佣金等直接相关的费用，贷记“银行存款”科目，按其差额，贷记“资本公积——股本溢价”科目或者借记“盈余公积”“利润分配——未分配利润”等科目。发行权益性证券时，若支付了允许抵扣的增值税，应借记“应交税费——应交增值税（进项税额）”科目。

［例 5－2］2018 年 4 月，黄河公司与 B 公司达成协议，通过增发每股面值 1 元的普通股 1 000 万股本公司股票，取得 B 公司 20% 的股权，每股的发行价格为 2 元。为增发该部分股份，黄河公司向证券承销机构等支付了 10 万元的佣金，未取得增值税专用发票。假定黄河公司取得该部分股权后，能够对 B 公司的生产经营决策施加重大影响。

黄河公司应当以所发行股份的公允价值作为取得长期股权投资的成本，会计处理为：

借：长期股权投资	20 000 000	
贷：股本		10 000 000
资本公积——股本溢价		10 000 000
借：资本公积——股本溢价	100 000	
贷：银行存款		100 000

3. 投资者投入的长期股权投资。

投资者投入的长期股权投资是指投资者将其持有的对第三方的投资作为出资投入企业形成的长期股权投资。其初始投资成本应当按照投资合同或协议约定的价值作为初始投资成本，但合同或协议约定的价值不公允的除外。如有确凿证据表明，取得的长期股权投资的公允价值比所发行的权益性证券的公允价值更加可靠的，以投资者投入的长期股权投资的公允价值为基础确定其初始投资成本。

收到投资者投入的长期股权投资时，按照确定的初始投资成本，借记“长期股权投资”科目，按享有被投资单位已宣告但尚未发放的现金股利或利润，借记“应收股利”科目，按照投资方占实收资本（股本）份额的金额，贷记“实收资本”或“股本”科目，按其差额，贷记“资本公积”科目。

［例 5－3］黄河公司的股东甲以其持有的对 A 公司的长期股权投资作为出资投入

本公司。投资各方在投资合同中约定，该项长期股权投资作价200万元，占黄河公司有表决权资本的10%，黄河公司注册资本为1 500万元。黄河公司的会计处理如下：

借：长期股权投资　　　　2 000 000
　贷：实收资本　　　　　　1 500 000
　　资本公积——资本溢价　　500 000

［例5－4］华源公司在成立时，注册资本1 000万元，众泰公司以其持有的A公司的长期股权投资作为出资投入华源公司。A公司为上市公司，其权益性证券有活跃市场报价。投资合同约定，众泰公司作为出资的长期股权投资作价400万元（该作价与公允价值相当）。众泰公司持有华源公司20%的股份，具有重大影响。不考虑相关税费等其他因素影响。

众泰公司向华源公司投入的长期股权投资具有活跃市场报价，而华源公司所发行的权益性工具不具有活跃市场报价，所以，华源公司应采用A公司股权的公允价值确认长期股权投资的初始投资成本。华源公司的会计处理如下：

借：长期股权投资　　　　4 000 000
　贷：实收资本　　　　　　2 000 000
　　资本公积——资本溢价　　2 000 000

4. 以非货币性资产交换方式取得的长期股权投资。

以非货币性资产交换方式取得的长期股权投资，其初始投资成本应按照非货币性资产交换准则的规定确定。

5. 以债务重组方式取得的长期股权投资。

以债务重组方式取得的长期股权投资，其初始投资成本应按照债务重组准则的规定确定。

第三节　长期股权投资的后续计量与处置

企业取得的长期股权投资在持有期间，要根据投资方对被投资单位的影响程度，分别采用成本法和权益法进行会计处理。

一、长期股权投资的成本法

（一）成本法的定义及其适用范围

1. 成本法的定义。

成本法，是指长期股权投资的价值通常按初始投资成本计量，除追加和减少投资外，一般不对长期股权投资的账面价值进行调整的一种会计处理方法。

2. 适用范围。

根据长期投资准则，投资方持有的对子公司投资应当采用成本法，投资方为投资性主体且子公司不纳入其合并财务报表的除外。

根据长期股权投资准则第 22 条的规定，凡同时满足以下 3 个条件的企业称为投资性主体：(1)该公司以向投资者提供投资管理服务为目的，从一个或多个投资者处获取资金；(2)该公司的唯一经营目的，是通过资本增值、投资收益或两者兼有而让投资者获得回报；(3)该公司按照公允价值对几乎所有投资的业绩进行考量和评价。

投资方对被投资单位实施控制时，投资方应将被投资单位的财务报表纳入合并财务报表中。在编制合并财务报表时，需采取调表不调账的方式，将日常成本法的账面记录调整为权益法处理的结果。

长期股权投资准则要求投资方对子公司的长期股权投资采用成本法处理，主要原因是为了避免在子公司实际宣告发放现金股利或利润之前，母公司垫付资金发放现金股利或利润的情况。

(二)账户设置

为反映长期股权投资的取得、增减变动和处置，企业应设置“长期股权投资”总账，按被投资单位名称设置明细账。该科目的借方登记取得长期股权投资的初始投资成本和追加投资时的成本，贷方登记处置长期股权投资应冲减的长期股权投资成本，余额在借方，表示企业持有的长期股权投资的成本。

(三)成本法的基本原理

虽然本节的内容是长期股权投资的后续计量，但为了系统反映成本法的基本原理，我们将长期股权投资的初始计量和后续计量结合在一起介绍成本法。

1. 确认长期股权投资的初始投资成本，进行长期股权投资的初始计量。

取得长期股权投资时，首先应确定长期股权投资的初始投资成本，并根据确认的初始投资成本进行会计处理，借记“长期股权投资”科目，贷记“银行存款”等科目。

2. 持有收益的处理。

持有收益是指投资方持有长期股权投资期间所应确认的投资收益。在成本法下，持有收益的确认是根据投资持有期间从被投资单位分得的现金股利或利润确定的。除取得投资时实际支付的价款或对价中包含的已宣告但尚未发放的现金股利或利润外，投资方应当按照享有被投资单位宣告发放的现金股利或利润确认持有收益。

投资持有期间，被投资单位宣告分配的股票股利，投资方只做备忘记录，不做任何会计处理。

［例5－5］黄河公司于2017年2月15日取得润华股份有限公司(未上市)60%的股份,共计100万股,以银行存款支付股价款和相关税费2 100 000元,采用成本法进行会计处理。2018年3月16日,润华股份有限公司宣告发放2017年的现金股利每股0.10元,2018年4月20日收到现金股利,存入银行。其会计处理如下:

(1)2017年2月15日取得长期股权投资时的会计处理。

借:长期股权投资——润华股份有限公司	2 100 000	
贷:银行存款		2 100 000

(2)2018年3月16日宣告发放现金股利。

借:应收股利	100 000	
贷:投资收益		100 000

(3)2018年4月20日收到现金股利。

借:银行存款	100 000	
贷:应收股利		100 000

3.追加或收回投资的处理。

在成本法下,投资持有期间一般不调整初始投资成本,保持长期股权投资的账面记录不变,但发生追加投资或收回投资时,也需要调整长期股权投资的初始投资成本。

(1)追加投资。追加投资时,应根据追加投资的成本调整长期股权投资的初始投资成本。追加投资时,根据追加的投资成本,借记“长期股权投资”科目,贷记“银行存款”等科目。

(2)收回投资。企业因收回部分投资而不改变投资的类型,收回投资部分的成本应调整长期股权投资的初始投资成本。收回部分投资时,按实际收到的价款,借记“银行存款”等科目,根据应冲减的初始投资成本,贷记“长期股权投资”科目,按借贷方的差额,借记或贷记“投资收益”科目,若收回的投资计提了减值准备,还应按计提的减值准备,借记“长期股权投资减值准备”科目。

二、长期股权投资的权益法

(一)权益法的定义与适用范围

1.权益法的定义。

权益法,是指投资最初以初始投资成本计量后,在投资持有期间根据投资方享有被投资单位所有者权益的份额的变动对投资的账面价值进行调整的方法。

2.适用范围。

投资方对被投资单位具有共同控制或重大影响的长期股权投资,即对合营企业和联营企业的投资,应当采用权益法。但是,风险投资机构、共同基金、信托公司或包括投连险基金在内的类似主体持有的、在初始确认时按照金融工具确认和计量准则的规定以公允价值计量且其变动计入当期损益的金融资产，无论以上主体是否对这部分投资具有重大影响，都应按照金融工具确认和计量准则的规定进行后续计量。投资方对联营企业的权益性投资，其中一部分通过风险投资机构、共同基金、信托公司或包括投连险基金在内的类似主体间接持有的，无论以上主体是否对这部分投资具有重大影响，投资方都可以按照金融工具确认和计量准则的有关规定，对间接持有的该部分投资选择以公允价值计量且其变动计入当期损益，并对其余部分采用权益法处理。

（二）账户设置

在“长期股权投资”科目下分别设置“投资成本”“损益调整”“其他综合收益”和“其他权益变动”明细科目。为了反映投资对象，在总账和明细账之间，按被投资单位的名称设二级账。

1. 投资成本。

反映长期股权投资的入账成本，即长期股权投资的初始投资成本与投资时应享有的被投资单位可辨认净资产公允价值的份额较高者。

2. 损益调整。

反映投资方应享有或应分担的被投资单位实现的净损益的份额及被投资单位分派的现金股利或利润中投资方应获得的份额。

3. 其他综合收益。

反映投资方对于被投资单位发生的其他综合收益的变动，应享有或承担的份额。

4. 其他权益变动。

反映投资方对于被投资单位除净损益、其他综合收益以及利润分配以外的所有者权益的其他变动，如被投资单位发生以权益结算的股份支付在等待期内计入资本公积——其他资本公积的金额，投资方应享有或承担的份额。

（三）权益法的基本原理

1. 确认长期股权投资的初始投资成本，进行长期股权投资的初始计量。

取得长期股权投资时，首先应确定长期股权投资的初始投资成本，并根据确认的初始投资成本进行会计处理，借记“长期股权投资”科目，贷记“银行存款”等科目。

2. 初始投资成本的调整。

投资方取得对联营企业或合营企业的投资后，应对取得长期股权投资的初始投资成本进行调整，即按初始投资成本与应享有被投资单位可辨认净资产公允价值份额较高者确认长期投资的入账价值。

可辨认净资产的公允价值是指被投资单位可辨认资产的公允价值减去负债及或有

负债公允价值后的余额。

（1）若初始投资成本大于取得投资时应享有被投资单位可辨认净资产公允价值份额的，该部分差额实质上是投资方通过购买作价体现的被投资单位商誉及不符合确认条件的资产价值。由于被投资单位的商誉不会因为投资方的投资活动而成为投资方的商誉，所以投资方不应确认为商誉，而应作为购入资产（长期股权投资）付出的成本，即作为长期股权投资的初始投资成本，所以，该差额不要求对长期股权投资的初始投资成本进行调整。

（2）初始投资成本小于取得投资时应享有被投资单位可辨认净资产公允价值份额的，两者之间的差额体现为双方在交易作价过程中转让方的让步，不属于投资方正常业务取得的收入，应当计入当期的营业外收入，同时调整增加长期股权投资的初始投资成本。

[例 5－6] 黄河公司于 2018 年 1 月 1 日从二级市场中买入乙公司 20% 的股份，购买价格 1 000 万元。另外在购买过程中支付手续费等相关费用 10 万元，未取得增值税专用发票。黄河公司取得该部分股权后，能够对乙公司的生产经营决策施加重大影响，因此采用权益法进行会计处理。有关会计处理如下：

黄河公司取得长期股权投资时，其会计处理为：

借：长期股权投资——乙公司（成本）　　10 100 000

　　贷：其他货币资金——存出投资款　　10 100 000

假设取得时乙公司的可辨认净资产的公允价值为 5 000 万元。因长期股权投资的初始投资成本 1 010 万元大于 1 000 万元（5 000 × 20%），不调整长期股权投资的入账价值。

假设取得时乙公司的可辨认净资产的公允价值为 6 000 万元。初始投资成本1 010 万元与乙公司可辨认净资产公允价值的份额 1 200 万元（6 000 × 20%）的差额190万元，应调整长期股权投资的初始投资成本，其会计处理如下：

借：长期股权投资——乙公司（成本）　　1 900 000

　　贷：营业外收入　　1 900 000

3. 持有收益的确定。

权益法下，持有收益是根据被投资单位年末确定的净利润和持股比例计算确定的。

投资方取得投资后的每年年末，应当按照应享有或应分担的被投资单位实现净利润或发生净亏损的份额（法规或章程规定不属于投资方的净利润除外）确认持有收益，并调整长期股权投资的账面价值。

在确认应享有或应分担被投资单位的净利润或净亏损时，不应直接根据被投资单位账面净利润计算，而应在被投资单位账面净利润的基础上，考虑以下因素的影响进行适当调整：

（1）被投资单位采用的会计政策及会计期间与投资方不一致的，应按投资方的会计政策及会计期间对被投资单位的财务报表进行调整。

权益法下，是将投资方和被投资单位作为一个整体对待，作为一个整体其所产生的损益，应当在一致的会计政策基础上确定，被投资单位采用的会计政策与投资方不同的，投资方应当基于重要性原则，按照本企业的会计政策对被投资单位的损益进行调整。

（2）以取得投资时被投资单位资产、负债的公允价值为基础对被投资单位净利润进行调整。

因长期股权投资的初始投资成本已经按照应享有被投资单位可辨认净资产公允价值的份额进行了调整，即投资方的长期股权投资是按被投资单位有关资产、负债的公允价值为基础来确认的，而被投资单位的净利润是以其持有的资产、负债账面价值为基础计算的，为了统一口径，应将被投资单位以资产、负债的账面价值为基础计算的净利润调整为投资方取得投资时被投资单位资产、负债的公允价值为基础计算的净利润。

符合下列条件之一的，投资方可以以被投资单位的账面净利润为基础，计算确认持有收益，同时应在财务报表附注中说明不能按照会计准则的规定进行会计处理的原因：①投资方无法合理确定取得投资时被投资单位各项可辨认净资产等的公允价值；②投资时被投资单位可辨认净资产的公允价值与其账面价值相比，两者之间的差额不具重要性；③其他原因导致无法取得被投资单位的有关资料，不能按照会计准则中规定的原则对被投资单位的净利润进行调整。

期末，投资方根据确认的持有收益，借记“长期股权投资——损益调整”科目，贷记“投资收益”科目。

［例5－7］接［例5－6］假设取得时乙公司的可辨认净资产的公允价值为5 000万元，与账面价值相等。当年乙公司实现净利润100万元，黄河公司与乙公司采用的会计政策相同，由于投资时乙公司的各项资产的账面价值与其公允价值相同，因此不需要对乙公司当年实现的净利润进行调整，即黄河公司应确认的持有收益为20（100×20%）万元。

借：长期股权投资——乙公司（损益调整）　　200 000

　　贷：投资收益　　200 000

［例5－8］黄河公司2018年1月1日取得B公司40%的股权，实际支付价款为5 000万元，取得投资时B公司可辨认净资产的公允价值为15 000万元，除下表所列项目外，B公司其他资产、负债的公允价值与账面价值相同。

单位：万元

项　目	账面原值	已提折旧或摊销	公允价值	乙公司预计使用年限	甲公司取得投资后剩余使用年限
固定资产	1 000	500	600	20	10
无形资产	500	300	100	10	4
合计	1 500	800	700		

假定B公司当年实现净利润100万元，黄河公司与B公司的会计年度及采用的会计政策相同。固定资产、无形资产均按直线法提取折旧和摊销，预计净残值均为0。

2018年12月31日，黄河公司在确定其应享有的投资收益时，应在B公司实现净利润的基础上，根据取得投资时B公司有关资产的账面价值与其公允价值差额的影响进行调整（假定不考虑所得税影响）：

固定资产公允价值与账面价值差额应调整增加的折旧额 $=600\div10-1000\div20=10$（万元）

无形资产公允价值与账面价值差额应调整增加的摊销额 $=100\div4-500\div10=-25$（万元）

调整后的净利润 $=100-10-(-25)=115$（万元）

黄河公司应享有份额 $=115\times40\%=46$（万元）

确认持有收益的会计处理为：

借：长期股权投资——B公司（损益调整）　　460 000

　贷：投资收益　　460 000

（3）投资方与被投资单位间发生的内部交易形成的未实现内部交易收益的抵销。

投资方与被投资单位（包括联营企业和合营企业）之间发生的内部交易，在存在未实现内部交易收益的情况下，投资方应将未实现内部交易收益按照持股比例计算归属于投资方的部分抵销的基础上，按持股比例计算确认持有收益；投资方与被投资单位之间发生的内部交易损失，按照资产减值准则等规定，凡属于资产减值损失的，应当全额确认。投资方对于纳入其合并范围的子公司与其被投资单位之间发生的内部交易损益，也应当按照上述原则进行抵销，在此基础上确认持有收益。

投资方与其联营企业或合营企业之间的未实现内部交易损益抵销与投资方与子公司之间的未实现内部交易损益抵销有所不同，母子公司之间的未实现内部交易损益在合并财务报表中是全额抵销的，而投资方与其联营企业和合营企业之间的未实现内部交易损益抵销仅限于投资方（或是纳入投资方合并财务报表范围的子公司）享有联营企业或合营企业的权益份额。

在对待投资方与被投资单位之间发生的内部交易问题上，首先应区分该内部交易中涉及的资产是否构成业务，然后根据构成业务和不构成业务分别采用不同的处理方法。业务是指企业内部某些生产经营活动或资产的组合，该组合一般具有投入、加工处理过程和产出能力，能够独立计算其成本费用或所产生的收入，但不构成独立法人资格的部分，如企业的分公司、不具有独立法人资格的分部等。

投资方与联营企业、合营企业之间发生的投出或出售资产的交易，如果该资产构成业务的，应当按照企业合并准则和合并财务报表准则的有关规定进行会计处理。有关会计处理如下：

①联营企业或合营企业向投资方出售业务的，投资方应按企业合并准则的规定进行会计处理。投资方应全额确认与业务相关的利得或损失，不进行抵销。

②投资方向联营企业或合营企业投出业务，投资方因此取得长期股权投资但未取得控制权的，应以投出业务的公允价值作为新增长期股权投资的初始投资成本，初始投资成本与投出业务的账面价值之差，全额计入当期损益。投资方向联营、合营企业出售业务，取得的对价与业务的账面价值之间的差额，全额计入当期损益，不进行抵销。

投资方与联营企业或合营企业之间发生的投出或出售资产的交易，如果该资产不构成业务的，应当分别顺流交易和逆流交易进行会计处理。顺流交易是指投资方向其联营企业或合营企业投出或出售资产，逆流交易是指联营企业或合营企业向投资方出售资产。当未实现内部交易收益体现在投资方或被投资单位持有的资产账面价值中时，相关的收益在计算确认持有收益时应予抵销。

①顺流交易形成的未实现内部交易收益的抵销。当投资方向联营企业或合营企业投出或出售资产，同时联营企业或合营企业持有相关资产时，该交易存在未实现内部交易收益，在此情况下，投资方在采用权益法计算确认应享有联营企业或合营企业的投资收益时，应抵销该未实现内部交易收益的影响。投资方因投出或出售资产应确认的收益仅限于与联营企业或合营企业其他投资者交易的部分，即在顺流交易中，投资方投出或出售资产给联营企业或合营企业产生的收益中，按照持股比例计算确定归属于投资方的部分不予确认。

[例5－9] 黄河公司持有永和公司20%的股份，具有重大影响。2018年，黄河公司将成本为300万元的库存商品出售给永和公司，出售价格为400万元(不含增值税)。2018年底，永和公司未将该批商品出售给外部独立的第三方。2018年，永和公司实现净利润为600万元。假定除了本项调整事项外没有其他调整事项和不考虑所得税因素。

黄河公司在该项交易中实现利润100万元，其中20万元属于投资方对联营企业的权益份额，不予确认，所以，2018年底，黄河公司根据永和公司实现的净利润应确认的持有收益为100万元[(600－100)×20%]，会计处理如下：

借：长期股权投资——永和公司(损益调整)　　1 000 000

　　贷：投资收益　　1 000 000

②逆流交易形成的内部未实现收益的抵销。联营企业或合营企业向投资方出售资产时，投资方自联营企业或合营企业购买的资产在出售给外部独立的第三方之前，不应确认联营企业或合营企业因该项交易产生的损益中属于投资方应享有的部分。

［例5－10］黄河公司持有永和公司20%的股份，具有重大影响。2018年，永和公司将成本为100万元的库存商品出售给黄河公司，出售价格为160万元（不含增值税）。2018年底，黄河公司未将该批商品出售给外部独立的第三方。2018年，永和公司实现净利润为700万元。假定除了本项调整事项外没有其他调整事项和不考虑所得税因素。

永和公司在该项内部交易中实现利润60万元，属于投资方享有的权益金额12万元不应确认，所以，2018年底，黄河公司根据永和公司实现的净利润应确认的持有收益为128万元［（700－60）×20%］，会计处理如下：

借：长期股权投资——永和公司（损益调整）　　1 280 000

　贷：投资收益　　1 280 000

无论是顺流交易还是逆流交易，以后年度，内部交易取得的资产出售给外部独立的第三方或取得的资产已消耗时，按出售或消耗的比例调整增加持有收益。

在［例5－10］中，黄河公司将自永和公司购入的商品出售给外部独立的第三方时，在计算确认持有收益时，应在考虑其他调整因素计算确定的持有收益的基础上，按出售的相应比例调整增加持有收益。本例中，假设2019年度，黄河公司将该批商品全部出售给外部独立的第三方。2019年度，永和公司实现净利润800万元，假设本年度没有调整因素，不考虑所得税因素，则黄河公司应确认的持有收益为172万元（800×20%＋12）。

4.超额亏损的确认。

当被投资单位发生亏损时，投资方按应分担的被投资单位发生净亏损（经上述调整）的份额，确认投资损失，并冲减长期股权投资的账面价值。由于投资方承担有限责任，因此投资方在确认投资损失时，原则上应以长期股权投资及其他实质上构成对被投资单位净投资的长期权益减记至零为限。投资方负有承担额外损失义务的除外。“其他实质上构成对被投资单位净投资的长期权益”通常是指长期应收项目。例如，投资方对被投资单位的长期债权，该债权没有明确的清收计划、且在可预见的未来期间不准备收回的，实质上构成对被投资单位的净投资。

投资方在确认应分担被投资单位发生的亏损时，具体应按照以下顺序处理：

（1）减记长期股权投资的账面价值。

（2）在长期股权投资的账面价值减记至零的情况下，对于未确认的投资损失，应当以其他实质上构成对被投资单位净投资的长期权益项目账面价值为限，继续确认投资损失，冲减长期应收项目等的账面价值。

(3)经过上述处理,按照投资合同或协议约定,投资方仍需要承担额外义务的,应按预计将承担的义务金额确认预计负债,计入当期投资损失。

(4)如果经过上述处理后,仍有未确认的亏损分担额,投资方应作备忘记录。

被投资单位以后期间实现盈利时,先冲减备忘记录中的应分担的亏损额然后按以上相反顺序分别减记已确认的预计负债、恢复其他长期权益及长期股权投资账面价值,同时确认投资收益。

在被投资单位发生亏损时,投资方按应分担的份额借记"投资收益"科目,贷记"长期股权投资——损益调整""长期应收款"和"预计负债"科目。被投资单位以后期间实现盈利时,应当按相反顺序依次借记"预计负债""长期应收款""长期股权投资"科目,贷记"投资收益"科目。

[例5-11] 黄河公司2015年1月购入B公司30%的股份,对B公司具有重大影响,黄河公司采用权益法进行会计处理。假定投资时,B公司可辨认净资产公允价值与其账面价值之间的差额较小,黄河公司按其初始投资成本900万元入账,除了对B公司的长期股权投资外,黄河公司还有一笔300万元的对B公司的长期应收款,该债权没有明确的清收计划、且在可预见的未来期间不准备收回的。

(1)2015年,B公司实现净利润500万元。

(2)2016年,B公司发生亏损1 200万元。

(3)2017年,B公司发生亏损3 000万元。

(4)2018年,B公司实现净利润1 000万元。

黄河公司的会计处理如下:

(1)2015年黄河公司确认收益份额。

应享有的收益份额 = 500 × 30% = 150(万元)

借:长期股权投资——B公司(损益调整)　　　　1 500 000

　　贷:投资收益　　　　　　　　　　　　　　　　1 500 000

长股权投资的账面价值 = "成本"900万元 + "损益调整"150万元 = 1 050万元

(2)2016年黄河公司应分担的亏损额。

应分担的亏损额 = 1 200 × 30% = 360(万元)

借:投资收益　　　　　　　　　　　　　　　　3 600 000

　　贷:长期股权投资——B公司(损益调整)　　　　3 600 000

长期股权投资的账面价值 = "成本"900万元 + "损益调整"(-210)万元 = 690万元

(3)2017年黄河公司应分担的亏损额。

应分担的亏损额 = 3 000 × 30% = 900(万元)

因分担本次亏损前,长股权投资的账面价值为690万元,所以,只能确认690万元的投资损失。黄河公司还有一笔对B公司的长期应收款300万元，该债权没有明确的清收计划、且在可预见的未来期间不准备收回的。应冲减长期应收款210万元（900－690），并确认投资损失。

借：投资收益　　9 000 000
　　贷：长期股权投资——B公司（损益调整）　　6 900 000
　　　　长期应收款　　2 100 000

（4）2018年黄河公司应确认的收益额。

应享有的收益份额＝1000×30%＝300（万元）

由于当年应享有的收益份额超过了尚未恢复的长期应收款的冲减额，因此，在完全恢复了长期应收款的账面价值后，应按超过部分继续恢复长期股权投资的账面价值，应恢复长期股权投资账面价值＝300－210＝90（万元）

借：长期股权投资——B公司（损益调整）　　900 000
　　长期应收款　　2 100 000
　　贷：投资收益　　3 000 000

5. 被投资单位其他综合收益变动的处理。

被投资单位其他综合收益发生变动的，投资方应当按照归属于本企业的部分，相应调整长期股权投资的账面价值，同时增加或减少其他综合收益。

［例5－12］黄河公司持有B公司40%的股份，能够对B公司施加重大影响。当期B公司因持有的可供出售金融资产公允价值的变动而增加的其他综合收益金额为100万元。假定黄河公司与B公司采用的会计政策、会计期间相同，投资时B公司有关资产、负债的公允价值与其账面价值亦相同。

黄河公司在确认应享有被投资单位其他综合收益的变动时，应进行的会计处理为：

借：长期股权投资——B公司（其他综合收益）　　400 000
　　贷：其他综合收益　　400 000

6. 取得现金股利或利润的处理。

投资方自被投资单位取得的现金股利或利润，属于被投资单位所有者权益的减少，应冲减长期股权投资的账面价值。被投资单位宣告分派现金股利或利润时，如果应分得的现金股利或利润未超过已确认的损益调整金额，根据应分得的金额，借记“应收股利”科目，贷记“长期股权投资——损益调整”科目；如果应分得的现金股利或利润超过了已确认的损益调整金额，则超过部分应视同投资成本的收回，冲减“长期股权投资——投资成本”科目。

被投资单位宣告分配股票股利，投资方只做备忘记录，不做任何会计处理。

［例5－13］黄河公司2017年1月购入B公司30%的股份，对B公司具有重大影响，黄河公司采用权益法进行会计处理。假定投资时，B公司可辨认净资产公允价值与

其账面价值之间的差额较小，黄河公司按其初始投资成本 900 万元入账。

(1)2017 年，B 公司实现净利润 500 万元。

(2)2018 年 3 月，B 公司宣告发放 2017 年现金股利 600 万元。

黄河公司的会计处理如下：

(1)2017 年黄河公司确认收益份额。

应享有的收益份额 = 500 × 30% = 150(万元)

借：长期股权投资——B 公司(损益调整)　　1 500 000

　贷：投资收益　　1 500 000

长股权投资的账面价值 = “投资成本”900 万元 + “损益调整”150 万元 = 1 050 万元

(2)2018 年 B 公司宣告发放 2017 年现金股利 600 万元。

应分得的现金股利 = 600 × 30% = 180(万元)

由于分得现金股利前确认的“损益调整”金额为 150 万元，本次分得现金股利 180 万元，超过 30 万元。

借：应收股利　　1 800 000

　贷：长期股权投资——B 公司(损益调整)　　1 500 000

　　　　　　　　——B 公司(投资成本)　　300 000

7. 被投资单位其他所有者权益变动的处理。

被投资单位除净损益、其他综合收益以及利润分配以外的所有者权益的其他变动因素，主要包括被投资单位接受其他股东的资本性投入、被投资单位发行可分离交易的可转债中包含的权益成分、以权益结算的股份支付、其他股东对被投资单位增资导致投资方持股比例变动等。投资方应按所持股权比例计算享有的份额，调整长期股权投资的账面价值，同时计入“资本公积——其他资本公积”，并在备查簿中予以登记，投资方在后续处置股权投资但对剩余股权仍采用权益法处理时，应按处置比例将这部分资本公积转入处置当期的投资收益；对剩余股权终止权益法处理时，应将该项投资形成的全部资本公积转入当期投资收益。

[例 5 - 14] 黄河公司 2018 年 1 月购入 B 公司 30% 的股份，对 B 公司具有重大影响，黄河公司采用权益法进行会计处理。当年，B 公司因实施以权益结算的股份支付而增加“资本公积——其他资本公积”300 万元。

黄河公司在确认应享有被投资单位其他所有者权益的变动时，应进行的会计处理为：

借：长期股权投资——B 公司(其他权益变动)　　900 000

　贷：资本公积——其他资本公积　　900 000

8. 投资方持股比例增加但仍采用权益法时的处理。

投资方因增加投资而导致持股比例增加，但仍采用权益法进行会计处理时，在新增投资日，如果新增投资成本大于按新增持股比例计算的被投资单位可辨认净资产于新增投资日的公允价值的份额，不调整长期股权投资成本，按新增投资成本直接计入“长期股权投资——投资成本”；如果新增投资成本小于按新增持股比例计算的被投资单位可辨认净资产于新增投资日的公允价值的份额，应按该差额调整长期股权投资成本和营业外收入，但进行调整时，应当综合考虑与原持有投资和追加投资相关的商誉或计入损益的金额。

［例5－15］2015年1月1日，华源公司以银行存款2 500万元向非关联方购买众泰公司20%的股权，并对众泰公司具有重大影响。当日，众泰公司可辨认净资产的公允价值与账面价值相等，均为10 000万元。2015年1月1日至2017年12月31日期间，众泰公司实现净损益2 000万元，除此以外，无其他引起净资产发生变动的事项。2018年1月1日，华源公司以银行存款1 200万元向另一非关联方购买众泰公司10%的股权，仍对众泰公司具有重大影响，相关手续于当日完成。当日，众泰公司可辨认净资产公允价值为15 000万元。不考虑相关税费等其他因素。

华源公司第一次投资时，实际支出2 500万元，享有众泰公司可辨认净资产公允价值的份额为2 000万元，故初始投资成本为2 500万元，其中含500万元的内含商誉。会计处理如下：

借：长期股权投资——众泰公司（投资成本）　　25 000 000
　贷：银行存款　　25 000 000

第二次投资时，实际支出1 200万元，享有众泰公司可辨认净资产公允价值的份额为1 500万元，产生300万元的负商誉，应调整长期股权投资成本并计入营业外收入，然而，由于华源公司第一次投资时确认了500万元的内含正商誉，两次商誉综合考虑的金额为正商誉200万元，因此，华源公司第二次投资时的初始投资成本仍为1 200万元，并在备查簿中记录两次投资各自产生的商誉和第二次投资后综合考虑两次投资产生的商誉后的调整情况。华源公司第二次投资的会计处理如下：

借：长期股权投资——众泰公司（投资成本）　　12 000 000
　贷：银行存款　　12 000 000

三、长期股权投资的期末计量

长期股权投资的期末计量采用账面价值与可收回金额孰低法计量。

企业应当定期对长期股权投资进行检查，如果存在减值，应按照相关准则的规定计提减值准备。长期股权投资计提减值准备后，不管什么原因导致的升值均不得转回。

四、长期股权投资的处置

长期股权投资的处置是指将长期股权投资转让的行为，包括在二级市场出售、债务重组转出、非货币性资产交换转出等。

在符合股权转让条件时，应按所售股权的份额结转长期股权投资的账面价值，出售所得价款与处置长期股权投资账面价值之间的差额，应确认为处置损益。

采用权益法核算的长期股权投资，全部处置长期股权投资时，持有期间计入其他综合收益和其他所有者权益的金额，应全部转入处置当期的投资收益。部分处置的，剩余股权仍采用权益法处理的，持有期间计入其他综合收益和其他所有者权益的金额，应按处置比例转入处置当期的投资收益；剩余股权采用金融工具确认和计量准则进行会计处理的，应在终止采用权益法的当期将全部其他综合收益和其他所有者权益全部转入投资收益。

企业通过多次交易分步处置对子公司股权投资直至丧失控制权，如果上述交易属于一揽子交易的，应当将各项交易作为一项处置子公司股权投资并丧失控制权的交易进行会计处理；但是，在丧失控制权之前每一次处置价款与所处置的股权对应的长期股权投资账面价值之间的差额，应当先确认为其他综合收益，到丧失控制权时再一并转入丧失控制权的当期损益。

［例 5 - 16］黄河公司因生产急需资金将其持有的 B 公司股权 40% 的 1/3 转让。转让前因对 B 公司具有重大影响，采用权益法处理。转让时，该长期股权投资的账面价值为 2490 万元，其中：投资成本 1 800 万元，损益调整 600 万元，其他综合收益 90 万元。出售取得价款 900 万元。转让后仍具有重大影响。黄河公司的会计处理如下：

（1）确认处置损益

借：银行存款	9 000 000	
贷：长期股权投资——投资成本		6 000 000
——损益调整		2 000 000
——其他综合收益		300 000
投资收益		700 000

（2）除应将实际取得价款与出售长期股权投资的账面价值进行结转，确认处置损益外，还应将原计入其他综合收益金额按比例转入当期损益。

借：其他综合收益	300 000	
贷：投资收益		300 000

【本章主要参考文献】

［1］戴德明、林钢、赵西卜：《财务会计学》，中国人民大学出版社 2007 年版。

[2]朱学义:《中级财务会计》,机械工业出版社2007年版。

[3]刘永泽、陈立军:《中级财务会计》,东北财经大学出版社2008年版。

[4]中国注册会计师协会:《会计》,中国财政经济出版社2008年版。

[5]王善平、汤健、刘天雄:《中级财务会计学》,湖南人民出版社2007年版。

【实训练习题】

1. A公司于2017年1月1日以银行存款2 070万元(含支付的相关税费2万元,未取得增值税专用发票)购入B公司股票400万股,每股面值2元,占B公司实际发行在外股数的30%。A公司对该项投资采用权益法进行会计处理。2017年1月1日B公司可辨认净资产公允价值为6 000万元,取得投资时B公司固定资产公允价值600万,账面价值400万元,固定资产的预计使用年限10年,净残值为零,按直线法摊销。2017年B公司实现净利润400万元。2018年B公司发生亏损8 000万元,增加资本公积200万元。2019年B公司实现净利润1 040万元,不考虑所得税和其他事项。

要求:编制A公司上述有关投资业务的会计分录。

2. 甲公司2017~2018年与投资有关的资料如下:

(1)甲公司2017年1月1日以银行存款1 080万元对乙公司投资,占其注册资本的30%,对乙公司能够实施重大影响。取得投资日乙公司可辨认净资产公允价值为3 600万元,甲公司另支付10万元相关税费,未取得增值税专用发票。除下表外,乙公司其他项目账面价值与公允价值相等。固定资产预计使用年限20年,采用年限平均法计提折旧,不考虑净残值。无形资产的受益期限为10年。

单位:万元

项　目	账面原值	已提折旧	公允价值	剩余使用年限
存货	200		300	
固定资产	1 000	200	1 160	16
无形资产	400	40	540	9
小计	1 600	240	2 000	

(2)2017年4月10日乙公司宣告分派2016年现金股利200万元。

(3)乙公司2017年实现净利润1 000万元,甲公司投资时的存货在2017年销售了70%。

(4)乙公司2018年3月20日宣告分派2017年现金股利240万元。

(5)乙公司2018年实现净利润420万元,2018年甲公司投资时剩余30%的存货对外出售。

(6)乙公司2018年因持有以公允价值计量且变动计入其他综合收益的金融资产公允价值上升计入其他综合收益80万元。

要求:编制甲公司上述业务处理的会计分录。

3. A 公司 2015 年 1 月 2 日,以银行存款 6 000 万元购入 B 公司 60% 的股份,属于非同一控制下的企业合并,采用成本法处理。B 公司相关资料如下;

(1)2015 年 4 月 20 日 B 公司宣告分派 2014 年现金股利 150 万元。B 公司2015年实现净利润 600 万元。

(2)2016 年 4 月 20 日 B 公司宣告分派 2015 年现金股利 750 万元。B 公司2016年实现净利润 700 万元。

(3)2017 年 4 月 20 日 B 公司宣告分派 2016 年现金股利 600 万元。B 公司2017年实现净利润 550 万元。

(4)2018 年 4 月 20 日 B 公司宣告分派 2017 年现金股利 300 万元。

要求:编制 A 公司上述业务处理的会计分录。

4. 乙公司于 2017 年 1 月 1 日创办成立,共发行股票 600 000 股,每股面值 1 元,发行价格为每股 5 元。甲公司于 2017 年 1 月 1 日以银行存款认购了乙公司部分股票作为长期股权投资,支付的相关税费为成交额的 6‰,未取得增值税专用发票。2017 年,乙公司实现净利润500 000元;2018 年 2 月 5 日,宣告按每股 0.5 元发放 2017 年度的现金股利。甲公司于 3 月 5 日收到现金股利。2018 年度,乙公司发生亏损 150 000 元。

要求:假定甲公司的投资占乙公司全部股本的 30% ,具有重大影响,试根据上述资料,编制甲公司不同时点的会计分录。

5. A 公司 2016 年至 2018 年与甲公司股权投资业务的有关资料如下:

(1)2016 年 1 月 1 日,B 公司将其持有的甲公司 30%(具有重大影响)的股份转让给 A 公司,转让价格及相关税费合计 440 万元,未取得增值税专用发票。当日,A 公司签发支票一张,支付股份的转让款和相关税费,同时与 B 公司办理完成股权的过户手续。

2016 年 1 月 1 日,甲公司所有者权益账面总额为 1 600 万元,其中股本为1 000万元。假设甲公司可辨认净资产的公允价值与账面价值相等。

2016 年 3 月 2 日,甲公司宣告按每股 0.2 元派发 2015 年度现金股利。

2016 年度,甲公司实现净利润 800 万元;除实现净利润外未发生其他引起所有者权益变动的事项。

(2)2017 年 4 月 20 日,甲公司宣告按每股 0.1 元分配 2016 年度现金股利。

2017 年度,甲公司实现净利润 1 200 万元。除实现净利润外,甲公司未发生其他引起所有者权益变动的事项。

(3)2018 年度,甲公司实现净利润 1 800 万元,除实现净利润外未发生其他引起所有者权益变动的事项。

要求:根据上述资料,编制 A 公司不同时点的会计分录。

6. 甲公司2017年1月1日以银行存款6 000万元取得乙公司30%的股权，具有重大影响，采用权益法处理长期股权投资。2017年1月1日，乙公司所有者权益账面价值为19 000万元，可辨认净资产的公允价值为21 000万元。取得投资时，乙公司固定资产的公允价值9 000万元，账面价值7 000万元，固定资产尚可使用年限10年，净残值为零，采用直线法计提折旧，其他可辨认资产、负债的账面价值与公允价值相等。乙公司2017年度利润表中反映的净利润为1 600万元，2018年4月20日，宣告向投资者分配现金股利700万元。

要求：根据上述资料，编制甲公司与该项投资有关的所有会计分录。

CHAPTER 6 第六章

金融资产——减值与转移

【学习目标】

1. 了解金融资产减值的内涵及其确认。

2. 熟练掌握应收款项、债权投资和其他债权投资减值的计提、转回的会计处理。

3. 掌握金融资产转移的内涵,金融资产终止确认概念及条件,金融资产转移的确认类型及各确认类型下的会计处理。

金融资产作为资产的一种类型,持有期间如果发生了预期信用损失,则意味着该金融资产发生减值,需计提减值准备。金融资产转移,是指企业(转出方)将金融资产让与或交付给该金融资产发行方以外的另一方(转入方)。金融资产转移涉及的会计处理,核心是金融资产转移是否符合终止确认条件。

第一节　金融资产减值

一、金融资产减值

(一)金融资产减值及范围

金融资产减值是指持有的金融资产发生了预期信用损失,意味着持有金融资产发生减值。

本章中的金融资产减值是指根据金融工具确认和计量准则确认的金融资产。根据金融工具确认和计量准则第 46 条的规定,企业应当以预期信用损失为基础,对下列项目进行减值会计处理并确认损失准备:

(1)以摊余成本计量的金融资产和以公允价值计量且其变动计入其他综合收益的金融资产。以公允价值计量且其变动计入其他综合收益的金融资产按其投资对象不同分为债权类金融资产和权益类金融资产,权益类金融资产不计提损失准备。

(2)租赁应收款。

(3)合同资产。合同资产是指收入准则中定义的合同资产。

(二)预期信用损失、信用损失和损失准备

预期信用损失,是指以发生违约的风险为权重的金融工具信用损失的加权平均值。

信用损失,是指企业按照原实际利率折现的、根据合同应收的所有合同现金流量与预期收取的所有现金流量之间的差额,即全部现金短缺的现值。其中,对于企业购买或源生的已发生信用减值的金融资产,应按照该金融资产经信用调整的实际利率折现。由于预期信用损失考虑付款的金额和时间分布,因此即使企业预计可以全额收款但收款时间晚于合同规定的到期期限,也会产生信用损失。

在估计现金流量时,企业应当考虑金融资产在整个预计存续期的所有合同条款(如提前还款、展期、看涨期权或其他类似期权等)。企业所考虑的现金流量应当包括出售所持担保品获得的现金流量,以及属于合同条款组成部分的其他信用增级所产生的现金流量。

企业通常能够可靠估计金融资产的预计存续期。在极少数情况下,金融资产预计存续期无法可靠估计的,企业在计算确定预期信用损失时,应当基于该金融资产的剩余合同期间。

损失准备,是指针对以摊余成本计量的金融资产、租赁应收款和合同资产的预期信用损失计提的准备,按照以公允价值计量且变动计入其他综合收益的金融资产的累计减值金额计提的准备。

(三)预期信用损失和信用损失的计量

1. 影响预期信用损失的因素

企业在确定计量预期信用损失的方法时,需要考虑以下因素:

(1)通过评价一系列可能的结果而确定的无偏概率加权平均金额。

(2)货币时间价值。

(3)在资产负债表日无须付出不必要的额外成本或努力即可获得的有关过去事项、当前状况以及未来经济状况预测的合理且有依据的信息。

2. 预期信用损失的计量

预期信用损失是以违约概率为权重的、金融工具现金流缺口(即合同现金流量与预期收到的现金流量之间的差额)的现值的加权平均值。金融工具现金流缺口的现值

就是该金融工具的信用损失，所以，预期信用损失的计算公式如下：

预期信用损失 = 信用损失 × 违约概率

对于不具有融资性质的应收款项，在计量预期信用损失时可以运用简便方法，即根据历史经验确定的违约损失率计算。

3. 信用损失的计量

不同金融工具的金融资产，其信用损失的计量方法亦不相同。企业应当按照下列方法确定其信用损失：

（1）对于金融资产，信用损失应为企业应收取的合同现金流量与预期收取的现金流量之间差额的现值。

（2）对于租赁应收款项，信用损失应为企业应收取的合同现金流量与预期收取的现金流量之间差额的现值。其中，用于确定预期信用损失的现金流量，应与按照租赁准则用于计量租赁应收款项的现金流量保持一致。

（3）对于购买或源生时未发生信用减值的金融资产，信用损失应为该金融资产账面余额与按原实际利率折现的估计未来现金流量的现值之间的差额。该类金融资产是指除租赁应收款以外的具有融资性质的应收款项。

（4）对于购买或源生时已发生信用减值的金融资产，信用损失应为该金融资产初始确认时预计的未来现金流量与初始确认后预计的现金流量之差，按初始确认时确定的经信用调整的实际利率确认的现值。经信用调整的实际利率是指将购入或源生的已发生信用减值的金融资产在预计存续期的估计未来现金流量，折现为该金融资产摊余成本的利率。

4. 计量预期信用损失时应注意的问题

（1）企业应当以概率加权平均为基础对预期信用损失进行计量。企业对预期信用损失的计量应当反映发生信用损失的各种可能性，但不必识别所有可能的情形。

（2）在计量预期信用损失时，企业需考虑的最长期限为企业面临信用风险的最长合同期限（包括考虑续约选择权），而不是更长期间，即使该期间与业务实践相一致。

（四）损失准备和实际利息收入的计量

金融资产按照购买或源生时是否发生减值分为购买或源生时未发生减值的金融资产和已发生减值的金融资产。

购买或源生时未发生减值的金融资产和已发生减值的金融资产持有期间发生预期信用损失时，其损失准备和实际利息收入的计量方法不同。

1. 购买或源生时未发生减值的金融资产的损失准备和实际利息收入的计量

购买或源生时未发生减值的金融资产的减值过程可以分为三个阶段，不同阶段的损失准备和实际利息收入的计量不同。

（1）信用风险自初始确认后未显著增加（第一阶段）

如果该金融资产的信用风险自初始确认后并未显著增加，企业应当按照相当于该金融资产未来 12 个月内预期信用损失的金额计量其损失准备，按未扣除损失准备的本期期末摊余成本作为下期期初摊余成本，计算下期的实际利息收入。

（2）信用风险自初始确认后已显著增加但尚未发生信用减值（第二阶段）

如果该金融资产的信用风险自初始确认后已显著增加，企业应当按照相当于该金融资产整个存续期内预期信用损失的金额计量其损失准备，按未扣除损失准备的本期期末摊余成本作为下期期初摊余成本，计算下期的实际利息收入。

（3）初始确认后发生信用减值（第三阶段）

如果该金融资产初始确认后发生信用减值，企业应当按照相当于该金融资产整个存续期内预期信用损失的金额计量其损失准备，按扣除损失准备的本期期末摊余成本作为下期期初摊余成本，计算下期的实际利息收入。

当对金融资产预期未来现金流量具有不利影响的一项或多项事件发生时，该金融资产成为已发生信用减值的金融资产。金融资产已发生信用减值的证据包括下列可观察信息：

（1）发行方或债务人发生重大财务困难。

（2）债务人违反合同，如偿付利息或本金违约或逾期等。

（3）债权人出于与债务人财务困难有关的经济或合同考虑，给予债务人在任何其他情况下都不会做出的让步。

（4）债务人很可能破产或进行其他财务重组。

（5）发行方或债务人财务困难导致该金融资产的活跃市场消失。

（6）以大幅折扣购买或源生一项金融资产，该折扣反映了发生信用损失的事实。

金融资产发生信用减值，有可能是多个事件的共同作用所致，未必是可单独识别的事件所致。

根据金融资产发生信用减值的不同阶段计算确定预期信用损失后，以此为基础，扣除损失准备的余额计算确定本期的损失准备，计算公式如下：

本期损失准备 = 预期信用损失 − 损失准备余额

上式结果若为正数，表明该项金融资产截至本期的预期信用损失与上期相比有所增加，需要补提损失准备；若为负数，表明该项金融资产截至本期的预期信用损失与上期相比有所减少，形成减值利得，以前期间计提的损失准备需要转回。

2. 购买或源生时已发生减值的金融资产的损失准备和实际利息收入的计量

对于购买或源生时已发生减值的金融资产，企业应当仅将初始确认后整个存续期内预期信用损失的变动确认为损失准备，并按其摊余成本和经信用调整的实际利率计算实际利息收入。

（五）对风险显著增加的判断

企业在评估金融资产的信用风险是否显著增加时，通常应考虑以下几点：

1. 企业在评估金融资产的信用风险自初始确认后是否已显著增加时，应当考虑金融资产预计存续期内发生违约风险的变化，而不是预期信用损失金额的变化。企业应当通过比较金融资产在资产负债表日发生违约的风险与在初始确认日发生违约的风险，以确定金融资产预计存续期内发生违约风险的变化情况。

在确定是否发生违约风险而对违约进行界定时，企业所采用的界定标准，应当与其内部针对相关金融资产的信用风险管理目标保持一致，并考虑财务限制条款等其他定性指标。

2. 企业通常应当在金融资产逾期前确认该资产整个存续期预期信用损失。企业在确定信用风险自初始确认后是否显著增加时，企业无须付出不必要的额外成本或努力即可获得合理且有依据的前瞻性信息的，不得仅依赖逾期信息来确定信用风险自初始确认后是否显著增加；企业必须付出不必要的额外成本或努力才可获得合理且有依据的逾期信息以外的单独或汇总的前瞻性信息的，可以采用逾期信息来确定信用风险自初始确认后是否显著增加。

无论企业采用何种方式评估信用风险是否显著增加，通常情况下，如果逾期超过30日，则表明金融资产的信用风险已经显著增加。除非企业在无须付出不必要的额外成本或努力的情况下即可获得合理且有依据的信息，证明即使逾期超过30日，信用风险自初始确认后仍未显著增加。如果企业在合同付款逾期超过30日前已确定信用风险显著增加，则应当按照整个存续期的预期信用损失确认损失准备。

如果交易对手方未按合同规定时间支付约定的款项，则表明该金融资产发生逾期。

3. 企业在评估金融资产的信用风险自初始确认后是否已显著增加时，应当考虑违约风险的相对变化，而非违约风险变动的绝对值。在同一后续资产负债表日，对于违约风险变动的绝对值相同的两项金融资产，初始确认时违约风险较低的金融资产比初始确认时违约风险较高的金融资产的信用风险变化更为显著。

4. 企业确定金融资产在资产负债表日只具有较低的信用风险的，可以假设该金融资产的信用风险自初始确认后并未显著增加。

如果金融资产的违约风险较低，借款人在短期内履行其合同现金流量义务的能力很强，并且较长时期内经济形势和经营环境的不利变化可能但未必降低借款人履行其合同现金流量义务的能力，该金融资产被视为具有较低的信用风险。

5. 企业与交易对手方修改或重新议定合同，未导致金融资产终止确认，但导致合同现金流量发生变化的，企业在评估相关金融资产的信用风险是否已经显著增加时，应当将基于变更后的合同条款在资产负债表日发生违约的风险与基于原合同条款在初始确认时发生违约的风险进行比较。

（六）减值损失的类型及账户设置

1. 减值损失类型

减值损失按其产生减值损失的资产类型不同，分为信用减值损失和资产减值损失。以摊余成本计量的金融资产、租赁应收款和合同资产发生的减值损失属于信用减值损失，其他资产的减值损失属于资产减值损失。

2. 账户设置

为记录信用减值损失或利得的发生，应设置“信用减值损失”账户。该账户属于损益类账户，借方记录本期发生的信用减值损失，贷方记录本期发生的信用减值利得。

为记录资产减值损失或利得的发生，应设置“资产减值损失”账户。该账户属于损益类账户，记录除信用减值损失或利得以外的所有资产的减值损失或利得，借方记录本期发生的资产减值损失，贷方记录本期发生的资产减值利得。

二、应收款项减值

（一）应收款项减值的计量

在确认应收款项减值时，首先应将应收款项分为具有融资性质的应收款项和不具有融资性质的应收款项。

具有融资性质的应收款项应以整个存续期内的预期信用损失计量损失准备，其信用损失为该金融资产账面余额与按原实际利率折现的估计未来现金流量的现值之间的差额。该类金融资产是指除租赁应收款以外的具有融资性质的应收款项。

不具有融资性质的应收款项，可以采用简便方法确认预期信用损失。基本原理是根据历史信用损失经验，编制应收款项逾期天数与固定准备率对照表，以此为基础计算预期信用损失。该简便方法是借助于应收款项的账龄完成的，可以将其称为账龄分析法。

运用账龄分析法时，首先需要对应收款项进行账龄分类，第一层次的分类为逾期和未逾期，第二层次是对第一层次的逾期部分再按照逾期时间的长短进一步分类。

（二）账户设置

为了记录应收款项减值损失的计提、转回和信用损失的确认，需设置“坏账准备”账户。该账户属于资产备抵类账户，贷方记录计提的减值损失金额，借方记录企业核销减值损失和转回升值的金额，余额在贷方，表示截止本期末应收款项计提的减值总损失。

（三）应收款项减值的会计处理

1. 减值准备的计提与转回

资产负债表日，如果应收款项的预期信用损失大于当前坏账准备的余额，将其差额确认为减值损失，按照该差额，借记“信用减值损失”科目，贷记“坏账准备”科目；如果应收款项的预期信用损失小于当前坏账准备的余额，将其差额确认为减值利得，按照该差额，借记“坏账准备”科目，贷记“信用减值损失”科目。

2. 已发生信用损失金融资产的核销

企业实际发生信用损失，认定相关金融资产无法收回，经批准予以核销的，应当根据批准的核销金额，借记“坏账准备”科目，贷记“应收账款”等科目。如果核销的金额大于已计提的损失准备，还应按其差额借记“信用减值损失”科目。

[例 6－1] 西林公司 2018 年末应收账款余额为 200 万元，计提本期减值损失前坏账准备账户有贷方余额 8 万元。该公司 2018 年末应收账款账龄分析表及预期信用损失计算表分别见表 6－1 和表 6－2。

表 6－1　应收账款账龄分析表

单位：万元

客户名称	余额	未逾期	逾期 1 个月	逾期 2 个月	逾期 3 个月	逾期 3 个月以上
A	100	50	10	30	10	
B	20					20
C	80	10	30	10	30	
合计	200	60	40	40	40	20

表 6－2　预期信用损失估计表

单位：万元

账龄	应收账款余额	违约损失率（%）	减值总损失
未逾期	60	1	0.6
逾期 1 个月	40	5	2
逾期 2 个月	40	10	4
逾期 3 个月	40	20	8
逾期 3 个月以上	20	30	6
合计	200		20.6

根据上表计算结果，可知：

预期信用损失＝206 000（元）

计提前坏账准备余额 = 80 000（元）

本期损失准备 = 206 000 − 80 000 = 126 000（元）

借：信用减值损失　　　　126 000

　贷：坏账准备　　　　126 000

［例 6－2］接［例 6－1］，2019 年西林公司应收 B 公司的货款因 B 公司破产而无法收回，经批准核销该笔应收账款。

借：坏账准备　　　　200 000

　贷：应收账款——B 公司　　　　200 000

三、债权投资减值

（一）债权投资减值的计量

债权投资应以预期信用损失计提损失准备，由此形成的损失准备的增加或转回金额，作为减值损失或利得计入当期损益。信用损失应为企业应收取的合同现金流量与预期收取的现金流量之间差额按实际利率计算的现值。

（二）债权投资减值的会计处理

为记录债权投资减值的计提、转回和结转，应设置“债权投资减值准备”账户。本账户属于资产备抵类账户，贷方记录计提的债权投资减值损失准备，借方记录债权投资因减值利得而转回的减值准备和处置债权投资而结转的减值准备，余额在贷方，表示截止到期末债权投资计提的损失准备。

1. 减值准备的计提

资产负债表日，债权投资发生减值的，根据本期预期信用损失的增加额借记“信用减值损失”科目，贷记“债权投资减值准备”科目。

2. 减值准备的转回

计提减值准备的债权投资，如果本期的预期信用损失比上期有所减少，其差额为减值利得，根据其减值利得借记“债权投资减值准备”科目，贷记“信用减值损失”科目。

［例 6－3］西林公司对债权投资采用实际利率法确认利息收入。2018 年 1 月 3 日该公司以银行存款 106 万元，购入 N 公司当日发行的面值 100 万元、期限 3 年、票面利率 10%、每年 12 月 31 日付息、到期一次还本的债券。根据管理该金融资产的业务模式和合同现金流量特征，分类为债权投资。假定在 2018 年 12 月 31 日，根据获得的相关信息，评估确定该金融资产的信用风险已显著增加但未发生信用减值，违约率为 20%，预计未来两年预期收取的现金流量分别为 2019 年 10 万元，2020 年 103 万元。2019 年 12 月 31 日，信用风险评估与 2018 年相同，预期收取的现金流量为 105 万元。

经测算，该债权投资的实际利率为7.69%，利息收入确认表见表6-3。

表6-3　利息收入确认表

（实际利率法）　　单位：万元

年份	期初摊余成本（a）	实际利息（b=a×实际利率）	现金流入（c）	期末摊余成本（d=a+b-c）
2018	106.00	8.15	10.00	104.15
2019	104.15	8.01	10.00	102.16
2020	102.16	7.84	110.00	0

注：2020年的实际利息7.84是为了避免误差到挤出来的。

①2018年12月31日

未来合同现金流量和预期现金流量的差分别为：

2019年=100 000-100 000=0

2020年=1 100 000-1 030 000=70 000

信用损失=70 000×(P/F,7.69%,2)=60 360.44

预期信用损失=60 360.44×20%=12 072.09

本期损失准备=12 072.09-0=12 072.09

借：信用减值损失　　12 072.09

　贷：债权投资减值准备　　12 072.09

②2019年12月31日，确认利息收入

2018年末虽然计提了减值准备，但该金融资产的减值属于第二阶段，即信用风险自初始确认后已显著增加但未发生信用减值，所以，2019年的实际利息收入与取得该金融资产时计算确定的结果相同。

未来合同现金流量和预期现金流量的差为：

2020年=1 100 000-1 050 000=50 000

信用损失=50 000×(P/F,7.69%,1)=46 429.57

预期信用损失=46 429.57×20%=9 285.91

本期损失准备=9 285.91-12 072.09=-2 786.18

借：债权投资减值准备　　2 786.18

　贷：信用减值损失　　2 786.18

四、其他债权投资减值

（一）其他债权投资减值的计量

期末，其他债权投资以公允价值进行后续计量，公允价值的上涨和下跌作为公允价值变动，计入其他综合收益。同时，应以预期信用损失计提损失准备，由此形成的损失准备的增加或转回金额，作为减值损失或利得计入当期损益。信用损失应为企业应收取的合同现金流量与预期收取的现金流量之间差额按实际利率计算的现值。

（二）其他债权投资减值的会计处理

根据金融工具确认和计量准则第49条，企业应当在其他综合收益中确认其损失准备，并将减值损失或利得计入当期损益，且不应减少该金融资产在资产负债表中列示的账面价值。其他债权投资发生减值时，不需要单独设置账户，而是通过“其他综合收益——信用减值准备”账户来记录其他债权投资减值损失的计提和利得的转回。

1. 资产负债表日，其他债权投资发生减值时，确认减值损失。根据确认的本期损失准备额，借记“信用减值损失”科目，贷记“其他综合收益——信用减值准备”科目。

2. 已确认减值损失的其他债权投资，在随后的会计期间产生减值利得时，则根据减值利得借记“其他综合收益——信用减值准备”科目，贷记“信用减值损失”科目。

[例6－4]润华公司于2018年1月1日从证券市场购入M公司2017年1月1日发行的企业债券，债券面值100元，期限3年，票面利率6%，到期一次还本付息。每张债券交易价格为106元，润华公司购买10 000张债券，支付交易费用3 000元，未取得增值税专用发票。根据管理该金融资产的业务模式和合同现金流量特征，确认为其他债权投资。2018年12月31日，每张债券的交易价格为105元。润华公司根据收集的信息，认为该金融工具的信用风险自初始确认后已显著增加但未发生信用减值，按整个存续期的预期信用损失计量损失准备，经计算本期损失准备金额为50 000元。

经测算，该其他债权投资的实际利率为5.36%，利息收入确认表见表6－4。

表6－4 利息收入确认表

（实际利率法）

单位：万元

年份	期初摊余成本（a）	实际利息（b＝a×实际利率）	现金流入（c）	期末摊余成本（d＝a＋b－c）
2018	106.3	5.70		112
2019	112	6	118	0

（1）2018年1月1日，取得其他债权投资。

借：其他债权投资——成本　　1 000 000
　　　　　　　——应计利息　　60 000
　　　　　　　——利息调整　　3 000
　贷：其他货币资金——存出投资款　　1 063 000

（2）2018年12月31日。

①确认本期实际利息收入

借:其他债权投资——应计利息　　60 000

　贷:投资收益　　53 603.78

　　应交税费——待转销项税额　　3 396.22

　　其他债权投资——利息调整　　3 000

②确认公允价值变动

公允价值变动 =1 050 000 -1 120 000 = -70 000

借:其他综合收益——其他债权投资公允价值变动　　70 000

　贷:其他债权投资——公允价值变动　　70 000

③确认信用减值损失

借:信用减值损失　　50 000

　贷:其他综合收益——信用减值准备　　50 000

第二节　金融资产转移

一、金融资产转移

金融资产转移,是指企业(转出方)将金融资产(或其现金流量)让与或交付给该金融资产发行方以外的另一方(转入方)。如企业将持有的未到期商业汇票向银行贴现,出售交易性金融资产、债权投资等。

金融资产转移,包括下列两种情形:

1. 企业将收取金融资产现金流量的合同权利转移给其他方。

2. 企业保留了收取金融资产现金流量的合同权利,但承担了将收取的该现金流量支付给一个或多个最终收款方的合同义务,且同时满足下列条件:

(1)企业只有从该金融资产收到对等的现金流量时,才有义务将其支付给最终收款方。企业提供短期垫付款,但有权全额收回该垫付款并按照市场利率计收利息的,视同满足本条件。

(2)转让合同规定禁止企业出售或抵押该金融资产,但企业可以将其作为向最终收款方支付现金流量义务的保证。

(3)企业有义务将代表最终收款方收取的所有现金流量及时划转给最终收款方,且无重大延误。企业无权将该现金流量进行再投资,但在收款日和最终收款方要求的划转日之间的短暂结算期内,将所收到的现金流量进行现金或现金等价物投资,并且按照合同约定将此类投资的收益支付给最终收款方的,视同满足本条件。

二、金融资产终止确认

金融资产终止确认是指企业将之前确认的金融资产从其资产负债表中予以转出。这里的金融资产终止确认是指全部金融资产，而不仅指金融资产转移。

金融资产满足下列条件之一的，应当终止确认：

(1)收取该金融资产现金流量的合同权利终止。

(2)该金融资产已转移，且满足金融资产转移终止确认的规定。

在第一个条件下，企业收取金融资产现金流量的合同权利终止，如因合同到期而使合同权利终止，金融资产不能再为企业带来经济利益，应当终止确认该金融资产。在第二个条件下，企业收取一项金融资产现金流量的合同权利并未终止，但若企业转移了该项金融资产，同时满足金融资产转移终止确认的规定，企业也应当终止确认被转移的金融资产。

三、金融资产转移的确认

金融资产转移的确认分为终止确认、继续确认和继续涉入。

(一)终止确认

1. 终止确认的条件

金融资产已转移，且该转移满足以下两个条件之一的，应终止确认该金融资产。

(1)企业转移了金融资产所有权上几乎所有的风险和报酬

企业在评估金融资产所有权上风险和报酬是否转移时，应当比较转移前后其所承担的该金融资产未来净现金流量金额及其时间分布变动的风险。

金融资产转移后，企业承担的金融资产未来净现金流量现值变动的风险与转移前金融资产未来净现金流量现值变动的风险相比不再显著的，表明该企业已经转移了金融资产所有权上几乎所有风险和报酬。如无条件出售金融资产，或者出售金融资产且仅保留以其在回购时的公允价值进行回购的选择权。

在通常情况下，通过分析金融资产转移协议中的条款，企业就可以比较容易地确定是否转移了金融资产所有权上几乎所有的风险和报酬，而不需要计算确定。

以下情形表明企业已将金融资产所有权上几乎所有的风险和报酬转移给转入方：

①企业无条件出售金融资产。

②企业出售金融资产，同时约定按回购日该金融资产的公允价值回购。

③企业出售金融资产，同时与转入方签订看跌期权合同(即转入方有权将该金融资产返售给企业)或看涨期权合同(即转出方有权回购该金融资产)，且根据合同条款

判断,该看跌期权或看涨期权为一项重大价外期权(即期权合约的条款设计,使得金融资产的转入方或转出方极小可能会行权)。

(2)企业既没有转移也没有保留金融资产所有权上几乎所有的风险和报酬,但放弃了对该金融资产的控制

企业在既没有转移也没有保留金融资产所有权上几乎所有的风险和报酬情况下,要判断是否终止确认金融资产,应以是否放弃对该金融资产的控制为标准。凡是放弃了对该金融资产控制的,应当终止确认该金融资产。

判断是否已放弃对所转移金融资产的控制,应当重点关注转入方出售该金融资产的实际能力。如果转入方能够单独将转入的金融资产整体出售给与其不存在关联方关系的第三方,且没有额外条件对此项出售加以限制,说明转入方有出售该金融资产的实际能力,同时表明企业(转出方)已放弃对该金融资产的控制。

转入方是否能够将转入的金融资产整体出售给与其不存在关联方关系的第三方,应当关注该金融资产是否存在活跃市场。如果不存在活跃市场,即使合同约定转入方有权处置金融资产,也不表明转入方有“实际能力”。

企业在判断金融资产转移是否满足终止确认条件时,应当注重金融资产转移的实质,即应用实质重于形式原则。

2.终止确认应注意的问题

金融资产转移终止确认前,需注意区分以下两方面:

(1)金融资产的转出方能否对转入方实施控制。如果能够控制,则表明转入方是转出方的子公司,转出方与转入方需编制合并财务报表。从合并财务报表的角度,该金融资产转移属于内部交易,因此,既需要从个别财务报表的角度,又需从合并财务报表的角度判断金融资产转移是否需要终止确认。

(2)金融资产转移是部分转移还是整体转移。金融资产的一部分满足下列条件之一的,企业应当将终止确认的规定适用于该金融资产部分,除此之外,企业应当将终止确认的规定适用于该金融资产整体:

①该金融资产部分仅包括金融资产所产生的特定可辨认现金流量。如企业就某债务工具与转入方签订一项利息剥离合同,合同规定转入方有权获得该债务工具利息现金流量,但无权获得该债务工具本金现金流量,终止确认的规定适用于该债务工具的利息现金流量。

②该金融资产部分仅包括与该金融资产所产生的全部现金流量完全成比例的现金流量部分。如企业就某债务工具与转入方签订转让合同,合同规定转入方拥有获得该债务工具全部现金流量一定比例的权利,终止确认的规定适用于该债务工具全部现金流量一定比例的部分。

③该金融资产部分仅包括与该金融资产所产生的特定可辨认现金流量完全成比例

的现金流量部分。如企业就某债务工具与转入方签订转让合同,合同规定转入方拥有获得该债务工具利息现金流量一定比例的权利,终止确认的规定适用于该债务工具利息现金流量一定比例的部分。

企业发生满足本条(二)或(三)条件的金融资产转移,且存在一个以上转入方的,只要企业转移的份额与金融资产全部现金流量或特定可辨认现金流量完全成比例即可,不要求每个转入方均持有成比例的份额。

(二)继续确认

继续确认是指企业不得将之前确认的金融资产从资产负债表内予以转出。

企业转移金融资产时,如果保留了金融资产所有权上几乎所有的风险和报酬,应当继续确认被转移金融资产。

企业保留了金融资产所有权上几乎所有风险和报酬,应当继续确认被转移金融资产的常见情形有:

(1)企业出售金融资产并与转入方签订回购协议,协议规定企业将回购原被转移金融资产,或者将予回购的金融资产与售出的金融资产相同或实质上相同、回购价格固定或原售价加上回报。

(2)企业融出证券或进行证券出借。

(3)企业出售金融资产并附有将市场风险敞口转回给企业的总回报互换。

(4)企业出售短期应收款项或信贷资产,并且全额补偿转入方可能因被转移金融资产发生的信用损失。

(5)企业出售金融资产,同时与转入方签订看跌期权合同或看涨期权合同,且根据合同条款判断,该看跌期权或看涨期权为一项重大价内期权(即期权合约的条款设计,使得金融资产的转入方或转出方很可能会行权)。

(三)继续涉入

企业既没有转移也没有保留金融资产所有权上几乎所有的风险和报酬,且保留了对该金融资产控制的,对于被转移的金融资产,应当按照其继续涉入被转移金融资产的程度继续确认被转移金融资产,并相应确认相关负债。

四、终止确认被转移金融资产的会计处理

终止确认被转移金融资产时,应区分整体转移或部分转移两种情况进行处理。

(一)金融资产整体转移的会计处理

金融资产整体转移满足终止确认条件时,应当将下列两项金额的差额计入当期损

益(但转移其他权益工具投资除外,转移其他权益工具投资形成的差额计入留存收益):

1. 被转移金融资产在终止确认日的账面价值。

2. 因转移金融资产而收到的对价,与原直接计入其他综合收益的公允价值变动累计额之和。

当企业转移应收款项等金融资产时,有时会对被转移的金融资产继续提供管理服务,收取相应的服务费并发生一定的成本,则企业应当就该服务合同确认一项服务资产或一项服务负债。如果企业就该服务合同预计收取的服务费不能充分补偿企业所发生的服务成本,则应当按照公允价值确认该服务义务,形成一项服务负债;如果预计收取的服务费超过服务成本,则应当将该服务权利确认为一项服务资产,确认的金额应根据金融资产部分转移时的规则确定,即将保留的服务资产视同继续确认的部分,将该金融资产的原账面价值按照转移日继续确认部分和终止确认部分的相对公允价值分配给继续确认部分。

企业在转移金融资产时可能保留了收取被转移金融资产部分利息的权利,作为其提供服务的补偿。企业在服务合同终止或转移时所放弃的那部分利息,应分配计入服务资产或服务负债;未放弃的那部分利息相当于一项仅含利息的剥离应收款。企业将金融资产的账面价值在终止确认部分和继续确认部分之间进行分配时,应考虑上述服务资产的公允价值和仅含利息的剥离应收款的公允价值。

综合上述分析,企业整体转移金融资产损益的计算公式如下:

金融资产整体转移损益 = 因转移收到的对价 - 转移金融资产的账面价值 + 原直接计入所有者权益的公允价值变动累计利得(或 - 累计损失)

因转移收到的对价 = 因转移交易实际收到的价款 + 新获得金融资产的公允价值 + 因转移获得的服务资产的公允价值 - 新承担金融负债的公允价值 - 因转移承担的服务负债的公允价值

转移交易性金融资产、其他债权投资和其他权益工具投资满足终止确认条件时,应将其终止确认前累计形成的公允价值变动损益或计入其他综合收益的利得(或损失)还原为投资收益或转出,因转移其他债权投资而转出的其他综合收益计入当期损益(投资收益),转移其他权益工具投资而转出的其他综合收益计入留存收益。

无附加条件的金融资产转移满足整体终止确认条件的案例见第四章和第五章的相关内容。

因金融资产转移获得了新金融资产或服务资产,或承担了新金融负债或服务负债的,应当在转移日按照公允价值确认该新金融资产或服务资产、新金融负债或服务负债,并将该新金融资产或服务资产扣除新金融负债或服务负债后的净额作为对价的组成部分。新获得的金融资产或新承担的金融负债通常包括看涨期权、看跌期权、担保负债、远期合同和互换等。

[例6－5]2019年1月1日，润华公司将持有的众泰公司发行的5年期公司债券出售给华源公司，经双方协商，出售价格为106万元，收到款项，存入银行，假设没有交易费用；同时双方签订了一项看涨期权合约，期权行权日为2019年12月31日，行权价为130万元，期权的公允价值为1万元，且假定该看涨期权为深度价外期权。该债券于2018年1月1日面值发行，年利率4%，每年12月31日支付利息，润华公司取得该债券的成本为100万元（面值），假设没有发生交易费用，根据管理金融资产的业务模式和合同现金流量特征，确认为其他债权投资，2018年12月31日，该债券的公允价值为104万元。

润华公司出售债券时，虽持有看涨期权，但因看涨期权属于深度价外期权，即预计该期权在行权日之前不太可能变为价内期权，所以，在转让日，可以判定债券所有权上的几乎所有风险和报酬已经转移给众泰公司，润华公司应终止确认该债券。但因签订了看涨期权合约，获得了一项新的金融资产，应当按照转让日的公允价值1万元确认该期权。

转让日债券的账面价值＝100（面值）＋4（公允价值变动）＝104

因转移收到的对价＝106＋1＝107

金融资产整体转移形成的损益＝107－104＋4＝7

借：银行存款	1 060 000	
衍生工具	10 000	
贷：其他债权投资——成本		1 000 0000
——公允价值变动		40 000
投资收益		30 000
借：其他综合收益	40 000	
贷：投资收益		40 000

计算转让金融商品应交增值税。

销售额＝106－100＝6

增值税额＝60 000÷（1＋6%）×6%＝3 396.23

借：投资收益	3 396.23	
贷：应交税费——转让金融商品应交增值税		3 396.23

（二）金融资产部分转移的会计处理

金融资产部分转移满足终止确认条件的，应当将所转移金融资产整体的账面价值、原直接计入所有者权益的公允价值变动累计额，按各自相对公允价值在终止确认部分和未终止确认部分之间进行分摊。金融资产部分转移损益应按如下公式计算：

金融资产部分转移损益=终止确认部分的对价(包括获得的所有新资产减去承担的所有新负债)- 终止确认部分的账面价值+/-终止确认部分原直接计入所有者权益的公允价值变动累计额

金融资产部分转移损益的处理规则与整体转移损益的处理相同。

五、继续确认被转移金融资产的会计处理

企业转移金融资产时,如果保留了金融资产所有权上几乎所有的风险和报酬,则表明企业转移金融资产不符合终止确认条件,不应当将其从企业的资产负债表中转出,而应继续确认该金融资产。因金融资产转移而收到的对价,应在收到时确认为一项金融负债。该金融负债与被转移的金融资产应当分别确认和计量,不得相互抵销。在随后的会计期间,企业应当继续确认该金融资产产生的收入和该金融负债产生的费用。

[例6-6]西林公司2019年3月1日向乙公司销售一批产品,价税合计500000元,当日收到期限为3个月不带息银行承兑汇票1张。西林公司于4月1日将该票据向银行贴现,银行拥有追索权。西林公司实际收到488 000元,款项已收入银行。

西林公司会计处理如下:

借:银行存款	488 000	
短期借款——利息调整	2 000	
贷:短期借款		500 000

六、继续涉入被转移金融资产的会计处理

企业既没有转移也没有保留金融资产所有权上几乎所有的风险和报酬,且保留了对该金融资产控制的,应当按照其继续涉入被转移金融资产的程度继续确认被转移金融资产,并相应确认相关负债。企业应当按照下列规定对相关负债进行计量:(1)被转移金融资产以摊余成本计量的,相关负债的账面价值等于继续涉入被转移金融资产的账面价值减去企业保留的权利(如果企业因金融资产转移保留了相关权利)的摊余成本并加上企业承担的义务(如果企业因金融资产转移承担了相关义务)的摊余成本;相关负债不得指定为以公允价值计量且其变动计入当期损益的金融负债。(2)被转移金融资产以公允价值计量的,相关负债的账面价值等于继续涉入被转移金融资产的账面价值减去企业保留的权利(如果企业因金融资产转移保留了相关权利)的公允价值并加上企业承担的义务(如果企业因金融资产转移承担了相关义务)的公允价值,该权利和义务的公允价值应为按独立基础计量时的公允价值。

企业应当对因继续涉入被转移金融资产形成的有关资产确认相关收益,对于继续涉入形成的有关负债确认相关费用。

企业通过担保方式继续涉入被转移金融资产的，应当在转移日按照转移金融资产收到的价款，借记“银行存款”等科目，按照被转移金融资产的账面价值和担保金额两者之中的较低者，借记“继续涉入资产”科目，按照已计提的减值准备，借记“坏账准备”等科目，按照被转移金融资产的账面余额贷记“应收帐款”等金融资产科目，按照担保金额和担保合同的公允价值（通常是提供担保收到的对价）之和，贷记“继续涉入负债”科目，按照借贷方之间的差额借记或贷记“投资收益”科目。担保金额，是指企业所收到的对价中，可被要求偿还的最高金额。

在后续会计期间，担保合同的初始确认金额应当随担保义务的履行进行摊销，计入当期损益（其他业务收入）。被转移金融资产发生减值的，计提的损失准备应从被转移金融资产的账面价值中抵减。

［例 6－7］润华公司持有一组应收帐款，金额 600 万元，已提坏账准备 30 万元，合同到期日为 2019 年 7 月 31 日。2019 年 2 月 1 日，润华公司与众泰公司签订了保理协议，将该组应收帐款转让给众泰公司，转让价格为 550 万元，转让款已收到，存入银行。润华公司保留了最高 30 日的迟付风险，若应收帐款逾期 30 日，则认定为违约，众泰公司将向其他信用保险公司（与润华公司不相关）索偿，润华公司需要为该迟付风险按实际迟付天数（不超过 30 日）支付年化 6% 的费率。迟付风险担保的公允价值为 2 万元。除了迟付风险，润华公司没有保留任何信用风险或利率风险，也不承担应收帐款相关的服务。该组应收帐款没有交易市场。

润华公司保留了迟付风险，转移了其他风险，属于既未转移也未保留该组应收帐款所有权上几乎所有的风险与报酬。由于该组应收帐款没有交易市场，所以，众泰公司没有出售该组应收帐款的实际能力，润华公司保留了对该组应收帐款的控制，因此，润华公司应继续涉入被转移的应收帐款。

被转移金融资产的账面价值 $=600-30=570$

润华公司被要求返还的因转移已收取对价中的最大金额，即担保金额 $=600\times6\%\div360\times30=3$

以两者较低者继续确认被转移金融资产，担保金额较低，故以担保金额 3 万元确认继续涉入资产。

润华公司已担保金额 3 万元与担保的公允价值 2 万元之和 5 万元确认继续涉入负债。

借：银行存款	5 500 000	
继续涉入资产	30 000	
坏账准备	300 000	
投资收益	220 000	
贷：应收帐款		6 000 000

　　　继续涉入负债　　　　　　　　　　　　　　　　　50 000

润华公司后续期间的会计处理：

1. 摊销担保的对价

借：继续涉入负债　　　　　　　　　　　20 000

　贷：其他业务收入　　　　　　　　　　　　　20 000

2. 如果众泰公司按期收到所有应收帐款，则担保到期失效，润华公司可能被要求返还的最大金额减为零

借：继续涉入负债　　　　　　　　　　　30 000

　贷：继续涉入资产　　　　　　　　　　　　　30 000

3. 如果发生迟付风险，众泰公司要求支付 2.5 万元，润华公司作如下处理

（1）确认继续确认被转移金融资产发生减值

借：信用减值损失　　　　　　　　　　　25 000

　贷：继续涉入资产　　　　　　　　　　　　　25 000

（2）实际支付赔偿时

借：继续涉入负债　　　　　　　　　　　25 000

　贷：银行存款　　　　　　　　　　　　　　　25 000

（3）对冲继续涉入资产和继续涉入负债的余额

借：继续涉入负债　　　　　　　　　　　5 000

　贷：继续涉入资产　　　　　　　　　　　　　5 000

【本章主要参考文献】

[1] 中华人民共和国财政部：《企业会计准则(2006)》

[2] 盖地、赵书和：《财务会计》(第三版)，经济科学出版社 2008 年版

[3] 李绍敬、贾建军：《中级财务会计》，上海财经大学出版社 2008 年版

[4] 刘永泽：《中级财务会计》(第二版)，东北财经大学出版社 2007 年版

[5] 李家瑗、蒋晓凤：《中级财务会计》，中国财政经济出版社 2008 年版

[6] 中华会计网校：《2007 年注册会计师全国统一考试应试指南·会计》，人民出版社 2007 年版

[7] 蒋尧明、章美珍：《中级财务会计》，中国财政经济出版社 2008 年版

【实训练习题】

1. 润华公司 2019 年末应收账款余额为 600 万元，计提本期减值损失前坏账准备账户有贷方余额 31 万元。经账龄分析，600 万元应收帐款的账龄是：未逾期 400 万元，逾期 1 个月 70 万元，逾期 2 个月 60 万元，逾期 3 个月 30 万元，逾期 3 个月以上 40 万元。根据历史经验，不同账龄段的违约损失率是：未逾期 1%，逾期 1 个月 6%，逾期 2 个月

15%，逾期3个月30%，逾期3个月以上40%。2020年一笔应收帐款50万元无法收回，予以核销。

要求：(1)计算2019年润华公司预期信用损失。

(2)2019年计提信用减值损失额。

(3)编制2020年核销应收账款时的会计分录。

2. 润华公司对债权投资采用实际利率法确认利息收入。2018年1月3日该公司以银行存款106万元，购入N公司当日发行的面值100万元、期限3年、票面利率10%、每年12月31日付息、到期一次还本的债券。根据管理该金融资产的业务模式和合同现金流量特征，分类为债权投资。假定在2018年12月31日，根据获得的相关信息，评估确定该金融资产的信用风险已显著增加但未发生信用减值，违约率为30%，预计未来两年预期收取的现金流量分别为2019年10万元,2020年108万元。2019年12月31日，信用风险评估与2018年相同，预期收取的现金流量为106万元。到期收回107万元，剩余3万元无法收回。

要求：(1)测算该项投资的实际利率。

(2)编制润华公司购入债券至到期的会计分录。

3. 润华公司于2019年1月1日从证券市场购入众泰公司2018年1月1日发行的企业债券，债券面值100元，期限3年，票面利率6%，到期一次还本付息。每张债券交易价格为108元，润华公司购买10 000张债券，支付交易费用3 000元，未取得增值税专用发票。根据管理该金融资产的业务模式和合同现金流量特征，确认为其他债权投资。2019年12月31日，每张债券的交易价格为105元。润华公司根据收集的信息，认为该金融工具的信用风险自初始确认后已显著增加但未发生信用减值，按整个存续期的预期信用损失计量损失准备，经计算本期损失准备金额为60 000元。

要求：(1)编制取得投资时的会计分录。

(2)编制2019年12月31日涉及的会计分录。

4. 润华公司持有一组应收帐款，金额360万元，已提坏账准备20万元，合同到期日为2020年8月31日。2020年3月1日，润华公司与众泰公司签订了保理协议，将该组应收帐款转让给众泰公司，转让价格为350万元，转让款已收到，存入银行。润华公司保留了最高30日的迟付风险，若应收帐款逾期30日，则认定为违约，众泰公司将向其他信用保险公司(与润华公司不相关)索偿，润华公司需要为该迟付风险按实际迟付天数(不超过30日)支付年化6%的费率。迟付风险担保的公允价值为1万元。除了迟付风险，润华公司没有保留任何信用风险或利率风险，也不承担应收帐款相关的服务。该组应收帐款没有交易市场。该应收帐款到期时，众泰公司没有按期收到款项，要求润华公司支付1.5万元，润华公司签发转账支票1张，支付该款项。

要求：根据上述业务编制会计分录。

CHAPTER 7 第七章 存　货

【学习目标】

1. 了解存货的定义及分类。

2. 熟练掌握存货初始计量的要求及不同方式下取得存货的会计处理，掌握发出存货的计价方法和发出存货的会计处理。

3. 掌握成本与可变现净值孰低法的原理和存货跌价准备的计提、转回和转出的会计处理。

根据政治经济学原理，企业的生产经营活动由劳动力、劳动对象和劳动资料（劳动手段）三要素构成。生产经营过程就是劳动者将其劳动通过劳动资料作用于劳动对象之上以改变其性质的过程。在生产经营过程中，劳动对象与劳动资料相比，处于不断的“购置—消耗—销售”过程。会计上将这些处于不断“购置—消耗—销售”过程的劳动对象归为一类，称为存货。

第一节　存货的概念和种类

一、存货的概念

存货是指企业在日常活动中持有以备出售的产成品或商品、处在生产过程中的在产品、在生产过程或提供劳务过程中耗用的材料和物料等。

存货与其他资产相比，具有以下四个特点：

（一）存货属于流动资产

存货的性质决定了它处于不断购置、消耗、销售的循环过程中，它的周转周期在一年或一个营业周期内，具有较强的变现能力，因此属于流动资产。这一特点将存货和长期资产区分开来。

（二）存货属于非货币性资产

存货的价格处于不断变化中，从而存货的变现价值具有不确定性。这一特征使得存货与现金、银行存款、应收账款等货币性资产相区别。

（三）存货是企业为销售或耗用而储备的资产

存货的这一特点描述了企业储备存货的目的，有助于区别存货与企业专门为建造固定资产而储备的物料。

（四）存货是一种具有实物形态的资产

这是有关存货的形态描述。这一特点使存货不同于无形资产等不具有实物形态的资产。

二、存货的种类

企业的存货种类繁多，用途各异，为了加强对存货的管理，企业应当根据自身的经营特点，按照不同的标准对存货进行适当的分类。

（一）按存货的具体经济内容分类

1. 原材料。

指企业购入直接用于生产产品的各种物料，包括原料及主要材料、辅助材料、外购半成品（外购件）、修理用备件（备品备件）、包装材料、燃料等。

2. 在产品。

指尚未完成全部加工程序，或虽已完成全部加工程序但尚未检验，或虽已检验合格但尚未办理入库手续的物品。

3. 半成品。

指已经完成部分加工步骤，已验收合格入库，但若要形成最终产品，仍需进一步加工的中间产品。

从上述在产品与半成品的概念中可以看到，两者都是尚未完成全部加工程序的中间产品。两者之间最重要的区别是是否验收合格入库。比如，某企业在生产过程中产生一种中间产品,若将该中间产品直接运往下一步骤的生产车间继续进行生产,该中间产品就是在产品;若将该中间产品验收入库,该中间产品则为半成品。

4. 产成品。

指企业完成全部生产过程并验收入库,可以作为商品直接对外销售的物品。企业接受外来原材料加工制造的代制品和为外单位加工修理的代修品,制造和修理完成并验收入库后,应视为企业的产成品。

5. 商品。

指企业购入并不需任何加工就可以对外出售的商品。

6. 周转材料。

指使用过程中不会改变其原始形态,可以重复使用,价值在使用过程中逐渐转移,并且不能被确认为固定资产的材料,如包装物、低值易耗品。包装物是指为包装本企业的产品,并随同产品出售、出租或出借而储备的各种包装容器,如各种箱、桶、罐等。低值易耗品是指不符合固定资产确认条件的用具物品,如工具、器具、劳保用品等。此外,施工企业的钢模板、木模板、脚手架和其他周转材料等也属于周转材料。

(二)按存货的取得方式分类

按照存货的取得方式,可将存货分为外购存货、自行生产存货、委托加工存货、投资者投入存货、接受捐赠存货、非货币性交易取得的存货、债务重组取得的存货、企业合并取得的存货、盘盈的存货等。

第二节　存货的初始计量

存货应当按照实际成本进行初始计量。存货的取得方式不同,存货成本的构成内容也不完全相同,因此在确定存货的实际成本时应当依据存货的取得方式区别对待。

一、外购存货

(一)外购存货的成本

外购存货的成本即存货的采购成本,指企业存货从采购到入库前所发生的全部支出,包括购买价款、相关税费以及其他可归属于存货采购成本的相关费用。

1. 购买价款。

指企业购入存货的发票上列明的购买价款。

供应商为了提高销量或提前收回货款,会给购货方提供一定的折扣,包括商业折扣和现金折扣。

商业折扣是指供应商为了增加销量而给购货方的一种折扣。购销双方在签订购货合同时，已经协商确定商业折扣，供应商开具的发票金额为考虑商业折扣后企业应当支付的金额。商业折扣的存在并不影响“企业按照购买存货的发票价款”确认存货购买价款。

现金折扣是供应商为了提前收回货款而给予购货方的一种折扣。购销双方在签订购货合同时不能确定购货方的付款时间，无法确定购货方应当享受的折扣，因此供应商只能按照折扣前的价格开具发票。附有现金折扣条件的情况下，存在两种存货成本计量方法：总价法和净价法。所谓总价法，就是按照扣除现金折扣前的发票金额确认存货成本。这种方法认为，购货方获得的现金折扣属于理财收益，而不是存货成本的减少。净价法则要求按照发票价格扣除现金折扣后的金额确认存货成本。这种方法认为，无论是否存在折扣，购货方实际支付的金额即为存货成本。目前我国企业会计准则只允许采用总价法对现金折扣进行相应的会计处理。本章后文在对供应商向购货方提供现金折扣的例题进行分析时，仅采用总价法对存货成本进行计量。

2. 相关税费。

指企业购买存货时发生的不允许抵扣的增值税和企业从国外购买的存货进口报关时按照有关规定所缴纳的关税。

根据增值税暂行条例的规定，依据企业的经营规模及会计记录是否健全，将增值税纳税人划分为一般纳税人和小规模纳税人。小规模纳税人购买存货所支付的增值税额应当计入存货成本。一般纳税人在购买存货时支付的增值税只要符合抵扣条件，就可以作为进项税额予以抵扣，凡是不符合抵扣条件的增值税应当计入存货成本。增值税的抵扣条件包括：（1）取得合法的增值税专用发票或从海关取得完税凭证；（2）取得增值税专用发票后，应在规定的时间内到税务机关认证。规定的时间一般是指开票之日起 360 日内。

3. 其他可归属于存货采购成本的相关费用。

指购买价款和相关税费以外，存货入库前发生的其他相关费用，主要包括运输费、装卸费、保险费以及运输途中的合理损耗，入库前的整理挑选费等费用。需要注意的是，市内零星运杂费、采购人员差旅费、采购机构的经费等不应包括在其他可归属于存货采购成本的相关费用之中。

对于商业企业，在采购商品过程中发生的运输费、装卸费、保险费以及其他可归属于存货采购成本的相关费用等进货费用，也应当计入存货采购成本。对于购销频繁的商业企业发生的上述进货费用，也可以先进行归集，期末根据所购商品的存销情况进行分摊：对于已售商品的进货费用，计入当期损益；对于未售商品的进货费用，计入期末存货成本。企业采购商品的进货费用金额较小的，也可以在发生时直接计入当期损益。

（二）外购存货的会计处理

企业在外购存货时，一般需经过“购货—验收—付款”程序。在这一程序中，每一环节的结束都会取得相应的原始凭证以如实反映交易的完成情况。比如在购货阶段，供应商会向购货方开具载明交易内容的发票等购货凭证；在货物验收入库时，仓库保管员会依据验收的货物填制入库单；企业付款时，根据双方事先确定的结算方式会有相应的结算单据。现实中，由于企业外购存货的采购地点、运输方式和结算方式不同，使得企业购货、验收和付款很难同时完成，这意味着企业外购的存货可能处于不同的状态，这就要求企业应当依据外购存货过程中实际取得原始凭证的情况进行相应的会计处理。

1. 同时收到发票、入库单和结算凭证。

同时收到发票、入库单和结算凭证表明企业购买存货所应进行的程序同时完成。这种情况下，企业应按照发票等购货凭证确定的存货成本，借记“原材料”等科目，按照税法中允许抵扣的增值税额，借记“应交税费——应交增值税（进项税额）”科目，按照实际支付的款项，贷记“银行存款”等科目。

［例 7－1］2018 年 6 月 12 日环龙公司购入一批 A 材料，取得的增值税专用发票中的价款为 50 000 元，增值税为 8 000 元。环龙公司在将材料验收入库后，已向供应商签发转账支票一张以支付货款。环龙公司为一般纳税人。

借：原材料	50 000	
应交税费——应交增值税（进项税额）	8 000	
贷：银行存款		58 000

［例 7－2］（接［例 7－1］）假如环龙公司为小规模纳税人。

借：原材料	58 000	
贷：银行存款		58 000

2. 收到发票、入库单，但是没有结算凭证。

收到发票、入库单，但是没有结算凭证，表明企业外购的存货已经收到并验收入库，但货款尚未支付。这种情况下，企业应按照发票等购货凭证确定的存货成本，借记“原材料”等科目，按照税法中允许抵扣的增值税额，借记“应交税费——应交增值税（进项税额）”科目，按照供应商提供的信用方式不同，贷记“应付账款”或“应付票据”科目。企业支付货款时，按照实际支付的金额，借记“应付账款”或“应付票据”，贷记“银行存款”等科目。

［例 7－3］环龙公司 2018 年 5 月 20 日购买 B 材料，取得的增值税专用发票中注明的价款为 19 000 元，增值税为 3 040 元。该材料已经验收入库，但是环龙公司尚未支付该笔货款。6 月 10 日，环龙公司向其供应商签发支票一张以支付前述货款。环龙公司

为一般纳税人。

(1)5 月 20 日,环龙公司购买 B 材料。

借:原材料	19 000	
应交税费——应交增值税(进项税额)	3 040	
贷:应付账款		22 040

(2)6 月 10 日,环龙公司向其供应商支付前述欠款。

借:应付账款	22 040	
贷:银行存款		22 040

[例 7-4] 2018 年 6 月 10 日,环龙公司向嘉宝公司购买 C 材料,双方在购销合同中约定的付款条件为 2/10,n/30。环龙公司取得的增值税专用发票中注明的价款为 45 000 元,增值税为 7 200 元。该材料已经验收入库。

该例题中嘉宝公司为了尽快收回货款,提供给环龙公司的信用政策中包含一定的现金折扣。在总价法下,环龙公司应当根据增值税专用发票等购货凭证确定的存货成本,借记“原材料”等科目,按照税法允许抵扣的增值税额,借记“应交税费——应交增值税(进项税额)”科目,同时按照享受折扣前应支付的价款总额,贷记“应付账款”科目。若环龙公司在 10 天之内付款,则应享受 2% 的折扣。此时应按照已记入“应付账款”科目的金额,借记“应付账款”科目,按照实际支付的金额,贷记“银行存款”科目,享受的现金折扣作为理财收益,贷记“财务费用”科目。

(1)6 月 10 日,环龙公司向嘉宝公司购买 C 材料。

借:原材料	45 000	
应交税费——应交增值税(进项税额)	7 200	
贷:应付账款		52 200

(2)环龙公司通过银行支付购货款。

①假设环龙公司在 6 月 19 日(10 天之内)支付货款。

环龙公司 10 天之内付款,享受 2% 的现金折扣 1 044(52 200×2%)元。

借:应付账款	52 200	
贷:银行存款		51 156
财务费用		1 044

②假如环龙公司在 6 月 29 日支付货款。环龙公司不能享受任何折扣。

借:应付账款	52 200	
贷:银行存款		52 200

3. 收到发票、结算凭证,但是没有入库单。

收到发票、结算凭证,但是没有入库单,表明供应商已经销货并开具发票,购货方已经付款,但存货尚未入库,仍在运输途中。企业应专门设置“在途物资”账户核算企业已经购入，但尚未验收入库的存货。按照发票等购货凭证确定的存货成本，借记“在途物资”科目，按照税法中允许抵扣的增值税额，借记“应交税费——应交增值税（进项税额）”科目，按照实际支付的款项，贷记“银行存款”或“其他货币资金”等科目。存货验收入库时，再依据入库单，借记“原材料”等科目，贷记“在途物资”科目。

［例7－5］2018年6月5日环龙公司向普斯公司购买D材料1 000吨，380元/吨，环龙公司已经按照收到的增值税专用发票通过银行向普斯公司支付货款440 800元，其中D材料的购买价款为380 000元（380×1 000），增值税额为60 800元，材料尚未验收入库。该材料于6月15日验收入库。

（1）2018年6月5日，环龙公司购买存货。

借：在途物资　　　　　　　　　　　　　　380 000
　　应交税费——应交增值税（进项税额）　　60 800
　　贷：银行存款　　　　　　　　　　　　　　　　440 800

（2）2015年3月15日，环龙公司存货验收入库。

借：原材料　　　　　　　　　　　　　　　380 000
　　贷：在途物资　　　　　　　　　　　　　　　　380 000

4.收到入库单，但是没有发票和结算凭证。

收到入库单，但是没有发票和结算凭证，表明企业已经收到存货并且验收入库，但没有取得购货发票，也没有支付货款。在这种情况下，企业收到存货时，可以暂不进行会计处理，收到发票时再根据货款的支付情况进行相关的会计处理。到月末，若企业仍未收到发票，则需按购入存货的暂估价值，借记“原材料”等科目，贷记“应付账款”科目，次月月初再编制相同的红字记账凭证予以冲销；待收到发票后，再根据是否支付货款进行相关会计处理。

［例7－6］2018年6月21日，环龙公司与伟度公司签订购销合同。合同约定，环龙公司以单价460元/吨向伟度公司购买D材料1 000吨。环龙公司已经将该材料验收入库，但是尚未收到发票，也未支付货款。7月5日，环龙公司收到该批材料的发票，增值税专用发票中标明的材料价款为460 000元，增值税额为73 600元。环龙公司签发支票一张支付该笔货款。

（1）6月21日，该材料验收入库时，不做任何会计处理。

（2）6月30日，环龙公司尚未收到发票，按照暂估价将该批材料入账。

借：原材料　　　　　　　　　　　　　　　460 000
　　贷：应付账款——暂估应付账款　　　　　　　　460 000

（3）7月1日，编制相同的红字记账凭证冲销已经暂估入账的材料。

借：原材料　　　　　　　　　　　　　　　［460 000］
　　贷：应付账款——暂估应付账款　　　　　　　　［460 000］

(4)7 月 5 日,收到发票并支付货款。

借:原材料	460 000	
应交税费——应交增值税(进项税额)	73 600	
贷:银行存款		533 600

5. 收到结算凭证,但是没有发票和入库单。

收到结算凭证,但是没有发票和入库单,表明企业预先向供应商支付货款,随后供应商再向购货方开具发票发送货物,购货方收到存货后验收入库。在这种情况下,企业应当设置“预付账款”科目反映企业预先支付的货款。企业预先支付购货款时,借记“预付账款”科目,贷记“银行存款”等科目;存货验收入库时,按照发票等购货凭证确定的存货成本,借记“原材料”等科目,按照税法中允许抵扣的增值税额,借记“应交税费——应交增值税(进项税额)”科目,按照存货成本与允许抵扣的增值税额之和,贷记“预付账款”科目。若预先支付的货款少于存货成本与允许抵扣的增值税额之和,需要补付货款,按照补付金额,借记“预付账款”科目,贷记“银行存款”科目;若预先支付的货款多于存货成本与允许抵扣的增值税额之和,需要收回多付货款,按照收回金额,借记“银行存款”科目,贷记“预付账款”科目。

[例 7－7] 2018 年 6 月 3 日环龙公司按照约定向生力公司预先支付购货款200 000 元。6 月 21 日生力公司向环龙公司发出 E 材料 500 吨,同时开出增值税专用发票,发票中注明的材料价款为 500 000 元,增值税为 85 000 元。环龙公司已将该材料验收入库。6 月 30 日,环龙公司将应补付的货款 380 000 元通过银行转账支付。

(1)6 月 3 日环龙公司预付货款。

借:预付账款——生力公司	200 000	
贷:银行存款		200 000

(2)6 月 21 日环龙公司将材料验收入库。

借:原材料	500 000	
应交税费——应交增值税(进项税额)	80 000	
贷:预付账款——生力公司		580 000

(3)6 月 30 日环龙公司补付货款。

借:预付账款——生力公司	380 000	
贷:银行存款		380 000

6. 收到发票,但是没有入库单和结算凭证。

收到发票,但是没有入库单和结算凭证,表明供应商已经销售货物并开具发票,但购货方尚未支付货款,也没有收到存货。在这种情况下,企业应按照发票等购货凭证确定的存货成本,借记“在途物资”科目,按照税法中允许抵扣的增值税额,借记“应交税费——应交增值税(进项税额)”科目,按照供应商提供的信用方式不同,贷记“应付账款”或“应付票据”科目。存货验收入库时，依据入库单，借记“原材料”等科目，贷记“在途物资”科目。企业支付货款时，按照实际支付的金额，借记“应付账款”或“应付票据”科目，贷记“银行存款”等科目。

［例7－8］2018年6月5日环龙公司向普斯公司购买D材料1 000吨，380元/吨，取得增值税专用发票，专用发票上注明的价款为380 000元（380×1 000），增值税额为60 800元，货物尚未验收入库。普斯公司销售商品时向环龙公司提供了普通信用，规定的付款期为30天。该材料于6月15日验收入库。7月5日，环龙公司签发转账支票一张，支付该笔购货款。

（1）6月5日，环龙公司取得购货发票。

借：在途物资	380 000	
应交税费——应交增值税（进项税额）	60 800	
贷：应付账款		440 800

（2）6月15日，环龙公司将材料验收入库。

借：原材料	380 000	
贷：在途物资		380 000

（3）7月5日，支付货款。

借：应付账款	440 800	
贷：银行存款		440 800

（三）外购存货的短缺

企业在采购存货的过程中，可能会发生短缺的情况。在发现购货短缺时，首先将短缺存货所应承担的成本计入“待处理财产损溢”科目，然后根据产生短缺的具体原因进行相关的会计处理。

1. 运输途中的合理损耗。

短缺存货的成本应当计入存货的采购成本，借记“原材料”等科目，贷记“待处理财产损溢”科目。

2. 供货单位责任造成的短缺。

短缺的存货应由供货单位补足或者退还已收货款。如果补足存货，则按照短缺存货所应承担的成本，借记“应付账款”科目，贷记“待处理财产损溢”科目；如果退还已收货款，按短缺存货所应承担的成本与该部分短缺存货承担的增值税额之和，借记“应付账款”科目，按短缺存货所应承担的成本，贷记“待处理财产损溢”科目，按短缺存货应承担的增值税额，贷记“应交税费——应交增值税（进项税额）”科目；收到退款时，借记“银行存款”科目，贷记“应付账款”科目。

3. 外部运输机构责任造成的短缺。

短缺存货的损失应由外部运输机构赔偿。按应由外部运输机构赔偿的金额，借记“其他应收款”科目，按净损失①金额，借记“管理费用”科目，按短缺存货所应承担的成本，贷记“待处理财产损溢”科目，按不允许抵扣的增值税额，贷记“应交税费——应交增值税（进项税额转出）”科目。

4. 自然灾害造成的短缺。

短缺存货的损失扣除应由保险公司或责任人赔偿后的净损失计入营业外支出。按应由保险公司或责任人赔偿的金额，借记“其他应收款”科目，按净损失金额，借记“营业外支出”科目，按短缺存货所应承担的成本，贷记“待处理财产损溢”科目。

［例7－9］（接［例7－8］）假设环龙公司6月15日收到材料验收入库时，发现材料短缺2吨。

（1）6月15日，环龙公司将材料验收入库。

借：原材料	379 240	
待处理财产损溢	760	
贷：在途物资		380 000

（2）短缺存货的原因已查明，系供货单位少发货，供货单位同意补足存货。

借：应付账款	760	
贷：待处理财产损溢		760

（3）收到补足的存货。

借：原材料	760	
贷：应付账款		760

二、自行生产存货

（一）自行生产存货的成本

企业自行生产存货的成本由材料成本、加工成本和其他成本构成。材料成本为企业自行生产存货时所耗费的材料成本。加工成本是指企业在自行生产存货过程中发生的直接人工成本以及按照一定方法分配的制造费用。其中，直接人工成本是指在产品生产过程中，直接从事产品生产的工人的工资、奖金、津贴、福利费等。制造费用，是指企业为生产产品和提供劳务而发生的不能直接归属于产品的各项间接费用，如生产管理人员的工资、奖金、津贴、福利费以及与生产产品相关的折旧费、修理费、水电费等等。其他成本，是指除采购成本、加工成本以外，使存货达到目前场所或状态所发生的其他支出，如可直接

---

① 净损失是指存货短缺的总损失扣除相关责任人赔偿后的损失。存货短缺的总损失是存货短缺成本与不允许抵扣的增值税之和。

归属于符合资本化条件的存货应当予以资本化的借款费用。其中，符合资本化条件的存货，是指需要经过相当长时间的生产活动才能达到预定可销售状态的存货。

在企业自行生产存货的成本中，材料成本、直接人工成本以及其他成本可以直接归属于某一特定成本核算对象，可以直接将自行生产过程中发生的材料成本、直接人工成本以及其他成本计入相应的存货成本。制造费用在发生时难以直接归属于某一特定成本核算对象，因此企业应当根据制造费用的性质，选择合理的分配方法，将制造费用在受益的各种存货之间进行分配。

需要注意的是，企业若在生产过程中发生非正常消耗的直接材料、直接人工和制造费用，如自然灾害而产生的直接材料、直接人工和制造费用的耗费，这些耗费不是为了使存货达到目前场所和状态所必需的费用，从而不应将其计入自行生产存货的成本，而应在扣除残料和保险公司赔款之后计入营业外支出。

此外，存货入库后发生的仓储费用一般不应计入存货成本。但若企业发生的仓储费用是为了使产品达到规定的质量水平，是在生产过程中所必须发生的，则应计入存货成本。如葡萄酒生产商为使生产的葡萄酒达到一定的质量等级，必须经过一定的储存过程，相应的仓储费用就应计入葡萄酒的成本。

（二）自行生产存货的会计处理

企业自行生产存货时，生产车间首先从仓库领用原材料，然后对原材料进行加工，最后将验收合格的产品交送仓库。在此过程中，存货处于三种状态：材料、在产品和产成品。为了将处于生产过程中的在产品和生产完工并验收入库的产成品与原材料相区分，企业应当设置"生产成本"和"库存商品"账户，分别用于归集生产过程中在产品的成本和生产完工验收入库产成品的成本。

生产车间从仓库领用原材料时，按照领用原材料的实际成本，借记"生产成本"科目，贷记"原材料"科目；生产车间对原材料进行加工时，按照确定的人工成本和分配的制造费用，借记"生产成本"科目，贷记"应付职工薪酬"科目、"制造费用"科目；将验收合格的产品交送仓库时，按照成本归集方法确定的产品成本，借记"库存商品"科目，贷记"生产成本"科目。

[例 7-10] 环龙公司甲车间领用 A 材料 20 吨用于生产 Z 产品，领用的 A 材料成本共计 5 000 元(250 × 20)。环龙公司按照一定的成本归集方法，得出应当归集为 Z 产品的人工成本 1 000 元、制造费用 1 000 元。该批 Z 产品已经生产完工并且验收入库。

(1)生产车间从仓库领用原材料。

借：生产成本	5 000	
贷：原材料		5 000

(2)生产车间对原材料进行加工。

借:生产成本	2 000	
贷:应付职工薪酬		1 000
制造费用		1 000

(3)将验收合格的产品交送仓库。

借:库存商品	7 000	
贷:生产成本		7 000

三、委托加工存货

(一)委托加工存货的成本

委托加工存货应按其实际成本计量。委托加工存货的实际成本包括:该存货实际耗用的原材料或半成品的成本,受托单位收取的加工费,存货运输过程中发生的运费以及应计入存货成本的相关税金等。

需要注意的是,若企业委托加工的存货属于应缴纳消费税的范畴,受托方在向委托方收取货款时应当代收代缴消费税。税法规定,委托方将收回的委托加工存货直接用于销售,委托方支付的由受托方代收代缴的消费税应当计入委托加工存货成本;若委托方将收回的委托加工存货继续用于生产应税消费品,委托方支付的由受托方代收代缴的消费税不计入委托加工存货的成本,而应作为未来应交消费税的抵减,计入“应交税费——应交消费税”的借方。

(二)委托加工存货的会计处理

企业委托外单位加工存货时,首先向受托方交付准备加工的原材料或半成品,然后支付相应的加工费、运费和税金,最后收回委托加工的存货和多余的原材料。为了加强企业委托加工而存放于外单位存货的管理,企业应当设置“委托加工物资”账户。

企业委托外单位加工存货向受托方交付准备加工的原材料时,按照发出存货的实际成本,借记“委托加工物资”科目,贷记“原材料”科目。企业支付加工费、运费和增值税时,按照受托方开具的发票以及相关的运费票据等凭证确定的委托加工存货成本,借记“委托加工物资”科目,按照税法中允许抵扣的增值税额,借记“应交税费——应交增值税(进项税额)”科目,按照支付的金额,贷记“银行存款” 科目。假如企业委托加工的存货属于应缴纳消费税的范畴,则其在支付加工费时应当一并支付消费税。若委托方将收回的委托加工存货直接用于销售,则应按照受托方代收代缴的消费税金额,借记“委托加工物资” 科目,贷记“银行存款”科目;若委托方将收回的委托加工存货继续用于生产应税消费品,则应按照受托方代收代缴的消费税金额,借记“应交税费——应交消费税”科目,贷记“银行存款”科目。委托加工存货加工完成、验收入库并收回多余原材料时，按照收回委托加工存货和多余原材料的实际成本，借记“库存商品”“原材料”等科目，贷记“委托加工物资”科目。

［例7－11］环龙公司委托朝岳公司加工一批轮胎（消费税税率3%）。环龙公司向朝岳公司交付的原材料成本为30 000元，双方协商的加工费为28 200元（不含增值税）。双方都是一般纳税企业，增值税税率为16%。

（1）环龙公司向朝岳公司交付委托加工的原材料。

借：委托加工物资　　30 000

　贷：原材料　　30 000

（2）环龙公司向朝岳公司支付加工费和相应税金。

支付的增值税＝28 200×16%＝4 512（元）

消费税组成计税价格＝（30 000＋28 200）÷（1－3%）＝60 000（元）

朝岳公司代收代缴的消费税＝60 000×3%＝1 800（元）

①若环龙公司将收回的轮胎直接用于销售。

借：委托加工物资　　30 000

　应交税费——应交增值税（进项税额）　　4 512

　贷：银行存款　　34 512

②环龙公司将收回的轮胎用于继续生产小轿车。

借：委托加工物资　　28 200

　应交税费——应交增值税（进项税额）　　4 512

　应交税费——应交消费税　　1 800

　贷：银行存款　　34 512

（3）环龙公司收回委托加工存货。

①环龙公司将收回的轮胎直接用于销售。

借：库存商品　　60 000

　贷：委托加工物资　　60 000

②环龙公司将收回的轮胎继续用于生产小轿车。

借：原材料　　58 200

　贷：委托加工物资　　58 200

四、投资者投入存货

（一）投资者投入存货的成本

投资者投入的存货，应当按照投资合同或协议约定的价值确定存货成本。但是当合同或协议约定的价值不公允时，应当按照公允价值入账。

（二）投资者投入存货的会计处理

企业收到投资者投入的存货时，按照投资合同或协议约定的价值，借记"原材料"等科目，按照增值税专用发票中注明的增值税额，借记"应交税费——应交增值税（进项税额）"科目，按照投资者在企业注册资本中享有的份额，贷记"实收资本"或"股本"科目，按照投资合同或协议中约定的存货价值与增值税额之和与投资者在企业注册资本中享有的份额之间的差额，贷记"资本公积"科目。

［例 7－12］实泰公司按照合同约定，以价值 348 000 元的产品向环龙公司投资，取得环龙公司面值 1 元的普通股股票 250 000 股。实泰公司提供的增值税专用发票中注明的增值税为 48 000 元。环龙公司收到实泰公司的实物出资后，作为公司的原材料验收入库。

借：原材料	300 000	
应交税费——应交增值税（进项税额）	48 000	
贷：股本		250 000
资本公积		98 000

五、接受捐赠的存货

（一）接受捐赠存货的成本

企业接受捐赠的存货应当按照以下规定确定成本：（1）捐赠方提供了有关凭据的，按凭据标明的金额加上应支付的相关税费，确定存货成本；（2）捐赠方未提供有关凭据的，按以下顺序确定存货成本：①同类或类似存货存在活跃市场的，按同类或类似存货的市场价格估计金额，加上应支付的相关税费，作为存货成本；②同类或类似存货不存在活跃市场的，按接受捐赠存货的预计未来现金流量的现值，作为存货成本。

（二）接受捐赠存货的会计处理

企业收到捐赠存货时，按照确定的存货成本，借记"原材料"等科目，按照增值税专用发票中注明的增值税额，借记"应交税费——应交增值税（进项税额）"科目，按照接受捐赠过程中实际支付的款项和应承担的税金，分别贷记"银行存款""应交税费"等科目，按照借贷方差额，贷记"营业外收入——捐赠利得"科目。

［例 7－13］福达公司向环龙公司捐赠一批存货。该批存货的价值为 80 000 元。福达公司提供的增值税专用发票中注明的增值税为 12 800 元。该存货已验收入库，环龙公司作为原材料。环龙公司在接受捐赠过程中，签发转账支票一张，支付运费 1 100 元，取得增值税专用发票 1 张，不含税价格 1 000 元，增值税 100 元。

受赠材料的成本＝80 000＋1 000＝81 000（元）

允许抵扣的增值税额 = 12 800 + 100 = 12 900(元)

借:原材料　　81 000

　应交税费——应交增值税(进项税额)　　12 900

　贷:银行存款　　1 100

　　营业外收入——捐赠利得　　92 800

六、其他方式取得的存货

企业除上述方式取得存货外,还可能通过非货币性资产交换、债务重组、企业合并等交易取得存货,其成本应当分别按照非货币性资产交换、债务重组和企业合并的相关规定予以确定。

第三节　存货的后续计量

一、存货发出的计价

存货发出成本由存货发出数量和存货发出单价两方面决定。

(一)存货发出数量的确定

企业的期初存货数量、本期购入存货数量、本期发出存货数量和期末存货数量四者之间存在着简单的数量关系:期初存货数量 + 本期购入存货数量 = 本期发出存货数量 + 期末存货数量。其中,期初存货数量可以从存货账户中的期初资料中取得,本期购入存货数量可以从记录本期购入存货的账簿中得到,根据上述数量关系,若可以得到本期发出存货数量或者期末存货数量两者之一,就可以得到另外一个项目的数量。依据企业确定本期发出存货数量和期末存货数量的顺序,可以将确定存货发出数量的方法区分为定期盘存制和永续盘存制。

1. 定期盘存制。

定期盘存制又称为实地盘存制,是指企业平时只需要记录存货购入数量,期末企业通过实物盘点确定期末存货数量,然后倒挤出存货发出数量的一种存货数量确定方法。

在这一方法下,企业的期初存货数量、本期购入存货数量、本期发出存货数量和期末存货数量中有三个已知数:期初存货数量、本期购入存货数量和期末存货数量。利用四者之间的数量关系可以得出:本期发出存货数量 = 期初存货数量 + 本期购入存货数量 - 期末存货数量。

定期盘存制平时只记录存货购入数量，而不需要记录存货发出数量，因此可以简化存货日常记录工作量；另外，在这种方法下，企业通过盘点确定的期末存货数量，能够保证账实相符。但是这种方法也有其缺陷。首先，在这种方法下，没有对发出存货进行逐日逐笔地登记，管理人员不能动态地了解存货结存数量，无法实施有效的库存管理和控制。其次，定期盘存制是“以存计销，以存计耗”，存货的发出数量是通过盘点确认期末库存而倒轧得到的，这样容易掩盖人为因素造成的损失和浪费，不利于存货管理，有可能影响成本核算的正确性。一般来说，种类繁多、价值相对较低的存货，尤其是一些自然损耗大、数量变动大的鲜活商品，可以采用定期盘存制。

2. 永续盘存制。

永续盘存制又称账面盘存制，是指企业逐日逐笔在存货明细账中登记存货购入和发出数量，并随时结计存货账面结存数量的一种存货数量确定方法。

在这一方法下，企业的期初存货数量、本期购入存货数量、本期发出存货数量和期末存货数量中，期初存货数量、本期购入存货数量和本期发出存货数量为已知数量，通过账面记录计算期末存货数量：期末存货数量 = 期初存货数量 + 本期购入存货数量 - 本期发出存货数量。

值得注意的是，这种方法下，期末存货的盘点仍然是必须程序，只不过盘点的目的不再是为了确认存货期末数量，而是为了进行账实核对，加强存货管理。

永续盘存制下企业需要逐日逐笔地登记存货的购入、发出数量，并随时结算出存货结存数量，能够区分生产耗用和人为损失浪费的存货数量，正确地计算成本，同时可以及时提供与存货相关的信息。另外，企业通过定期或不定期的存货盘点，进行账实核对，有利于加强对存货的管理与控制。但是，企业逐日逐笔登记存货的收、发、存数量，日常记录工作量繁重。

（二）存货发出成本的计量

1. 存货成本流转假设。

存货是企业中变动最为频繁的资产，总是处于不断变动的状态，即企业不断购入存货，同时不断发出存货。在持续经营的企业中，期末尚未发出的存货会结转到下期，成为下期期初存货，然后再在下期购入、发出……企业的存货就这样不断循环往复。存货实物的这种流转，被称为存货实物流转。在存货实物流转的同时，存货成本也随之流转。理论上讲，存货的成本流转应当与实物流转完全一致，也就是说，存货成本应当随着存货实物的流转而流转。然而在现实工作中，企业存货的品种多，数量大，变化频繁，价格多变，同时大多数存货的实物流转无规律可循，所以要使存货的成本流转与实物流转完全一致几乎是不可能的。因此，只能对存货成本流转作出某种假设，并依据这种假设将存货成本在发出存货和期末存货之间进行分配，进而确认发出存货成本，这就是存货成本流转假设。

2. 发出存货的计价方法。

在本期发出存货和期末结存存货之间分配存货成本时，根据不同的存货成本流转假设，会产生不同的存货发出计价方法。主要的存货发出计价方法有：个别计价法、先进先出法、加权平均法。

（1）个别计价法。个别计价法又称分批实际法、分批认定法、个别识别法或具体辨认法。这种方法认为，企业可以准确确认存货实物购入和发出的批次，完全按照存货购入的实际成本确定存货发出成本。这种方法要求企业对全部存货逐一辨认并详细记录，以便按照购入存货的实际成本对发出存货进行计价。根据这种方法的特征，只可以采用永续盘存制确认存货发出数量。

［例 7 – 14］ 环龙公司 2018 年 3 月 A 存货的购入、发出及结存明细账如表 7 – 1 所示。

表 7 – 1　A 存货明细账

单位：元

日期		摘要	收入			发出			结存		
月	日		数量	单价	金额	数量	单价	金额	数量	单价	金额
3	1	期初余额							100	15	1 500
	6	购入	300	14	4 200				100 300	15 14	5 700
	10	发出				300	14	4 200	100	15	1 500
	14	购入	200	16	3 200				100 200	15 16	4 700
	16	发出				100 100	15 16	3 100	100	16	1 600
	20	购入	400	17	6 800				100 400	16 17	8 400
	22	发出				400	17	6 800	100	16	1 600
	28	购入	200	15	3 000				100 200	16 15	4 600
3	31	本月发生额 及月末余额	1 100	–	17 200	900	–	14 100	100 200	16 15	4 600

假设经过具体辨认，本期发出存货的具体情况如下：3 月 10 日发出的 300 件存货均为 6 日购入；16 日发出的 200 件存货中，100 件为期初结存存货，其余 100 件为 14 日购入的存货；22 日发出的 400 件存货均为 20 日购入的存货。

从表中可以得出，环龙公司 2018 年 3 月发出存货成本和期末存货成本分别是：

发出存货成本 = 300 × 14 + 100 × 15 + 100 × 16 + 400 × 17 = 14 100（元）

期末存货成本 = 期初存货成本 + 本期购入存货成本 – 本期发出存货成本

$$=100\times15+300\times14+200\times16+400\times17+200\times15-14\ 100$$
$$=4\ 600（元）$$

或者：

期末存货成本 $=100\times16+200\times15=4\ 600$（元）

用这种方法确定的发出存货成本和期末结存成本最准确，因为它是建立在存货的实物流转与成本流转完全一致的基础之上，能够准确反映发出存货和期末存货成本，同时能够保证本期利润和期末资产计价的准确性。这种方法要求对全部存货逐一辨认并详细记录，无疑会增加会计记录的工作量。另一方面，由于各批存货具有相似性，这就使企业可以根据当期的实际经营状况，选择较高或者较低的单位成本对发出存货计价，以进行盈余操纵。因此，企业只对那些不能替代使用的存货和为特定项目专门购入或制造的存货，采用个别计价法确定发出存货的成本。

（2）先进先出法。先进先出法是以先入库的存货先发出作为存货成本流转假设，依据存货的购入顺序确认发出存货单位成本的一种存货发出计价方法。这种方法下，既可以采用定期盘存制也可以采用永续盘存制确认存货发出数量。

［例7－15］仍以表7－1环龙公司2018年3月A存货的购入、发出及结存明细账为例，采用先进先出法对发出存货进行计价。结果见表7－2。

表7－2　A存货明细账

单位：元

日期		摘要	收入			发出			结存		
月	日		数量	单价	金额	数量	单价	金额	数量	单价	金额
3	1	期初余额							100	15	1 500
	6	购入	300	14	4 200				100 300	15 14	5 700
	10	发出				100 200	15 14	4 300	100	14	1 400
	14	购入	200	16	3 200				100 200	14 16	4 600
	16	发出				100 100	14 16	3 000	100	16	1 600
	20	购入	400	17	6 800				100 400	16 17	8 400
	22	发出				100 300	16 17	6 700	100	17	1 700
	28	购入	200	15	3 000				100 200	17 15	4 700
3	31	本月发生额及月末余额	1 100	－	17 200	900	－	14 000	100 200	17 15	4 700

若企业采用永续盘存制确定存货数量，依据上表可以得出，在先进先出法下，环龙公司 2018 年 3 月发出存货成本和期末存货成本分别是：

$$
\begin{aligned}
\text{发出存货成本} &= 100 \times 15 + 200 \times 14 + 100 \times 14 + 100 \times 16 + 100 \times 16 + 300 \times 17 \\
&= 14\ 000(\text{元})
\end{aligned}
$$

$$
\begin{aligned}
\text{期末存货成本} &= \text{期初存货成本} + \text{本期购入存货成本} - \text{本期发出存货成本} \\
&= 100 \times 15 + 300 \times 14 + 200 \times 16 + 400 \times 17 + 200 \times 15 - 14\ 000 \\
&= 4\ 700(\text{元})
\end{aligned}
$$

若企业采用定期盘存制确定存货数量，则按照后购入存货的单位成本确定期末存货成本，再根据“发出存货成本 = 期初存货成本 + 本期购入存货成本 - 期末存货成本”这一关系式，确定发出存货成本。根据表 7 - 2 可以知道，环龙公司 3 月 31 日期末存货数量为 300 件，根据后购入存货的顺序，确定其中 200 件为 28 日购入，单位成本为 15 元/件；100 件为 20 日购入，单位成本为 17 元/件。因此，环龙公司 2018 年 3 月期末存货成本和发出存货成本分别是：

$$
\text{期末存货成本} = 100 \times 17 + 200 \times 15 = 4\ 700(\text{元})
$$

$$
\begin{aligned}
\text{发出存货成本} &= \text{期初存货成本} + \text{本期购入存货成本} - \text{期末存货成本} \\
&= 100 \times 15 + 300 \times 14 + 200 \times 16 + 400 \times 17 + 200 \times 15 - 4\ 700 \\
&= 14\ 000(\text{元})
\end{aligned}
$$

从前述例题计算结果可以判断，无论是采用永续盘存制还是定期盘存制确定存货数量，先进先出法下计算的发出存货成本和期末存货成本应该是完全一致的。

先进先出法建立在“先入库的存货先发出”这一存货成本流转假设之上。这一假设基本符合现实生活中存货的实物流转，尤其是容易变质的存货。这种方法下，期末库存存货成本反映的是最近购入存货的成本，与此相对应，本期发出存货成本是依据以前购入存货的成本计算而得，所以此方法难以反映当期收入与当期成本费用的配比。当企业面临通货膨胀时，该方法会高估当期利润；相反，当企业面临通货紧缩时，该方法会低估当期利润。此外，存货收发频繁或者单价经常变动时，该方法会增加会计记录的工作量。

（3）加权平均法。加权平均法是假设全部可供耗用或销售存货一次购入，依据全部可供耗用或销售存货的总成本和总数量计算出单位存货成本，再结合确定的存货发出数量或存货期末结存数量计算存货发出成本和期末结存成本的一种存货发出计价方法。根据确定可供耗用或销售存货的时间不同，可以将加权平均法分为“月末一次加权平均法”和“移动加权平均法”。

①月末一次加权平均法。月末一次加权平均法是将全月可供耗用或销售存货视为一次购入，月末计算一次存货平均单位成本，进而确定存货发出成本和期末结存成本的一种方法。

月末一次加权平均法下的存货平均单位成本是月末以期初存货成本与本月购入存货成本之和除以期初存货数量与本月购入存货数量之和计算而得。计算公式如下：

$$\text{月末一次加权平均法下的存货平均单位成本}=\frac{\text{期初存货成本}+\text{本月购入存货成本}}{\text{期初存货数量}+\text{本月购入存货数量}}$$

这种方法下，既可以采用定期盘存制也可以采用永续盘存制确认存货发出数量。采用定期盘存制确定存货数量时，应先根据确定的期末存货数量和存货平均单位成本计算期末存货成本，然后倒挤发出存货成本。采用永续盘存制确定存货数量时，理应先根据记录的发出存货数量和计算的存货平均单位成本计算发出存货成本，然后再倒挤期末存货成本。但由于在计算确定平均单位成本时可能出现约数，如果先确定发出存货成本，然后倒挤期末存货成本，容易出现存货明细账中期末存货数量与单价（平均单位成本）的乘积不等于期末存货成本的现象，所以，为避免出现该种情况，在采用永续盘存制确定存货数量时，也先确定期末存货成本，然后倒挤发出存货成本。在月末一次加权平均法下，无论是采用永续盘存制，还是实地盘存制，确定发出存货成本和期末存货成本的顺序都是先确定期末存货成本，然后倒挤发出存货成本。计算公式为：

期末存货成本 = 期末存货数量 × 存货平均单位成本

发出存货成本 = 期初存货成本 + 本月购入存货成本 − 期末存货成本

［例 7－16］仍以表 7－1 环龙公司 2018 年 3 月 A 存货的购入、发出及结存明细账为例，采用月末一次加权平均法对发出存货进行计价。结果见表 7－3。

表 7－3　A 存货明细账

单位：元

日期		摘要	收入			发出			结存		
月	日		数量	单价	金额	数量	单价	金额	数量	单价	金额
3	1	期初余额							100	15	1 500
	6	购入	300	14	4 200				400		
	10	发出				300			100		
	14	购入	200	16	3 200				300		
	16	发出				200			100		
	20	购入	400	17	6 800				500		
	22	发出				400			100		
	28	购入	200	15	3 000				300		
3	31	本月发生额及月末余额	1 100	–	17 200	900	–	14 026	300	15.58	4 674

$$\text{月末一次加权平均法下的存货平均单位成本}=\frac{\text{期初存货成本}+\text{本月购入存货成本}}{\text{期初存货数量}+\text{本月购入存货数量}}$$

$$= \frac{100 \times 15 + 300 \times 14 + 200 \times 16 + 400 \times 17 + 200 \times 15}{100 + 300 + 200 + 400 + 200}$$

$= 15.58$(元/件)

环龙公司 2018 年 3 月 A 存货期末结存成本和发出成本分别为：

3 月份 A 存货期末结存成本 $= 300 \times 15.58 = 4\ 674$(元)

3 月份 A 发出存货成本 $= 1\ 500 + 17\ 200 - 4\ 674 = 14\ 026$(元)

需要注意的是，在计算存货发出成本和期末结存成本时，不可以同时用单位成本分别与存货发出数量、存货期末结存数量乘积求得。以上例为例，如果存货发出成本和期末结存成本同时用单位成本分别与存货发出数量、存货期末结存数量乘积求得，则 3 月份 A 存货发出成本为 14 022 元，期末结存成本为 4 674 元。那么，期初存货成本 + 本期购入存货成本 $= 100 \times 15 + 300 \times 14 + 200 \times 16 + 400 \times 17 + 200 \times 15 = 18\ 700$(元)，本期发出存货成本 + 期末存货成本 $= 14\ 022 + 4\ 674 = 18\ 696$(元)，$18\ 700 \neq 18\ 696$，违背了期初存货成本 + 本期购入存货成本 = 本期发出存货成本 + 期末存货成本的恒等关系。

②移动加权平均法。移动加权平均法是假设任何时间企业可供耗用或销售存货都是一次购入，因此这种方法下企业每一次购入存货单位成本与购入前结存存货单位成本不一致时，就要重新计算一次可供耗用或销售存货的单位成本，进而计算存货的发出成本和结存成本。

移动加权平均法下的存货平均单位成本是每当企业购入存货单位成本与购入前结存存货单位成本不一致时，依据本次购入存货前的存货成本余额与本次购入存货成本之和除以企业购入存货前的存货数量余额与本次购入存货数量之和计算而得。计算公式如下：

$$\text{移动加权平均法下的存货平均单位成本} = \frac{\text{本次购入存货前存货成本余额} + \text{本次购入存货成本}}{\text{本次购入存货前存货数量余额} + \text{本次购入存货数量}}$$

移动加权平均法需要随时计算存货结余数量和成本，所以这种方法下只可以采用永续盘存制确定存货发出数量。也就是说，企业只能先计算发出存货成本，然后计算结余存货成本。计算公式为：

发出存货成本 = 发出存货数量 × 存货平均单位成本

结存存货成本 = 本次购入存货前存货成本余额 + 本次购入存货成本 − 本次发出存货成本

[例 7 − 17] 仍以表 7 − 1 环龙公司 2018 年 3 月 A 存货的购入、发出及结存明细账为例，采用移动加权平均法对发出存货进行计价。结果如表 7 − 4 所示。

表 7－4　A 存货明细账

单位:元

日期		摘要	收入			发出			结存		
月	日		数量	单价	金额	数量	单价	金额	数量	单价	金额
3	1	期初余额							100	15	1 500
	6	购入	300	14	4 200				400	14.25[1]	5 700[2]
	10	发出				300	14.25	4 275[3]	100	14.25	1 425[4]
	14	购入	200	16	3 200				300	15.417[5]	4 625[6]
	16	发出				200	15.417	3 083[7]	100	15.417	1 542[8]
	20	购入	400	17	6 800				500	16.684[9]	8 342[10]
	22	发出				400	16.684	6 674[11]	100	16.684	1 668[12]
	28	购入	200	15	3 000				300	15.56[13]	4 668[14]
3	31	本月发生额及月末余额	1 100	-	17 200	900		14 032	300	15.56	4 668

其中:

(1)3 月 6 日企业购入存货后,其加权平均单位成本为:

$$\text{3 月 6 日购入存货后的平均单位成本}=\frac{1\ 500+300\times14}{100+300}=14.25(\text{元/件})$$

(2)3 月 6 日存货结存余额为:1 500 +300 ×14 =5 700(元)

(3)3 月 10 日发出存货成本为:300 ×14.25 =4 275(元)

(4)3 月 10 日存货结存余额为:5 700 －4 275 =1 425(元)

(5)3 月 14 日企业购入存货后,其加权平均单位成本为:

$$\text{3 月 14 日购入存货后的平均单位成本}=\frac{1\ 425+200\times16}{100+200}=15.417(\text{元/件})$$

(6)3 月 14 日存货结存余额为:1 425 +200 ×16 =4 625(元)

(7)3 月 16 日发出存货成本为:200 ×15.417 =3 083(元)

(8)3 月 16 日存货结存余额为:4 625 －3 083 =1 542(元)

(9)3 月 20 日企业购入存货后,其加权平均单位成本为:

$$\text{3 月 20 日购入存货后的平均单位成本}=\frac{1\ 542+400\times17}{100+400}=16.684(\text{元/件})$$

(10)3 月 20 日存货结存余额为:1 542 +400 ×17 =8 342(元)

(11)3 月 22 日发出存货成本为:400 ×16.684 =6 674(元)

(12)3 月 22 日存货结存余额为:8 342 －6 674 =1 668(元)

(13)3 月 28 日企业购入存货后,其加权平均单位成本为:

$$\begin{array}{l}3\text{月}28\text{日购入存货后}\\ \quad\text{的平均单位成本}\end{array}=\frac{1\ 668+200\times 15}{100+200}=15.56(\text{元/件})$$

(14)3 月 28 日存货结存余额为:1 668 +200 ×15 =4 668(元)

相对于月末一次加权平均法,移动加权平均法的计算工作量较大。当企业存货品种多、数量大且收发频繁时,运用月末一次加权平均法可以减少会计记录工作量。

(三)存货发出的会计处理

企业如果存货种类繁多,经济用途、消耗方式各异,那么存货发出需要依据其经济用途、消耗方式确定相应的会计处理方法。

1. 原材料发出的会计处理。

企业持有原材料的主要目的是生产加工产品,有时也会将持有的原材料用于经营管理、在建工程、发放福利、直接出售,或者作为一种支付手段进行非货币性资产交换、债务重组或者企业合并等。不论原材料的具体经济用途为哪一种,原材料一旦被生产部门或者经营管理部门耗用或者直接出售或者作为支付手段,该原材料一次就被消耗掉了。企业发出原材料时,应当根据原材料的具体用途一次性将其成本计入产品成本或者当期费用。

(1)领用原材料。企业应当区别原材料的领用部门和具体用途,将发出材料成本计入相应的成本费用科目。生产产品耗用原材料,借记“生产成本”科目;车间耗用原材料,借记“制造费用”科目;委托外单位加工发出原材料,借记“委托加工物资”科目;企业日常生产经营管理领用原材料,借记“管理费用”或“销售费用”科目;企业自行建造固定资产领用原材料,借记“在建工程”科目,按照发出材料的实际成本,贷记“原材料”科目。

[例 7 –18] 环龙公司 2015 年 3 月共发出原材料 12 000 元,其中生产耗用6 000元,生产车间耗用 3 000 元,管理部门领用 1 000 元,设备安装工程领用 2 000 元。

借:生产成本	6 000	
制造费用	3 000	
管理费用	1 000	
在建工程	2 000	
贷:原材料		12 000

(2)出售原材料。企业应将出售原材料获得的收入作为其他业务收入,相应的原材料成本计入其他业务成本。企业在出售原材料时,按照销售价款和增值税销项税额之和,依据相应的结算方式,借记“银行存款”“应收账款”或者“应收票据”等科目,按照销售价款,贷记“其他业务收入”科目,按照增值税额,贷记“应交税费——应交增值税(销项税额)”科目;同时,按照售出原材料的成本,借记“其他业务成本”科目,贷记“原

材料”科目。

［例 7-19］环龙公司 2018 年 6 月 20 日出售原材料一批，售价为 5 000 元，增值税为 800 元。环龙公司收到购货方签发的转账支票一张用作支付该批原材料的价款。该批原材料的成本为 3 000 元。

借：银行存款　　5 800
　贷：其他业务收入　　5 000
　　应交税费——应交增值税（销项税额）　　800
借：其他业务成本　　3 000
　贷：原材料　　3 000

（3）将原材料作为支付手段

企业将原材料作为支付手段进行非货币性资产交换、债务重组或者企业合并等时，应当根据非货币性资产交换、债务重组和企业合并的相关规定进行相应的会计处理。

2. 库存商品发出的会计处理。

企业持有库存商品的主要目的是出售，有时也会将其用于经营管理、在建工程、发放福利或者作为一种支付手段进行非货币性资产交换、债务重组或者企业合并等。与原材料相同，库存商品也是一次领用一次消耗，因此企业也应当在发出库存商品时根据其具体用途一次性计入相应的成本费用。

（1）出售库存商品。企业出售库存商品获得的收入为主营业务收入，相应的成本计入主营业务成本。企业在出售库存商品时，按照销售价款和增值税额之和，依据相应的结算方式，借记“银行存款”“应收账款”或者“应收票据”等科目，按照销售价款，贷记“主营业务收入”科目，按照增值税额，贷记“应交税费——应交增值税（销项税额）”科目；同时，按照售出库存商品的成本，借记“主营业务成本”科目，贷记“库存商品”科目。

［例 7-20］环龙公司 2018 年 6 月 5 日出售商品一批，该批商品售价 50 000 元，相应的增值税额 8 000 元，购货方尚未支付货款。该批商品的成本为40 000元。

借：应收账款　　58 000
　贷：主营业务收入　　50 000
　　应交税费——应交增值税（销项税额）　　8 000
借：主营业务成本　　40 000
　贷：库存商品　　40 000

（2）领用库存商品。

税法中规定，企业将自产或委托加工的货物用于非应税项目、集体福利或者个人消费都应当视同销售，并确认增值税销项税额。对企业而言，需要区分库存商品是企业自用还是对外分发。若企业自用，比如将库存商品用于在建工程，则应按照库存商品的成本借记“在建工程”科目,按照库存商品的成本,贷记“库存商品”科目。若企业将库存商品发放给职工作为福利,则应按照该库存商品的计税价格和增值税额之和,借记“应付职工薪酬”科目,按照该库存商品的计税价格,贷记“主营业务收入”科目,按照计税价格计算的增值税额,贷记“应交税费——应交增值税(销项税额)”科目;同时,应当按照该库存商品的成本,借记“主营业务成本”科目,贷记“库存商品”科目。

[例7-21] 环龙公司自行建造固定资产时,领用库存商品一批。该库存商品的成本为5 000元。

借:在建工程　　5 000
　　贷:库存商品　　5 000

[例7-22] 环龙公司将其自产产品作为员工福利发放,该批产品的市场价格(不含增值税)为7 000元,成本为5 500元。

环龙公司应当确认的增值税额=7 000×16%=1 120(元)

借:应付职工薪酬　　8 120
　　贷:主营业务收入　　7 000
　　　　应交税费——应交增值税(销项税额)　　1 120
借:主营业务成本　　5 500
　　贷:库存商品　　5 500

(3)将库存商品作为支付手段。

与原材料相同,企业将库存商品作为支付手段进行非货币性资产交换、债务重组或者企业合并等时,应当根据非货币性资产交换、债务重组和企业合并的相关规定进行相应的会计处理。

3.周转材料发出的会计处理。

(1)周转材料的摊销方法。周转材料是指使用过程不会改变其原始形态,可以重复使用,其价值在使用过程中逐渐转移,并且不能被确认为固定资产的实物资产,包括包装物和低值易耗品。从其概念中可以看出,周转材料的价值消耗方式与原材料和库存商品不同,它不是一次消耗,而是逐渐消耗的,因此,需要采用不同的方法将其价值分摊到不同会计期间。常用的周转材料的摊销方法有一次转销法、五五摊销法和分次摊销法。企业应当根据周转材料的消耗方式、价值大小和耐用程度选择相应的摊销方法。

①一次转销法。这种方法下,企业应在领用包装物或者低值易耗品等周转材料时,将其账面价值一次转入相关资产成本或当期损益。企业可以直接按照领用的周转材料的实际成本并依据周转材料的实际用途,借记“生产成本”“管理费用”等科目,贷记“周转材料”科目。周转材料报废时,按收回的残料价值,借记“原材料”等科目,贷记“生产成本”“管理费用”等科目。这种方法适合价值比较低或极易损坏的管理用具和小型工具、卡具以及在单件小批生产方式下为制造某批订货所用的专用工具等低值易耗品以

及生产领用的包装物和随同商品出售的包装物；数量不多、金额较小、且业务不频繁的出租或出借包装物。企业若选择一次转销法结转包装物的成本，在以后收回使用过的出租和出借包装物时，在备查簿上进行登记，以加强实物管理。

②五五摊销法。这种方法下，企业在领用包装物或者低值易耗品等周转材料时，先摊销其价值的一半，待其报废时，再将其摊余的一半予以摊销。这种方法需要依据周转材料的具体经济状况设置“在库”“在用”和“摊销” 三个明细账户，分别在领用周转材料和周转材料报废两个时间点进行会计处理。企业在领用周转材料时，按照周转材料的实际成本，借记“周转材料——在用”科目，贷记“周转材料——在库”科目；同时，按照领用周转材料实际成本的50%，依据周转材料的具体用途，借记“其他业务成本”“管理费用”等科目，贷记“周转材料——摊销”科目。周转材料报废时，首先按照周转材料的摊余成本，依据周转材料的具体用途，借记“其他业务成本”“管理费用”等科目，贷记“周转材料——摊销”科目；然后按照报废周转材料的残料价值，借记“原材料”等科目，贷记“其他业务成本”“管理费用”等科目；最后冲销周转材料的账面价值，按照周转材料的实际成本，借记“周转材料——摊销” 科目，贷记“周转材料——在用” 科目。

③分次摊销法。这种方法下，企业按照周转材料的使用次数将其成本平均摊销。这种方法的具体会计处理过程与五五摊销法类似，此处不再赘述。施工企业在对钢模板、本模板、脚手架等周转材料的成本进行结转时通常会选用分次摊销法。

(2)周转材料的会计处理。企业的周转材料主要包括包装物和低值易耗品两大类。其中低值易耗品的用途相对有限，主要是生产或日常经营管理领用，在对其进行会计处理时，可以直接区分低值易耗品的领用部门，将其转销或摊销金额直接记入“制造费用”或“管理费用”科目。相比较而言，包装物的使用情况复杂，主要包括四种情况：生产过程中领用，将其作为产品组成部分；随同商品出售而不单独计价；随同商品出售并单独计价；出租、出借给购货单位使用。与此相对应，包装物具体的使用情况不同，其具体的会计处理也不同。本节主要介绍发出包装物的会计处理。

①生产过程中领用，将其作为产品组成部分。当生产领用包装物用于包装本企业产品并将包装物作为产品的组成部分时，应将包装物的实际成本一次计入产品成本，即按照所确定的包装物的实际成本，借记“生产成本”科目，贷记“周转材料——包装物”科目。

[例7－23] 环龙公司生产产品过程中领用包装物一批，该包装物的成本为300元。

借：生产成本	300	
贷：周转材料——包装物		300

②随同商品出售而不单独计价。将包装物随同商品出售但不单独计价，这是企业为了给顾客提供更好的服务而发生的费用。企业应在发出包装物时，将包装物的实际成本一次计入销售费用，即按照所确定的包装物的实际成本，借记“销售费用”科目，贷

记“周转材料——包装物”科目。

［例7－24］环龙公司出售产品时领用包装物一批，该批包装物随产品出售但未单独计价，该批包装物的成本共为500元。

借：销售费用　　500

　贷：周转材料——包装物　　500

③随同商品出售并单独计价。企业将包装物随同商品出售并单独计价，其实质就是在出售包装物，因此，企业一方面应当确认包装物的销售收入，按照包装物的售价与相应增值税额之和，借记“银行存款”“应收账款”或“应收票据”等科目，按照该包装物的售价，贷记“其他业务收入”科目，按照相应的增值税额，贷记“应交税费——应交增值税（销项税额）”科目；另一方面应当将包装物的实际成本一次转销，按照包装物的实际成本，借记“其他业务成本”科目，贷记“周转材料——包装物”科目。

［例7－25］环龙公司出售产品时领用包装物一批，该批包装物随产品出售时单独计价，售价为200元，相应的增值税额为32元，款项已通过银行收取。该批包装物的成本共为150元。

借：银行存款　　232

　贷：其他业务收入　　200

　　应交税费——应交增值税（销项税额）　　32

借：其他业务成本　　150

　贷：周转材料——包装物　　150

④出租、出借给购货单位使用。为了节约资源并给购货单位提供方便，企业可能会将一些可周转使用的包装物出租、出借给购货单位使用。出借是为了给购货单位提供更好的服务而让购货单位无偿使用包装物，与此相对应，出租则是为了获取一定的收入而让购货单位有偿使用包装物，因此，两类交易的性质不同，所涉及的会计科目也不同。出借包装物时，应将摊销的包装物成本借记“销售费用”科目，而出租包装物时，应将摊销的包装物成本借记“其他业务成本”科目，相应地，获取的租金收入，贷记“其他业务收入”科目。尽管出租、出借包装物给购货单位使用的性质不同，但是在两类交易中企业所经历的过程完全一致。企业在出租、出借包装物给购货单位使用时，为了保证包装物不受损坏并督促购货单位及时归还，企业一般在将包装物出租、出借给购货单位使用前，都会向购货单位收取一定的押金；企业将包装物出租、出借给购货单位使用时，包装物的价值会发生折耗，因此应当选择适当的摊销方法对包装物的价值进行摊销。合同到期时，购货单位如将包装物退回，企业就应如数退还押金；若购货方未将包装物退回，企业就没收押金。

企业收取押金时，按照收取的押金金额，借记“银行存款”科目，贷记“其他应付款”科目。企业收取租金时，按照收取的租金金额，借记“银行存款”科目，贷记“其他业务收入"科目。

企业将包装物交付给购货单位，并且对包装物进行摊销时，首先应依据包装物的具体性质选择具体的摊销方法。若选择一次摊销法，直接按照包装物的实际成本，区分出租或出借，借记"其他业务成本"或"销售费用"科目，贷记"周转材料——包装物"。若选择五五摊销法，则按照五五摊销法的具体程序进行相应的会计处理。企业在发出包装物时，按照包装物的实际成本，借记"周转材料——包装物——在用"科目，贷记"周转材料——包装物——在库"科目；同时，按照领用包装物实际成本的50%，区分出租或出借，借记"其他业务成本"或"销售费用"科目，贷记"周转材料——包装物——摊销"科目。包装物报废时，首先按照包装物的摊余成本，区分出租或出借，借记"其他业务成本"或"销售费用"科目，贷记"周转材料——包装物——摊销"科目；同时按照报废包装物的残料价值，借记"原材料"等科目，贷记"其他业务成本"或"销售费用"科目；最后冲销包装物的账面价值，按照包装物的实际成本，借记"周转材料——包装物——摊销"科目，贷记"周转材料——包装物——在用"科目。

合同到期，购货单位将包装物退回，企业如数退还押金时，企业按照退还的押金数，借记"其他应付款"科目，贷记"银行存款"科目。若购货方未将包装物退回，企业没收押金，则应按照没收的押金数额，借记"其他应付款"科目，按照将没收的押金数额视为含税价格计算相应的增值税额，贷记"应交税费——应交增值税（销项税额）"科目，两者之差，贷记"其他业务收入"科目。若该包装物属于消费税的纳税范畴，则应当按照应交的消费税额，借记"营业税金及附加"科目，贷记"应交税费——应交消费税"科目。

[例7－26]环龙公司出售产品时领用新包装物10件，每件成本100元，以用于出售产品时出租或出借给购货方使用。该批包装物中，公司出租6件，出借4件。环龙公司在出租或出借包装物之前收取押金100元/件。出租、出借包装物的期限都为1个月，出租包装物的租金为20元/件，购货方已用现金支付。公司采用一次摊销法摊销包装物成本。1个月到期，出租包装物如数退回，公司退还押金；出借包装物未还，公司没收押金。

（1）企业收取押金。

借：银行存款	1 000	
贷：其他应付款		1 000

（2）领用包装物。

借：其他业务成本	600	
销售费用	400	
贷：周转材料——包装物		1 000

（3）收取包装物租金。

借：库存现金	120	

贷：其他业务收入　103.45

应交税费——应交增值税（销项税额）　16.55

（4）租约到期，出租包装物如数退还，出借包装物未退还。

①退回出租包装物押金。

借：其他应付款　600

贷：银行存款　600

②出借包装物未还，公司没收押金。

确认其他业务收入 =400/（1 +16%）=344.83（元）

增值税额 =341.88 ×17% =55.17（元）

借：其他应付款　400

贷：其他业务收入　344.83

应交税费——应交增值税（销项税额）　55.17

二、存货期末计价

（一）存货期末计价方法

资产负债表日，存货应当按照成本与可变现净值孰低法计量。

成本与可变现净值孰低法是指期末存货按照成本与可变现净值两者之中较低者计价的方法。也就是说，当期末存货成本低于可变现净值时，存货应按成本计价；当期末存货可变现净值低于成本时，存货则按可变现净值计价。成本与可变现净值孰低法中的“成本”指存货的历史成本；“可变现净值”指在日常活动中，存货的估计售价减去至完工时估计将要发生的成本、估计的销售费用以及相关税费后的金额。

（二）可变现净值的确定

1. 影响可变现净值的因素。

企业确定存货的可变现净值，应当以取得的确凿证据为基础，并且考虑持有存货的目的、资产负债表日后事项的影响等因素。

（1）确定存货的可变现净值应当以确凿证据为基础。这里所说的“确凿证据”是指对确定存货的可变现净值有直接影响的客观证明，如存货或与其类似存货的市场销售价格或销货合同、劳务合同中确定的交易价格。

（2）不同的存货持有目的导致确定存货可变现净值的方法不同。企业持有存货的目的主要有两种：出售和耗用。企业持有存货的目的不同，存货变现的方式也不同，从而可变现净值的确定方法也不同。

（3）确定存货的可变现净值还应适当考虑资产负债表日后事项。这一点主要是强调存货的可变现净值可能会受到未来事项的影响，因此在确定可变现净值时，不仅要考虑资产负债表日与该项存货有关的信息，还要考虑资产负债表日后期间发生的对资产负债表日存货可变现净值有重大影响的事项。

2. 可变现净值的确定。

(1)出售存货可变现净值。企业为了出售而持有的存货可变现净值应当为存货的预计售价扣除与其相关的预计销售费用和税金之后的净额。计算公式如下：

出售存货可变现净值 = 估计售价 - 预计销售费用 - 预计的相关税费

[例7-27] 2018年12月31日，环龙公司库存A产品2 000件，其单位成本为300元/件，而该产品的市场价格为260元/件。环龙公司预计在销售这些存货时，会发生销售费用及税金10 000元。确定库存A产品的可变现净值。

A产品的可变现净值 = 260 × 2 000 - 10 000 = 510 000(元)

(2)耗用存货可变现净值。为耗用而持有的存货最终是以产品的形式变现，所以在计算耗用存货的可变现净值时，应以耗用存货生产的产品的估计售价而不是以耗用存货自身的估计售价为基础来确定其可变现净值。

耗用存货可变现净值的确定应分两步完成：

①耗用存货生产产品的可变现净值。根据耗用存货生产产品的估计售价和销售耗用存货生产的产品预计将要发生的销售费用和相关税费，计算确定耗用存货生产产品的可变现净值。计算公式如下：

耗用存货生产产品的可变现净值 = 耗用存货生产产品的估计售价 - 销售耗用存货生产产品预计销售费用 - 销售耗用存货生产产品预计发生的相关税费

②耗用存货可变现净值。在确定耗用存货生产产品可变现净值的基础上，扣除自耗用存货状态加工至可供销售的产品状态预计将要发生的支出，包括承担的人工费用和相关的制造费用，计算结果就是耗用存货的可变现净值。自耗用存货状态加工至可供销售的产品状态预计将要发生的支出称为预计完工成本。耗用存货可变现净值的计算公式如下：

耗用存货可变现净值 = 耗用存货生产产品的可变现净值 - 预计完工成本

[例7-28] 2018年12月31日，环龙公司库存B材料1 000件，其单位成本为300元/件，该存货的市场价格(不含增值税，下同)为280元/件。假设企业购买存货不发生其他购买费用。环龙公司可以用现有库存B材料生产500件W产品，由于B材料市场价格的下降，用其生产的W产品的预计售价也有一定程度的下降，由原销售单价1 000元/件下降为现行市场价格800元/件。企业生产W产品耗费B材料的成本为300 000元(1 000 × 300)，将该B材料加工为W产品还需要耗费其他加工成本30 000元；将B材料生产的W产品全部销售，预计相关销售费用及税金为50 000元。确定B材料的可变现净值。

第一步：计算 W 产品的可变现净值。

W 产品的可变现净值 = W 产品的预计销售总额 - 销售 W 产品预计相关销售费用及税金 = 400 000 - 50 000 = 350 000（元）

第二步：计算 B 材料的可变现净值。

B 材料的可变现净值 = W 产品的可变现净值 - 预计完工成本
= 350 000 - 30 000 = 320 000（元）

（3）估计售价的确定。企业在确定存货的可变现净值时需要考虑的关键因素是如何确定存货的估计售价。由于其他因素大多与估计售价的确定有关，相应的只要确定了估计售价，也就容易确定其他因素，如预计销售费用等。在确定了估计售价后，估计售价与估计的销售费用率[①]相乘，就可以估算出预计的销售费用。

在确定存货的估计售价时，需要对企业是否已经与购货方就待出售存货或者用耗用存货生产的产品签订了销售合同予以确定。若企业已与购货方就待出售存货或者用耗用存货生产的产品签订了不可撤销的销售合同，则应以合同规定的价格作为存货的估计售价；若企业尚未与购货方就存货或者用耗用存货生产的产品签订销售合同或虽已签订合同但属于可撤销合同，则应以该存货或者用耗用存货生产的一般产品的市场价格为基础确定估计售价。如果该存货或者用耗用存货生产的产品的市场价格波动较大，可以以最近一段时间该存货或耗用存货生产的产品市场价格的平均价格为基础确定。

在确定存货的可变现净值时，如果同一种存货存在一部分有合同、一部分没有合同的情况时，有合同部分按合同价确定估计售价，没有合同的按一般市场价格确定估计售价，分别计算各自的可变现净值，并分别与各自的成本相比较，以确定是否发生减值。两者不能合并计算。

如果企业持有的存货数量小于不可撤销合同的订购数量，实际持有与该销售合同相关的存货应以销售合同所规定的价格作为可变现净值的计算基础。如果该合同为亏损合同，还应同时按照或有事项准则的规定确认预计负债，有关会计处理详见第十三章。

[例 7-29] 环龙公司 2018 年 12 月 31 日库存 W 产品 500 件，该产品的市场价格为 850 元/件。

①若环龙公司尚未与任何购货方签订购销合同。

W 产品的估计售价 = 850 × 500 = 425 000（元）

②若环龙公司已于 2018 年 10 月 28 日与精季公司签订不可撤销合同，合同约定环龙公司于 2019 年 4 月 3 日按照 900 元/件向精季公司提供 500 件 W 产品。

---

① 估计销售费用率可根据企业以往连续 3 ~ 5 年的实际销售费用占销售收入的比率估算确定。

W 产品的估计售价 = 900 × 500 = 450 000（元）

③若环龙公司与精季公司签订的不可撤销合同中约定环龙公司于 2019 年 4 月 3 日按照 900 元/件向精季公司提供 300 件 W 产品。

有合同部分的 W 产品估计售价 = 900 × 300 = 270 000（元）

无合同部分的 W 产品估计售价 = 850 × 200 = 170 000（元）。

（三）存货计提跌价准备的程序

企业应按照下列程序对存货计提跌价准备。

1. 减值迹象的判断。

期末，企业应对持有的存货价值进行定期检查，判断存货是否发生减值。当企业的存货出现以下情况之一时，说明存货发生减值且需要计提减值准备：

（1）存货市价持续下跌，且在可预见的未来无回升的希望。

（2）使用该原材料生产产品的成本大于产品的销售价格。

（3）因产品更新换代，原有库存原材料已不适应新产品的需要，而该原材料的市场价格又低于其账面成本。

（4）因企业所提供的商品或劳务过时或消费者偏好改变而使市场需求发生变化，导致市场价格逐渐下跌。

（5）其他足以证明存货已实质上发生减值的情形。

2. 确定可变现净值

在对存货价值进行定期检查时，如果发现某种存货出现了发生减值的一种或几种情况，就应按照可变现净值的确定方法确定该存货的可变现净值。

3. 比较存货可变现净值与成本，确定是否需要计提减值准备

确定可变现净值之后，企业应将存货可变现净值与其成本进行比较，若存货可变现净值大于成本，则不需要计提减值准备；若存货可变现净值小于成本，则应当计提减值准备。

（四）存货跌价准备的计提方法

在比较存货成本与可变现净值时，通常有三种方法可供选择：单项比较法、分类比较法、总额比较法。

1. 单项比较法。

亦称逐项比较法或个别比较法，是指将每一项存货的成本与可变现净值逐一进行比较，每项存货均按较低者确定其期末计价，将确定的每一项存货的期末计价汇总后就是企业存货期末价值。

2. 分类比较法。

亦称类比法，是指按照存货的用途和所处的环境将存货区分为不同的类别，将各类别存货的成本与可变现净值进行比较，按较低者确定该存货类别的期末计价，将确定的每一类别存货的期末计价汇总后就是企业存货期末价值。

3. 总额比较法。

亦称综合比较法，指将全部存货的总成本与可变现净值总额比较，按较低者确认存货期末价值。

[例7－30] 2018年12月31日，环龙公司有A、B、C、D四种存货，这四种存货按照其特点可以区分为甲、乙两大类，其中A、B属于甲类存货，C、D属于乙类存货。有关四种存货的成本与可变现净值的资料具体如表7－5所示。

表7－5

存货种类	成本	可变现净值	成本与可变现净值孰低法存货价值确定方法		
			单项比较法	分类比较法	总额比较法
甲类存货					
A存货	11,000	10,000	10,000		
B存货	9,800	10,000	9,800		
合　计	20,800	20,000	19,800	20,000	
乙类存货					
C存货	31,000	33,000	31,000		
D存货	34,800	34,200	34,200		
合　计	65,800	67,200	65,200	65,800	
总　计	86,600	87,200	85,000	85,800	86,600

从表7－5中可以看出，单项比较法确定的期末存货价值最低，其次是分类比较法确定的期末存货价值，最高的是总额比较法确定的期末存货价值。出现这一结果的主要原因是，利用单项比较法确定期末存货价值时，选择的是每一种存货的成本与可变现净值的较低者，而分类比较法和综合比较法下，会有不同程度的成本与可变现净值的高低抵消。正是由于这一原因，单项比较法下计算的期末存货价值较其他两种方法更为准确，所以企业通常应当按照单项比较法确定期末存货价值。但是如果企业存货种类较多，采用单项比较法逐一比较每一种存货的成本与可变现净值时工作量会很大，为减轻工作量，对于数量繁多、单价较低的存货，企业可以采用分类比较法确定存货期末价值；对于存货与在同一地区生产和销售的产品系列相关、具有相同或类似的最终用途或目的，且难以与其他项目分开计量时，可以合并确定存货期末价值。

（五）成本与可变现净值孰低法的应用

1. 存货跌价准备的计提与转回。

在成本与可变现净值孰低法下,企业应当在资产负债表日确定存货的可变现净值,并将成本与可变现净值进行比较,若存货可变现净值低于成本,说明期末持有的存货发生减值,应计提存货跌价准备。为了记录存货跌价准备的计提、转回和转出情况,需单独设置"存货跌价准备"账户。

企业根据存货可变现净值和成本计算的可变现净值低于成本的差额,是截止到本期末持有该项存货发生的减值总损失。至于持有该项存货在本期发生的减值损失情况,需根据减值总损失和期初减值损失以及本期转出的减值损失计算确定。计算公式如下:

本期发生的减值损失 = 减值总损失 + 本期转出的减值损失 - 期初减值损失

其中:减值总损失 = 成本 - 可变现净值

如果根据上式计算的结果为正数,表示持有该项存货在本期继续减值,按该公式计算的结果,借记"资产减值损失"科目,贷记"存货跌价准备"科目;如果计算结果为负数,说明本期持有该存货没有继续减值,相反其价值回升。如果存货价值回升是由原来引起存货减值的因素消失所导致,则应将存货已回升的价值予以转回,按价值回升的金额,借记"存货跌价准备"科目,贷记"资产减值损失" 科目。

[例 7-31] 环龙公司从 2015 年度开始采用成本与可变现净值孰低法确认存货的期末价值。该公司有关 A 存货 2015~2018 年各年末存货的相关资料如下:

(1)环龙公司 2015 年 12 月 31 日,期末存货成本为 5 000 元,可变现净值为4 800元。

减值总损失 = 5 000 - 4 800 = 200(元)

本期发生的减值损失 = 200 + 0 - 0 = 200(元)

借:资产减值损失　　200

　贷:存货跌价准备　　200

(2)环龙公司 2016 年 12 月 31 日,期末存货成本为 7 000 元,可变现净值为6 500 元。假设环龙公司 2016 年度没有发生存货减值的转出。

减值总损失 = 7 000 - 6 500 = 500(元)

本期发生的减值损失 = 500 + 0 - 200 = 300(元)

借:资产减值损失　　300

　贷:存货跌价准备　　300

(3)环龙公司 2017 年 12 月 31 日,期末存货成本为 7 500 元,可变现净值为7 200 元。假设环龙公司 2017 年度没有发生存货减值的转出。

减值总损失 = 7 500 - 7 200 = 300(元)

本期发生的减值损失 = 300 + 0 - 500 = -200(元)

如果有证据表明该存货价值回升是由原来引起存货减值的因素消失所导致,则将原已计提的存货跌价准备转回 200 元。

借:存货跌价准备　　200

贷:资产减值损失 200

(4)环龙公司 2018 年 12 月 31 日,期末存货成本为 8 000 元,可变现净值为8 200 元。假设环龙公司 2018 年度没有发生存货减值的转出。

期末存货可变现净值高于成本,说明该存货没有发生减值,即减值总损失为零。

本期发生的减值损失 =0 +0 -300 = -300(元)

如果有证据表明该存货价值的回升是由原来引起存货减值的因素消失所导致,则应将原有存货跌价准备余额全部转回。

借:存货跌价准备 300

贷:资产减值损失 300

当企业的存货出现以下情况之一时,通常表明存货的可变现净值为零,应将该存货的账面价值全部计提跌价准备:①已霉烂变质的存货;②已过期且无转让价值的存货;③生产中已不再需要,并且已无使用价值和转让价值的存货;④其他足以证明已无使用价值和转让价值的存货。

[例 7 -32] 环龙公司 M 商品已经霉烂变质,该商品的账面余额为 8 000 元,已计提存货跌价准备 6 000 元。

借:资产减值损失 2 000

贷:存货跌价准备 2 000

2. 存货跌价准备的转出。

当企业因生产经营领用、销售、债务重组、非货币性资产交换、作为企业合并支付对价或者存货价值完全丧失等转出已经计提跌价准备的存货时,需要对已计提的存货跌价准备进行适当的会计处理。

(1)生产经营领用。企业生产经营领用存货一般不需要结转相应的存货跌价准备,待期末计提存货跌价准备时一并调整。

(2)因销售、债务重组、非货币性资产交换或者作为企业合并支付对价转出存货,在转出存货成本的同时应结转已计提的存货跌价准备。若存货跌价准备是单项计提的,直接按照企业对已转出存货计提的跌价准备结转即可。若存货跌价准备是按类别计提的,则应当首先计算企业因销售、债务重组、非货币性资产交换或者作为企业合并支付对价转出存货应当结转的存货跌价准备。相应的计算公式如下:

企业因销售、债务重组、非货币性资产交换或者作为合并支付对价转出存货而应当结转的存货跌价准备 =(上期期末该类存货计提的存货跌价准备账面余额 ÷ 上期期末该类存货账面余额)× 因销售、债务重组、非货币性资产交换或者作为合并支付对价转出存货的账面余额

企业确定应当结转的存货跌价准备之后,应区分转出存货的具体用途进行相应的会计处理。若企业因销售而转出库存商品时,按照销售商品应负担的存货跌价准备,借记

“存货跌价准备”科目，贷记“主营业务成本”科目；若企业因销售而转出原材料时，按照销售原材料应负担的存货跌价准备，借记“存货跌价准备”科目，贷记“其他业务成本”科目；若企业因债务重组、非货币性资产交换或者作为企业合并支付对价转出存货时，应当按照债务重组、非货币性资产交换和企业合并的会计处理原则进行相应的会计处理。

[例7－33] 环龙公司将商品按照50 000元的价格予以销售，增值税额为8 000元，购货方尚未支付货款。该商品的账面成本为60 000元，环龙公司已对该商品计提存货跌价准备10 000元。

借：应收账款	58 000	
贷：主营业务收入		50 000
应交税费——应交增值税（销项税额）		8 000
借：主营业务成本	60 000	
贷：库存商品		60 000
借：存货跌价准备	10 000	
贷：主营业务成本		10 000

第四节　存货的清查

一、存货清查的目的和分类

企业为了保护存货的安全完整，做到存货账实相符，需要对存货进行清查。

存货清查按照清查的时间可以分为定期清查和不定期清查。其中有具体计划安排的清查为定期清查，这类清查主要集中在年末、季末、月末；由于某些突发事项或者仅仅作为内部控制的一个组成部分而进行的事先没有具体计划安排的存货清查为不定期清查。

存货清查按照清查的范围可以分为全面清查和局部清查。其中对企业的全部存货进行的清查为全面清查；仅仅对一部分存货进行的清查则为局部清查。定期清查和不定期清查都可以根据具体情况，选择全面清查或者局部清查。

企业至少应在每年年末编制财务报告之前，组织相关人员对企业的存货进行一次全面清查。

二、存货清查的方法和程序

企业进行存货清查的主要方法是实地盘点，账实核对。

企业进行存货盘点的具体程序包括：盘点前，一方面要将所有盘点范围的存货进行整理和排列，并且附上盘点标识，防止遗漏或者重复盘点；另一方面将已经收发的存货数量全部登记入账。盘点前还需要准备列明所有待查存货的编号、名称、规格和存放地点的盘点清册。盘点时，在盘点清册上逐一登记清查存货的账面结存数量、实有数量以及两者之间的差额。盘点后，对账实不符的存货进行核查，查明不符的原因，分清责任，将盘点结果登记在盘点报告单中。

需要注意的是，企业在进行盘点时，需要辨别存货的所有权归属，尤其是已售出但暂时存放于企业的存货；另外，盘点时不仅要对存货的数量进行账实核对，还要通过对存货质量的检查判断存货的账面价值是否恰当。

三、存货清查结果的会计处理

（一）存货清查结果

存货的清查结果可能有三种情况：盘点数量小于账面数量；盘点数量等于账面数量；盘点数量大于账面数量。盘点数量等于账面数量时，被称为"账实相符"，不需要进行任何会计处理。其他两种情况盘点数量不等于账面数量，统称为"账实不符"，其中，盘点数量小于账面数量被称为盘亏；盘点数量大于账面数量被称为盘盈。

（二）存货清查结果的会计处理

在相关部门对账实不符情况作出处理决定之前，为了临时反映企业存货"账实不符"的情况，需要设置"待处理财产损溢——待处理流动资产损溢"账户。该账户借方登记存货盘亏金额和结转的已处理盘盈金额，贷方登记存货的盘盈金额和结转的已处理盘亏金额，期末余额为零。有些企业有关账实不符的会计处理需要得到相关部门的批准，如果期末相关部门尚未批准企业对账实不符存货的处理方法，企业应先暂时按照自行的处理意见进行相应的会计处理；若相关部门最终的批准意见与企业自行的处理意见不符，应当调整公布批准意见当期财务报表的期初数。

1. 盘盈的会计处理。

盘点结果证明期末存货盘盈，应按照同类或类似存货的市场价格作为实际成本，借记"原材料"等科目，贷记"待处理财产损溢——待处理流动资产损溢"科目。若经查明，盘盈为收发计量误差造成，经股东大会、董事会，或经理（厂长）会议等类似机构批准后，结转"待处理财产损溢——待处理流动资产损溢"，同时冲减当期管理费用。

［例 7－34］环龙公司 2018 年 11 月 21 日对存货进行突击盘点，盘点结果显示盘盈 E 存货 15 千克，E 存货的市场价格为 500 元/千克，则盘盈存货成本为 7 500 元。

（1）根据"盘点报告单"确认存货盘盈。

借：原材料　　　　7 500

贷:待处理财产损溢——待处理流动资产损溢　　7 500

(2)查明盘盈原因,按照规定程序报经批准处理。

借:待处理财产损溢——待处理流动资产损溢　　7 500

贷:管理费用　　7 500

2. 盘亏的会计处理。

盘点结果证明期末存货盘亏,则按照盘亏存货的实际成本,借记"待处理财产损溢——待处理流动资产损溢"科目,贷记"原材料"等科目。

对于盘亏的存货,通过规定的批准程序后,应根据盘亏的原因,进行相应的会计处理。

(1)由于存货定额范围内的自然损耗、计量误差而产生的盘亏,属于存货的正常损耗,将盘亏存货的实际成本作为盘亏损失,计入"管理费用"。

(2)由于人为过失或者管理不善而产生的盘亏,属于存货的非正常损耗,与存货有关的增值税不允许抵扣,应自进项税额中转出,与盘亏存货的实际成本构成盘亏存货的总损失。盘亏存货的总损失扣除相应责任人赔偿后的净损失,计入"管理费用"。

(3)由于自然灾害产生的盘亏,属于存货的正常损耗,盘亏存货的实际成本作为盘亏存货的总损失。盘亏存货的总损失扣除相应责任人赔偿后的净损失,计入"营业外支出"。

[例7-35] 环龙公司在期末存货清查中发现原材料盘亏7 500元。环龙公司为一般纳税人,增值税税率为16%。

(1)根据"盘点报告单"确认盘亏。

借:待处理财产损溢——待处理流动资产损溢　　7 500

贷:原材料　　7 500

(2)经查明,盘亏是自然灾害造成的,因企业已进行财产保险,经过保险公司理赔,确定保险公司应赔偿6 000元。

盘亏总损失=7 500(元)

净损失=7 500-6 000=1 500(元)

借:其他应收款——××保险公司　　6 000

营业外支出　　1 500

贷:待处理财产损溢——待处理流动资产损溢　　7 500

知识延伸(一):存货的简化会计处理方法

前面两节介绍的存货收入、发出和结存的会计处理都是以存货的实际成本为计价基础的。当企业存货品种多、数量大时,以实际成本为计价基础的会计处理所需要的工作量就会非常大。为了简化会计人员的工作，针对不同类型的企业，形成了不同的简化会计处理方法，包括计划成本法和售价金额法。

一、计划成本法

（一）计划成本法的概念

计划成本法是指企业按照预先制订的计划成本对存货的入库、出库以及结存进行计价，单独记录存货实际成本与计划成本之间差异的一种会计处理方法。这种方法下，企业按照存货的实际成本记录存货的购入，在该存货验收入库或领用时只需要登记存货的入库出库数量而不需要进行相应的会计处理，月末，按照存货的计划成本记录存货的入库出库情况，并单独反映实际成本与计划成本之间的差异。

计划成本法较实际成本法有两方面的优势：一方面，计划成本法下，平时只需要记录存货的入库出库数量，不需要对存货的入库出库进行会计处理，月末按照计划成本一并处理，可以降低存货收发频繁企业会计处理的工作量；另一方面，通过比较存货计划成本和实际成本之间的差异，企业能够有效控制存货成本。

（二）账户设置

计划成本法下，为了反映存货的收入、发出、结存以及计划成本与实际成本之间差异的形成和分配，需要设置“材料采购”“原材料”“材料成本差异”三个账户。

1.“材料采购”账户。

“材料采购”账户用于记录企业购入存货的实际成本和入库存货的计划成本。该账户借方登记企业购入存货的实际成本以及结转入库存货实际成本低于计划成本的节支差异，贷方登记企业验收入库存货的计划成本以及结转入库存货实际成本高于计划成本的超支差异，期末余额在借方，反映企业已经购入但尚未验收入库存货的实际成本。

2.“原材料”账户。

“原材料”账户用于记录企业库存存货的计划成本。该账户借方登记企业验收入库存货的计划成本，贷方登记企业发出存货的计划成本，期末余额在借方，反映期末企业库存存货的计划成本。

3.“材料成本差异”账户。

“材料成本差异”账户用于记录企业购入存货的实际成本与计划成本的差异。借方登记入库存货实际成本大于计划成本的超支差异以及结转出库存货实际成本小于计划成本的节支差异；贷方登记入库存货实际成本小于计划成本的节支差异以及结转出库存货实际成本大于计划成本的超支差异；余额可能在借方也可能在贷方，借方余额表示期末库存存货应负担的实际成本大于计划成本的超支差异，贷方余额表示期末库存存货应负担的实际成本小于计划成本的节支差异。

（三）计划成本法下存货的会计处理

1. 存货取得。

计划成本法下，企业购入存货时，按照存货的实际成本，借记"材料采购"科目，按照税法中允许抵扣的增值税额，借记"应交税费——应交增值税（进项税额）"科目，按照实际的交易金额，依据具体的结算方式，贷记"银行存款""应付账款""应付票据"等科目。月末，按照已收到发票并验收入库存货的计划成本，借记"原材料"科目，贷记"材料采购"科目；同时，按照实际成本大于（或小于）计划成本的超支（或节支）差异，借（或贷）记"材料成本差异"科目，贷（或借）记"材料采购"科目。若企业有已验收入库但尚未收到发票等购货凭证的存货，应先按照计划成本对其暂估入账，借记"原材料"科目，贷记"应付账款——暂估应付账款"科目，待下月月初，再编制相同的红字记账凭证予以冲销，待发票等购货凭证到达后再进行相应的会计处理。

［例7－36］环龙公司2018年6月份购买一系列E存货的业务，该存货的计划成本为500元/千克。环龙公司为一般纳税人。

（1）4日，购入E存货100千克，取得的增值税专用发票中的存货价款为48 000元，增值税额为7 680元。环龙公司已用银行存款支付相关货款，该批存货已验收入库。

借：材料采购	48 000	
应交税费——应交增值税（进项税额）	7 680	
贷：银行存款		55 680

（2）12日，购买E存货150千克，取得的增值税专用发票中的存货价款为78 000元，增值税额为12 480元。该批存货已验收入库，环龙公司尚未支付该笔货款。

借：材料采购	78 000	
应交税费——应交增值税（进项税额）	12 480	
贷：应付账款		90 480

（3）18日，购买E存货200千克，存货已经验收入库，但是环龙公司尚未收到购货发票，也未付款。暂不进行会计处理。

（4）25日，购买E存货100千克，450元/千克，环龙公司以银行存款支付货款52 200元，其中购买价格为45 000元，增值税专用发票中标明的增值税额为7 200元。该存货尚未验收入库。

借：材料采购	45 000	
应交税费——应交增值税（进项税额）	7 200	

贷:银行存款　　　　52 200

(5)31 日,汇总记录已验收入库的 E 存货。

环龙公司 2018 年 3 月 E 存货总共验收入库 450 千克(100 + 150 + 200),其中 250 千克已经收到发票等购货凭证,另外 200 千克虽已验收入库,但是由于尚未收到发票等购货凭证,需要暂估入账。

借:原材料　　　　125 000

　　贷:材料采购　　　　125 000

借:原材料　　　　100 000

　　贷:应付账款——暂估应付账款　　　　100 000

结转本月已收到发票等购货凭证并且验收入库存货的材料成本差异。

存货的实际成本 = 48 000 + 78 000 = 126 000(元)

材料成本差异 = 126 000 − 125 000 = 1 000(元)

借:材料成本差异　　　　1 000

　　贷:材料采购　　　　1 000

2. 存货发出。

计划成本法下平时不需对发出存货进行会计处理,期末一并结转发出存货的实际成本。发出存货的实际成本应当包含两部分内容:存货的计划成本和应分摊的材料成本差异。

企业应当依据发出存货的具体用途,按照存货的单位计划成本与发出存货数量之积计算的发出存货的计划成本,借记“生产成本”“制造费用”“管理费用”等科目,贷记“原材料”科目。

材料成本差异应在本月发出存货和期末结存存货之间分摊。为了便于分摊材料成本差异,企业应当计算材料成本差异率。计算公式如下:

$$\text{本月材料成本差异率} = \frac{\text{月初结存材料成本差异} + \text{本月购入材料成本差异}}{\text{月初结存存货计划成本} + \text{本月购入存货计划成本}} \times 100\%$$

为了简化成本差异率的计算,也可以直接用月初材料成本差异率作为材料成本差异分配率。

$$\text{月初材料成本差异率} = \frac{\text{月初结存材料成本差异}}{\text{月初结存存货计划成本}} \times 100\%$$

需要注意的是,在计算材料成本差异率时,尚未收到发票等购货凭证暂估入账存货的计划成本不应包含在分母“计划成本”的计算之中。

发出存货应负担的材料成本差异 = 发出存货的计划成本 × 材料成本差异率

发出存货的实际成本 = 发出存货的计划成本 ± 发出存货应负担的材料成本差异

期末存货应负担的材料成本差异 = 月初结存材料成本差异 + 本月购入材料成本差

异－本月发出存货应负担的材料成本差异

期末存货的实际成本＝期末结存存货的计划成本±期末结存存货应负担的材料成本差异

按照发出存货的用途分别计算的发出存货应负担的材料成本超支差异，借记"生产成本""制造费用""管理费用"等科目，贷记"材料成本差异"科目。相应地，按照发出存货的用途分别计算的发出存货应负担的材料成本节支差异，借记"材料成本差异"等科目，贷记"生产成本""制造费用""管理费用"科目。

［例7－37］承上例，环龙公司2018年3月份发生了一系列发出E存货的业务：

（1）6日，生产车间领用100千克用于生产产品。

（2）10日，生产车间领用50千克用于维修机器设备。

（3）16日，管理部门领用80千克。

（4）20日，生产车间又领用120千克用于生产产品。

（5）24日，设备安装领用60千克。

假设该公司期初有E存货150千克，计划成本为75 000元（500×150），期初存货成本差异为节支差异600元。

（1）结转发出E存货的计划成本。

生产成本＝500×100＋500×120＝110 000（元）

管理费用＝500×（50＋80）＝65 000（元）

在建工程＝500×60＝30 000（元）

借：生产成本　　110 000

　　管理费用　　65 000

　　在建工程　　30 000

　　贷：原材料　　205 000

（2）计算材料成本差异率。

$$\text{本月材料成本差异率} = \frac{-600+1\ 000}{75\ 000+125\ 000} \times 100\% = 0.2\%$$

（3）分摊材料成本差异。

生产成本＝110 000×0.2%＝220（元）

管理费用＝65 000×0.2%＝130（元）

在建工程＝30 000×0.2%＝60（元）

借：生产成本　　220

　　管理费用　　130

　　在建工程　　60

　　贷：材料成本差异　　410

二、售价金额法

(一)售价金额法的概念

售价金额法是企业按照售价对库存商品的进、销、存进行计价的一种会计处理方法,是商业零售企业对存货的一种简化会计处理方法。这种方法下,企业按照进价记录商品购入后,平时只需按照售价记录商品的验收入库、结转售出商品的成本和确认相应的收入即可,月末再将收入中包含的增值税额和成本中包含的进价与售价之间的差异予以转出。

(二)账户设置

售价金额法下,为了反映商品的购入、入库、出售、结存以及进价与售价之间的差异,需要设置"在途物资""库存商品""商品进销差价"三个账户。

1."在途物资"账户。

"在途物资"账户用于记录购入商品的进价。借方登记企业购入商品的进价以及结转的商品进销差价,贷方登记企业验收入库商品的售价,期末余额在借方,反映企业已经购入但尚未验收入库商品的进价。

2."库存商品"账户。

"库存商品"账户用于记录库存商品的售价。借方登记企业验收入库商品的售价,贷方登记企业发出商品的售价,期末余额在借方,反映企业期末库存商品的售价。

3."商品进销差价"账户。

"商品进销差价"账户用于记录企业库存商品进价和售价之间的差异。借方登记结转售出商品的进销差价,贷方登记企业验收入库商品的进销差价,期末余额在贷方,反映企业期末库存商品的进销差价。

(三)售价金额法的会计处理

1.商品购入。

企业购入商品时,按照商品的进价,借记"在途物资"科目,按照税法中允许抵扣的增值税额,借记"应交税费——应交增值税(进项税额)"科目,按照实际的交易金额,依据具体的结算方式,贷记"银行存款""应付账款""应付票据"等科目。商品验收入库时,按照商品的售价,借记"库存商品"科目,按照商品的进价,贷记"在途物资"科目,按照进销差价,贷记"商品进销差价"科目。

[例 7-38] 环龙公司购买一批商品,进价为 20 000 元,增值税专用发票上标明的增值税额为 3 200 元,该批商品标签上标明的售价为 30 000 元。商品已验收入库。货

款已通过银行转账支付。

借:在途物资　　20 000
　应交税费——应交增值税(进项税额)　　3 200
　贷:银行存款　　23 200
借:库存商品　　30 000
　贷:在途物资　　20 000
　　商品进销差价　　10 000

2. 商品售出。

售价金额法下企业售出商品的会计处理相对复杂,主要包括以下步骤:

(1)企业售出商品时,首先按照商品的售价确认收入并结转成本。即按照商品的售价,借记“银行存款”科目,贷记“主营业务收入”科目;同时,按照商品的售价,借记“主营业务成本”科目,贷记“库存商品”科目。

(2)月末,将售价中包含的增值税额和成本中包含的商品进销差价予以转出。

①分解已售商品售价中包含的增值税额。首先将含税的售价转换为不含税售价,然后再计算相应的增值税额。

$$不含税售价 = \frac{含税售价}{1+增值税税率}$$

$$增值税额 = 不含税售价 \times 增值税税率$$

按照分解出的增值税额,借记“主营业务收入”科目,贷记“应交税费——应交增值税(销项税额)”科目。

②计算已售商品售价中包含的商品进销差价。首先计算用以分摊商品进销差价的商品进销差价率,然后计算本期应当分摊的商品进销差价。

$$商品进销差价率 = \frac{月末分摊前“商品进销差价”账户余额}{月末库存商品账户余额 + 本月主营业务成本} \times 100\%$$

$$本月已售商品应分摊的进销差价 = 本月主营业务成本 \times 商品进销差价率$$

按照计算的售出商品应当负担的商品进销差价,借记“商品进销差价”科目,贷记“主营业务成本”科目。

[例7-39] 环龙公司销售商品一批,该商品的售价为81 200元,货款已通过银行转账方式收取。假设环龙公司该月只有一笔销售业务,月末“商品进销差价”余额为13 500元,“库存商品”账户余额为8 100元。

(1)按照售价确认收入并结转成本。

借:银行存款　　81 200
　贷:主营业务收入　　81 200
借:主营业务成本　　81 200
　贷:库存商品　　81 200

(2)月末,将售价中包含的增值税额和成本中包含的商品进销差价予以转出。

①分解售价中包含的增值税额。

$$不含税售价 = \frac{81\ 200}{1 + 16\%} = 70\ 000(元)$$

增值税额 = 70 000 × 16% = 11 200(元)

借:主营业务收入　　11 200

　贷:应交税费——应交增值税(销项税额)　　11 200

②计算已售商品售价中包含的商品进销差价。

$$商品进销差价率 = \frac{13\ 500}{8\ 100 + 81\ 900} \times 100\% = 15\%$$

本月已售商品应分摊的进销差价 = 81 900 × 15% = 12 285(元)

借:商品进销差价　　12 285

　贷:主营业务成本　　12 285

知识延伸(二):存货收发凭证及明细账①

一、存货收发原始凭证

(一)存货收入原始凭证

存货收入是指将属于企业的存货按规定手续验收入库。企业收入的存货,主要从外部购入,还可能有自制、委托加工收回等不同来源。通常,收货部门(仓库)对不同来源的存货办理验收入库手续时,应填制规定的原始凭证。这些存货入库时需要填制的各种凭证,就是存货收入的原始凭证。存货收入原始凭证主要有以下几种:

1. 收货单。

制造业企业外购商品或商品流通企业购入商品,一般采用"收货单"办理入库手续。

收货单一般一式三联,一联作存根备查;其余二联同供货发票一并交仓储部门收货,其中一联由仓库保管员据以验货入库,并作为登记仓库商品明细的依据,另一联连同发票及其他结算凭证送财会部门,财会部门审核无误后,据以办理货款结算和登记存货账簿。收货单的一般格式见表 7-6。

① 引自杨全德:《财务会计实务》,中国财政经济出版社 2008 年版,第 137 ~ 143 页、第 158 ~ 161 页。

表7－6　收货单

商品类别：　　　　　　　　　　2018年　月　日　　　　　　　　　　编号：
仓库：

供货单位：					合同字号：		发票号：		
商品编号	品名	规格	等级	数量	单位	应收数	实收数	单价	金额

仓库负责人：　　　　　　　　　　交货人：　　　　　　　　　　验收人：

2. 收料单。

收料单亦称为入库单，通常是制造业企业外购材料等存货验收入库时填制的原始凭证。

收料单一般应在材料进库时由经办人填写，材料经仓库验收签证（其中“实收”栏由仓库按实收数填列），然后分别转送有关部门。收料单一式三联，一联送供应部门，据以检查供货合同执行情况；一联送交会计部门据以记账；一联留在仓库，据以进行材料明细记录。收料单的一般格式见表7－7。

表7－7　收料单

交库单位：　　　　　　　　　　　　　　　　　　　　　　编号：
交库原因：
材料类别：　　　　　　　　　　2018年　月　日　　　　　　　　　　仓库：

材料编号	材料名称	规格	计量单位	数量		单价	金额	备注
				应收	实收			

仓库负责人：　　　　　　　　　　交货人：　　　　　　　　　　验收人：

3. 材料交库单。

企业生产中回收的残料、废料和自制加工完成的材料，应当采用材料交库单办理入库手续。

材料交库单一般一式三联，随同材料送交材料仓库，仓库保管员签收后，一联留存仓库据以登记库存材料明细账；一联退给交料部门留存备查；另一联送交财会部门，据以进行材料收入的记录。材料交库单的一般格式见表7－8。

表 7－8　材料交库单

交库单位：　　　　　　　　　　　　　　　　　　　　　　　编号：

交库原因：

材料类别：　　　　　　　　2018 年　月　日　　　　　　　　仓库：

材料编号	材料名称	规格	计量单位	数量		单价	金额	备注
				应收	实收			

仓库负责人：　　　　　　　　　交货人：　　　　　　　　　验收人：

4. 委托加工物资入库单。

企业委托外单位加工收回的存货，如原材料、包装物、低值易耗品等，应采用专用的"委托加工物资入库单"办理入库手续。"委托加工物资入库单"的联数、移送传递及其作用等，与"材料交库单"一致，在委托加工业务不是很频繁的企业，可以"材料交库单"或"收料单"代替使用。"委托加工物资入库单"的一般格式见表 7－9。

表 7－9　委托加工物资入库单

加工单位：　　　　　　　　　　　　　　　　　　　　　　　编号：

合同编号：

存货类别：　　　　　　　　2018 年　月　日　　　　　　　　仓库：

加工完成收回物资					耗用材料			运杂费	加工费	税金	实际成本
编号	名称规格	计量单位	数量		材料名称及规格	数量	实际成本				
			应收	实收							

仓库负责人：　　　　　　　　　　　　　　　　　　　　　验收人：

5. 产成品入库单。

企业生产车间加工完成的产品，应当采用"产成品入库单"办理入库手续。由于成本记录的特殊性，产成品入库单平时无法进行标价，只能据以进行产成品明细账的数量记录。实际工作中，一般于月末根据"产成品入库单"和生产成本记录资料汇总编制"产成品入库汇总表"，作为产成品收入总分类记录的依据。

"产成品入库单"一般由车间按照交库数量填写，送交仓库进行验收，并由车间和仓库双方签章。"产成品入库单"通常一式三联，车间、仓库各留一联，一联送财会部门,据以登记有关账簿。"产成品入库单"的一般格式见表7-10。

表7-10　产成品入库单

交库单位:　　　　　　　　2018年　月　日　　　　　　　　编号:

产品名称	规格	计量单位	数量	交付数量	入库数量	备注

检验:　　　　　　　　仓库验收:　　　　　　　　车间交件:

(二)存货发出的原始凭证

企业发出存货,不论是车间或部门领用,还是对外销售,都要由企业的有关部门、车间办理领取手续,填制必要的存货发出凭证,并经有关人员签证。只有经过审核签证的、合法的存货发出凭证,才能作为存货发出的记录依据。存货发出凭证主要有下列几种:

1. 发货单。

仓库发出产品或商品,主要是用于销售。企业销售部门销售产品时,应填制产品出库凭证,通知成品仓库和运输部门办理产品出库手续,并由销售部门开出"发货单",作为企业与购货单位办理货款结算的凭证。"发货单"一般是销售发票的一个副联,即为简化业务手续,企业可以把存货发出的出库凭证与销售发票结合在一起使用。在销货时,填制一式三联的发货单,一联是存根,由填制部门留存;一联作为销售凭证,交财会部门,据以办理结算和记账;一联作为提货的出库凭证,仓库保管员凭以发货并据以登记存货明细账。"发货单"格式见表7-11。

表7-11　发货单

运输方式:

购货单位:　　　　　　　　2018年　月　日　　　　　　　　编号:

产品编号	产品名称规格	计量单位	数量	单价	金额	备注

销售部门负责人:　　　　发货人:　　　　提货人:　　　　制单:

2. 领料单。

"领料单"是一种一次使用有效的领发料凭证。它适用于临时性需要或没有消耗定额的各种材料的领用。"领料单"应由领料部门填制,经负责人签章后据以办理领料手续。为了便于分类和汇总,领料单一般一式三联,其中一联由仓库连同发出的材料退给领料部门备查,一联留仓库据以登记材料明细账或材料卡片,一联由仓库交财会部门，据以进行材料费用记录。“领料单”的一般格式见表 7－12。

表 7－12　领料单

领料单位：　　　　　　　　　　　　　　　　　　　　　　　　　　编号：

材料用途：　　　　　　　　　2018 年　月　日　　　　　　　　　　仓库：

材料编号	材料类别	材料名称	材料规格	计量单位	数量		材料成本	
					应收	实收	单位成本	金额

记账凭证：　　　　发料：　　　　领料主管：　　　　制单人：

3. 限额领料单。

“限额领料单”是一种在规定的领用限额内，可以多次使用的累计发料凭证。它适用于经常需要并规定有消耗定额的各种材料的领用。“限额领料单”通常由生产部门会同供应部门，根据车间生产计划、材料消耗定额以及有关资料计算各种材料计划用量，按照领用的各种材料编制限额领料单。“限额领料单”为一式两联，经计划部门和供应部门签章后，一联送交领料单位据以领料；另一联送交仓库据以发料。“限额领料单”的一般格式见表 7－13。

表 7－13　限额领料单

材料类别：

领料车间（部门）：　　　　　　　　　　　　　　　　　　　　　　编号：

材料用途：　　　　　　　　　2018 年　月　日　　　　　　　　　　仓库：

<table>
<tr><td rowspan="2">材料编号</td><td rowspan="2">材料名称</td><td rowspan="2">规格</td><td rowspan="2">计量单位</td><td rowspan="2" colspan="2">领用限额</td><td colspan="4">实际领用</td><td rowspan="2">备注</td></tr>
<tr><td>数量</td><td colspan="2">单位成本</td><td>金额</td></tr>
<tr><td></td><td></td><td></td><td></td><td colspan="2"></td><td></td><td colspan="2"></td><td></td><td></td></tr>
<tr><td rowspan="2">日期</td><td colspan="2">请领</td><td colspan="3">实发</td><td colspan="4">退回</td><td rowspan="2">限额结余</td></tr>
<tr><td>数量</td><td>领料单位</td><td>数量</td><td>发料人</td><td>领料人</td><td>数量</td><td>领料人</td><td colspan="2">退料人</td></tr>
<tr><td></td><td></td><td></td><td></td><td></td><td></td><td></td><td></td><td colspan="2"></td><td></td></tr>
<tr><td>合计</td><td></td><td></td><td></td><td></td><td></td><td></td><td></td><td colspan="2"></td><td></td></tr>
</table>

生产计划部门负责人：　　　　　供应部门负责人：　　　　　仓库负责人：

4. 委托加工物资出库单。

企业将存货发出并委托外单位加工时，一般由供应部门根据合同填制“委托加工物资出库单”。“委托加工物资出库单”一式三联，一联送财会部门，据以登账记录；一联送仓库据以发料；一联随同加工存货交加工单位。“委托加工物资出库单”的一般格式见表 7－14。

表 7－14　委托加工物资出库单

材料类别：　　　　　　　　　　　　2018 年　月　日

加工单位：　　　　　　　　　　　　　　　　　　　　　　编号：

合同编号：　　　　　　　　　　　　　　　　　　　　　　仓库：

加工要求：

材料编号	材料名称规格	计量单位	数量	单位成本	金额	备注

记账：　　　　　　　　　　　　发料：　　　　　　　　　　　　制单：

5. 退料单。

对于已领未用的多余或不再需用的材料等存货，应填制“退料单”办理退料。月末，对于本月已领未用而下月继续需用的材料，可以同时填制本月份的“退料单”和下月份的“领料单”，而将材料留存在车间或部门。这种做法一般被称为“假退料”。“退料单”应由退料单位填制，一式三联，一联由仓库收料后退回退料部门；一联留存仓库据以登记材料明细账；一联交财会部门据以记账。“退料单”的一般格式见表 7－15。

表 7－15　退料单

退料单位：　　　　　　　　　　　　　　　　　　　　　　编号：

原领料用途：　　　　　　　　　　2018 年　月　日　　　　仓库：

退料原因：

材料编号	材料类别	材料名称	材料规格	计量单位	数量		实际成本	
					退库	实收	单位成本	金额
备注								

记账凭证：　　　　收料：　　　　退料部门负责人：　　　　退料人：

二、存货汇总凭证

由于存货发出业务频繁，存货发出凭证数量大，为了简化记录工作，平时一般只根据存货发出原始凭证登记存货明细账，而不直接根据存货发出凭证编制记账凭证。日常对已签收的存货发出原始凭证，按各类存货的不同用途，陆续进行分类整理。月末，再根据分类汇总的存货发出原始凭证编制“存货发出汇总表”，据以进行存货发出的总分类记录。以发出材料为例说明存货发出汇总表。“发出材料汇总表”的一般格式见表 7－16。

表 7－16 发出材料汇总表

2018 年 月

应借账户 / 应贷账户		生产成本		制造费用		管理费用	其他业务成本	在建工程	合计
		基本生产	辅助生产	基本生产	辅助生产				
原材料	原料及主要材料								
	辅助材料								
	外购半成品								
	燃料								
合计									

三、存货明细分类账

存货明细分类记录包括数量记录和价值记录两个部分。存货的收发、库存的数量记录，由仓库人员负责，价值记录由财会人员负责。根据这一要求，企业可以采用“账卡分设”或“账卡合一”的方式进行存货的明细记录。以材料明细分类账为例进行说明。

（一）“账卡分设”方式

“账卡分设”是指仓库设置材料卡片，记录各种材料收发结存的数量；财会部门设置材料明细分类账，记录各种材料收发存的数量和金额。

仓库开设的“材料卡片”应按材料的品种、规格开设，根据收发料凭证，按日逐笔登记，序时反映各种材料收发结存的实际数量，并按材料类别和编号顺序排列，或按类别装订成活页账，以便保管。材料卡片的格式见表 7－17。

表 7－17 材料卡片

卡片编号：

原材料二级账：原料及主要材料　　　存放仓库：

材料编号：　　　计量单位：

材料类别：　　　最高储备量：

材料名称：　　　最低储备量：

2018 年		凭证		收入数量	发出数量	结存数量	稽核	
月	日	名称	编号				日期	签章

财会部门设置材料明细账，应采用数量金额式的明细账，按材料品种、规格设置，采用收、发、余三栏，分别记录“数量”“单价”和“金额”三项内容。其收入栏根据收料凭证

序时逐笔登记；发出栏中的数量可根据发料凭证序时逐笔登记，但单价和金额应根据发出材料的计价方法加以确定，并进行登记。数量金额式的明细账格式见表7-18。

表7-18　原材料明细账

材料名称：　　　　　　　　　　　　　　　　　　　　计量单位：元，件

2018年		记账凭证		摘要	收入			发出			结余		
月	日	类别	号数		数量	单价	金额	数量	单价	金额	数量	单价	金额
10	1			期初结存									
10	31			合计									

（二）“账卡合一”方式

“账卡合一”是指仓库按品种、规格设置的材料卡片与财会部门设置的材料明细分类账合并，实行“账卡合一”，即把材料卡片和材料明细分类账合并设置为一套数量金额式的“原材料明细账”。这套账平时放在仓库，由仓库保管员根据收发凭证序时逐笔登记收、发数量并逐日结出结存数；财会部门的材料会计定期到仓库稽核、收单，并在材料收发凭证上标价以及在材料明细账上登记金额。

在一般企业中，按品种、规格开设的“原材料明细账”的数量是很多的。为了便于进行明细账和总账之间的核对和掌握各类材料的收发动态状况，通常在每本（或每类）“原材料明细账”前面设置“汇总账页”，登记原材料收发结存的金额。“汇总账页”可以定期或月终根据稽核后的收发料凭证登记，其结存金额应与该项“原材料明细账”的结存金额之和核对相符。“汇总账页”的一般格式见表7-19。

表7-19　汇总账页

账户：原材料

类别：原料及主要材料　　　　　　　　　　　　　　　　计量单位：元

2018年		收入		发出		结存金额
月	日	凭证张数	金额	凭证张数	金额	
6	1					
	1~10					
	11~20					
	21~30					
	30					

采用“账卡合一”的企业，财会部门为掌握各类材料的收、发、结存动态，还须按材料大类设置明细账，进行二级分类记录。材料的二级分类账可采用三栏式，也可采用多

栏式。采用三栏式的可按材料类别设置二级账户，采用多栏式的可按二级账户设置专栏。“材料二级分类账”一般是定期或月末汇总登记的，可以按收发凭证直接汇总登记，也可以根据“收料凭证汇总表”和“发料凭证汇总表”登记。多栏式二级账户的格式见表 7－20。

表 7－20　原材料二级账

账户：原材料　　　　计量单位：元

2018 年		凭证号数	摘要	原料及主要材料	辅助材料	燃料	外购半成品	合计
月	日							
1	1		期初余额					
	10		1～10 收入					
	10		1～10 发出					
	31		本月收入合计					
	31		本月发出合计					
	31		本月结存					

【本章主要参考文献】

［1］中华人民共和国财政部：《企业会计准则 2006》，经济科学出版社 2006 年版。

［2］中华人民共和国财政部：《企业会计准则：应用指南 2006》，中国财政经济出版社 2006 年版。

［3］财政部会计司编写组：《企业会计准则讲解 2006》，人民出版社 2007 年版。

［4］财政部会计资格评价中心：《中级会计实务》，经济科学出版社 2007 年版。

［5］葛家澍：《中级财务会计学》（上）（第二版），中国人民大学出版社 2003 年版。

［6］刘永泽、陈立军：《中级财务会计》，东北财经大学出版社 2007 年版。

［7］钟安石、闫守常：《中级财务会计学》，经济科学出版社 2006 年版。

［8］赵春萍：《财务会计与实务》，清华大学出版社 2008 年版。

［9］杨全德：《财务会计实务》，中国财政经济出版社 2008 年版。

【实训练习题】

1. 甲公司存货的会计处理采用实际成本法，6 月份发生如下业务：

（1）6 月 1 日，上月末暂估 A 材料的成本为 150 000 元，于本月冲回。

（2）6 月 3 日，从乙公司购入 A 材料 10 吨，每吨售价 3 000 元，取得增值税专用发票一张，专用发票上列明货款 30 000 元，增值税 4 800 元，货物已验收入库，同时签发转账支票一张，用于支付购货款。

（3）6 月 6 日，从丙公司购入 B 材料 50 吨，每吨售价 700 元，取得增值税专用发票一张，专用发票上列明货款 35 000 元，增值税 5 600 元，货物已验收入库，货款未付，付款条件为2/10,1/20,n/30。

(4)6月7日,从丁公司购入C材料100吨,每吨售价1 600元,取得增值税专用发票一张,专用发票上列明货款160 000元,增值税25 600元,货物已验收入库,同时交给丁公司一张金额为190 000元的银行汇票。

(5)6月9日,收到开户银行转来的银行汇票余款退款通知。

(6)6月13日,从乙公司购入A材料50吨,每吨售价3 000元,取得增值税专用发票一张,专用发票上列明货款150 000元,增值税24 000元,签发一张面值为174 000元、期限6个月的银行承兑汇票交给乙公司。货物尚未收到。

(7)6月16日,签发支票一张,支付6月6日从丙公司购货的货款。

(8)6月17日,收到上月末暂估A材料的增值税专用发票,专用发票上列明货款150 000元,增值税24 000元,签发转账支票一张,用于支付购货款。

(9)6月19日,从戊公司购入D材料60吨,每吨售价2 000元,取得增值税专用发票一张,专用发票上列明货款120 000元,增值税19 200元,货物已验收入库。同时,戊公司转来垫付运输费用增值税专用发票一张,不含税金额3 600元,增值税360元。货款未付。

(10)6月25日,收到6月13日从乙公司购入的A材料,实收数量49吨,短缺1吨,原因待查。

(11)6月26日,以汇兑方式向乙公司预付E材料款10 000元。

(12)6月28日,从乙公司购入材料短缺的原因已查明,系乙公司少发货,乙公司同意退还多收的货款,从乙公司取得转账支票一张。

(13)6月29日,收到乙公司发来E材料100吨并已验收入库,同时收到增值税发票,发票中列明存货价款90 000元,增值税14 400元。乙公司还转来垫付运输费增值税专用发票一张,金额2 000元,增值税200元。甲公司签发转账支票一张用以补付货款及运费。

(14)6月30日,甲公司接受乙公司捐赠的货物一批,乙公司提供增值税专用发票一张,列明货款500 000元,增值税80 000元。甲公司签发支票一张,支付该批货物的运输费用3 000元,取得增值税普通发票。捐赠的货物已验收入库,甲公司将受赠的货物作为本企业的原材料。

要求:根据上述业务编制会计分录。

2. 甲公司与乙公司签订委托加工协议,委托乙公司加工烟丝。相关业务如下:

(1)8月6日,甲公司根据协议,发出烟叶5吨,每吨的实际成本60 000元。

(2)8月6日,签发转账支票一张,支付运输公司的运输费用10 000元,增值税1 000元,取得增值税专用发票。

(3)8月25日,加工结束,根据协议应支付乙公司加工费20 000元,增值税3 200

元,烟丝的消费税税率为30%,签发转账支票一张,支付加工费、增值税和消费税。

(4)8月26日,运回委托加工的烟丝,同时签发转账支票一张,支付运输公司运输费用11 000元,增值税1 100元,取得增值税专用发票。

(5)8月27日,委托加工的烟丝验收入库,未发生短缺。

要求:(1)如果收回的烟丝直接对外销售,根据上述业务编制会计分录。

(2)如果收回的烟丝用于继续生产应交消费税的卷烟,根据上述业务编制会计分录。

3. 甲公司月初A材料结存金额为5 000元,数量250公斤;本月2日和20日分别购买A材料100公斤,单价分别为22元和27元;本月22日生产领用A材料400千克。

要求:分别采用先进先出法和月末一次加权平均法计算本月发出存货的成本,并编制发出存货的会计分录。

4. 2018年3月15日,甲公司生产车间领用专用工具一批,该批专用工具实际成本为5 000元。6月15日该批专用工具报废,企业选用五五摊销法对其进行摊销。

要求:(1)编制生产车间领用专用工具时的会计分录。

(2)编制专用工具报废时的会计分录。

5. 甲公司领用全新包装物一批15件,将其出租给乙公司使用,租期1个月。该批包装物成本为100元/件。双方约定,包装物租金为10元/件;为了防止包装物受损,甲公司在出租包装物时收取押金110元/件。租赁开始日,乙公司仅需将押金支付给甲公司,待将包装物退回时,甲公司将扣除租金后的押金予以退还。租赁到期,乙公司仅退回10件包装物,其余5件已被损坏,因此,甲公司仅退还10件退回包装物扣除租金后的押金,其余5件受损包装物押金不退,也不再另外收取租金。假设款项的收付都是银行存款。该包装物适用的增值税税率为16%。

要求:根据上述业务,编制相关的会计分录。

6. 甲公司期末A原材料的账面余额为100万元,数量为10吨。该原材料专门用于生产与乙公司签订合同中约定的20台A产品,每台售价10万元(不含增值税,本题下同)。将该原材料加工成20台A产品尚需加工成本总额为95万元。估计销售每台A产品尚需发生相关税费1万元(不含增值税,本题下同)。本期期末,市场上该原材料每吨售价为9万元,估计销售每吨原材料尚需发生相关税费0.1万元。假设该存货跌价准备的期初余额为5万元。

要求:(1)计算A存货的可变现净值。

(2)判断该存货本期是否减值,若发生减值,编制计提减值准备的会计分录。

7. 甲公司资产负债表日存货采用成本与可变现净值孰低法计价,2018年初"存货跌价准备——A产品"科目余额为100万元,库存B材料未计提跌价准备。2018年12月31日,"原材料——B材料"科目余额为1000万元,"库存商品——A产品"科目余额为500万元。库存B材料将全部用于生产C产品共计100件,每件产品承担直接材料费10万元。80件C产品已签订了不可撤销合同,合同价格12.50万元/件(不含增值税,本题下同)。2018年12月31日,C产品的市场售价为11万元/件。预计生产C产品还需发生除B材料以外的加工成本为1万元/件,预计销售C产品需发生的相关税费为0.50万元/件;A产品的市场价格总额为350万元,预计销售A产品发生的相关税费总额为18万元。

要求:(1)计算2018年12月31日库存B材料应计提的存货跌价准备。

(2)计算2018年12月31日库存A产品应计提的存货跌价准备。

(3)编制2018年12月31日计提存货跌价准备的会计分录。

8.甲公司为增值税一般纳税人,适用增值税税率为16%。2018年12月31日库存电子设备13 000台,单位成本1.4万元,其中与乙公司在11月10日签订不可撤销合同,以每台1.6万元(不含增值税,本题下同)的价格销售电子设备10 000台,2019年1月6日交货。2018年12月31日,该电子设备的市场销售价格为1.4万元/台,预计销售税费为0.1万元/台。2019年1月6日,向乙公司交货,收到货款,存入银行。1月29日以每台1.2万元的价格销售电子设备100台,货款未收。假定该电子设备存货跌价准备的期初余额为零,截止到2019年1月31日未增加该电子设备。

要求:(1)计算甲公司2018年12月31日应计提多少跌价准备。

(2)编制2018年末计提存货跌价准备的会计分录。

(3)编制2019年有关销售业务的会计分录。

9.甲公司生产A产品,2018年末A商品库存100 000千克,单位成本20元,跌价准备余额为18万元。2019年销售60 000千克,每公斤售价(不含增值税)18元,增值税税率16%。货已发出,货款未收。2019年末,因原计提跌价准备的因素已经消失,未销售的A商品的可变现净值为730 000元。

要求:根据上述业务,编制相关业务的会计分录。

10.2018年年终前,甲公司对其存货进行了盘点,发现如下存货账实不符:

(1)A材料盘盈100千克,其市场价格为每公斤80元。

(2)B材料盘亏80千克,账面价值40 000元。

(3)经查明,盘盈的A材料系计量误差所致;盘亏的B材料系管理不善,发生盗窃所致。经研究决定,由保管员赔偿10 000元,赔款尚未收到。其余损失由企业承担。

要求:根据上述资料,编制相关交易的会计分录。

CHAPTER 8 第八章 固定资产

【学习目标】

1. 了解固定资产的概念及分类。

2. 掌握固定资产初始计量的要求及从不同渠道取得固定资产的会计处理。

3. 掌握固定资产折旧的概念、方法及其计提折旧的会计处理；掌握固定资产后续支出的会计处理。

4. 了解固定资产处置的原因，掌握不同情况下处置固定资产的会计处理。

固定资产是生产经营过程中的劳动资料，是构成生产经营活动的三要素之一。与构成生产经营活动三要素的劳动对象相比，劳动资料一旦取得后，可以在较长时间（超过 1 年）为企业提供服务，并且在提供服务期间不改变其实物形态。根据这一特征，会计上，把为企业提供服务而不改变实物形态的劳动资料归为一类，称为固定资产。

第一节　固定资产的概念与分类

一、固定资产的概念

固定资产是指使用寿命超过一个会计年度的，为生产商品、提供劳务、出租或经营管理而持有的有形资产。

从上述固定资产的概念中可以看出，固定资产与其他资产相比，其主要特征有：

1. 固定资产的使用寿命超过一年。使用寿命为企业使用固定资产的预计期间，或者该固定资产所能生产产品或提供劳务的数量。固定资产的这一特点使它与流动资产相区别。固定资产使用寿命超过一个会计年度,意味着固定资产属于非流动资产,随着使用和磨损,通过计提折旧的方式逐渐减少账面价值。

2. 企业持有固定资产的目的是为生产商品、提供劳务、出租或经营管理提供服务。根据这一特征,可以区分固定资产与固定资产生产厂家的存货,比如远航公司持有船舶是为了提供劳务,造船厂是将船舶作为产品而持有,其持有船舶的目的是出售,因而,同一艘船舶对远航公司而言是一项固定资产,对造船厂来说则是一项存货。另外,由于企业持有长期投资的目的是为了通过分配获得收益,与固定资产的持有目的明显不同,根据这一特征还可以区分固定资产与长期投资。需要注意的是,以经营租赁方式出租的建筑物应当作为投资性房地产,不属于固定资产范畴。

3. 固定资产是有形资产。这一特征使固定资产与无形资产相区分。有些无形资产可能符合固定资产的其他特征,如无形资产是为生产商品、提供劳务而持有,使用寿命超过一个会计年度,但是由于其没有实物形态,所以不属于固定资产。

二、固定资产的分类

企业的固定资产形态各异,种类繁多,其性质可能会有很大不同。为了加强对固定资产的管理,可以根据不同的标准对固定资产进行分类。

(一)按经济用途划分

按固定资产的经济用途,可分为生产经营用固定资产和非生产经营用固定资产。

生产经营用固定资产是指直接服务于企业生产、经营过程的各种固定资产,如生产经营用的房屋、建筑物、机器、机械、设备、器具、工具等。

非生产经营用固定资产是指不直接服务于生产、经营的固定资产,如作为职工宿舍、食堂、浴室、理发室等使用的房屋、设备和其他固定资产等。

(二)按使用情况分

固定资产按其使用情况,可分为在用固定资产、未使用固定资产和不需用固定资产。

1. 在用固定资产。

在用固定资产是指企业正在使用或视同在用的各项固定资产,如季节性停用或大修理等原因暂时停用的固定资产及未使用的房屋及建筑物等。

2. 未使用固定资产。

未使用固定资产是指已完工或已购建的尚未交付使用的新增固定资产和因进行改建、扩建等原因暂停使用的固定资产,以及经批准停止使用的固定资产。

3. 不需用固定资产。

不需用固定资产是指已不适合本企业需要(但可能为其他企业需用)等待处置的固定资产。

固定资产按使用情况分类,可以通过及时处置不需用固定资产,将未使用固定资产尽早投入使用,提高固定资产的利用效率。

(三)固定资产按所有权划分

固定资产按所有权,可分为自有固定资产和租入固定资产。

1. 自有固定资产。

自有固定资产是指企业可以自行处置的固定资产,企业对自有固定资产拥有所有权。

2. 租入固定资产。

租入固定资产是指企业采用租赁方式从其他单位租入的固定资产。企业对租入固定资产依照租赁合同拥有使用权,同时负有支付租金的义务,但固定资产的所有权属于出租单位。租入固定资产可分为经营性租入固定资产和融资租入固定资产两类。

(四)按固定资产的来源渠道分

固定资产按来源渠道,可分为外购的固定资产、自行建造的固定资产、投资者投入的固定资产、融资租入的固定资产、债务重组取得的固定资产、非货币性资产交换取得的固定资产、接受捐赠的固定资产和盘盈的固定资产等。

第二节 固定资产的初始计量

一、固定资产的初始计量

固定资产的初始计量是确定固定资产取得时的入账价值,应当按照成本进行初始计量。成本包括企业为取得固定资产并达到预定可使用状态前所发生的一切合理的、必要的支出。由于固定资产的取得渠道不同,其成本的构成内容和具体的确定方法也不尽相同。

二、账户设置

为记录从不同渠道取得的固定资产,企业应设置“固定资产”“工程物资”和“在建工程”总账。

“固定资产”账户属于资产类账户，总括反映固定资产原值的增减变动和结存情况，借方登记企业增加固定资产的原值，贷方登记企业减少的固定资产原值，期末余额在借方，反映企业现有的固定资产原值。

“工程物资”账户属于资产类账户，反映企业为基建工程、安装工程、技术改造工程和大修理工程而准备的工程物资实际成本的增加、减少和结存情况，借方登记购入工程物资的实际成本，贷方登记领用的工程物资的实际成本，期末余额在借方，反映企业结存的各项工程物资的实际成本。

“在建工程”账户属于资产类账户，反映企业进行基建工程、安装工程、技术改造工程和大修理工程等发生的实际支出，包括需要安装的设备的价值，借方登记各项工程发生的实际成本，贷方登记结转的完工工程成本，期末余额在借方，反映期末未完工工程结存的实际成本。

企业对于达到可使用状态的固定资产，除设置“固定资产”总账进行记录外，还需设置“固定资产登记簿”和“固定资产卡片”明细账，按固定资产类别、使用部门对每项固定资产进行明细记录。固定资产登记簿和固定资产卡片的参考格式分别如表 8－1 和表 8－2 所示。

表 8－1　固定资产登记簿

类别：　　　　　　　　　　　　　　　　　　　　　　　　单位：元

年		记账凭证		摘要	一车间		二车间		…	合计	
月	日	字	号		增加	减少	增加	减少	…	增加	减少

企业应为每项固定资产设置一张固定资产卡片，即一物一卡。凡是新增一项固定资产，都应根据固定资产有关交接凭证开设一张新卡片。固定资产减少时应及时注销。为了防止卡片遗失，企业固定资产管理部门可将所有卡片存放在卡片箱内，按使用部门和类别顺次排列。

表 8－2　固定资产卡片

（正面）

固定资产类别	
卡片编号	

固定资产编号		名称		原始价值		预计使用年限		年折旧率		年折旧额	
计量单位		规格、型号、技术特征				预计残值		月折旧率		月折旧额	
购建年月		建筑部门或制造工厂									
开始使用年月											

原始价值变动记录					
日期	凭证	摘要	增加金额	减少金额	变动后原始价值

使用、保管单位和内部转移记录				停用记录		
日期	凭证	使用、保管单位	存放地点	停用原因	开始停用日期	重新动用日期

原始价值分析				
主体设备	名称及规格	单位	数量	金额
附属设备	名称及规格	单位	数量	金额
	安装费			

（反面）

大修理记录				技术改造记录		备注
日期	凭证	摘要	金额	日期	内容	

调出记录				清理记录			
日期		调入单位名称		日期		原始价值	
调拨单号		实际已使用年限		清理凭证号数		累计已提折旧	
原始价值		尚可使用年限		清理原因		清理费	
其中：安装费		累计已提折旧		实际已使用年限		变价收入	

设卡日期　　　　注销日期

卡片登记人

三、外部购入固定资产

外部购入固定资产的成本,包括买价、进口关税、使固定资产达到预定可使用状态前所发生的可归属于该项资产的运输费、装卸费、安装费和专业人员服务费等。

企业外购固定资产过程中支付的增值税,在符合抵扣条件的情况下,不构成外购固定资产的成本,作为进项税额处理;不符合抵扣条件的增值税,构成外购固定资产成本。

(一)不需要安装的固定资产

企业购入的不需要安装的固定资产,按照确定的固定资产成本,借记“固定资产”科目,按照税法允许抵扣的增值税,借记“应交税费——应交增值税(进项税额)”科目,贷记“银行存款”“应付账款”“应付票据”或“长期应付款”等科目。

[例8-1] 远华公司购入一台不需要安装的设备,取得增值税专用发票上注明的买价为60 000元,增值税额9 600元,支付的运输费用取得增值税专用发票,其中不含增值税价格500元,增值税50元,款项以银行存款支付。

固定资产的初始计量成本=60 000+500=60 500(元)

允许抵扣的增值税=9 600+50=9 650(元)

借:固定资产	60 500	
应交税费——应交增值税(进项税额)	9 650	
贷:银行存款		70 150

(二)需要安装的固定资产

外部购入的需要安装的固定资产,按照外购价款、相关费用以及企业为使固定资产达到预定可使用状态前所支付的相关安装费,先借记“在建工程”科目,待固定资产交付使用之后,再将其转入“固定资产”科目。

[例8-2] 大华公司购入需要安装的全新设备一台,价款30 000元,增值税4 800元,以银行存款支付。设备安装过程中领用库存材料2 000元,支付安装工人的工资2 000元。安装完毕已交付生产使用。

(1)企业购入需要安装的全新设备

借:在建工程	30 000	
应交税费——应交增值税(进项税额)	4 800	
贷:银行存款		34 800

(2)发生安装费用

借:在建工程	4 000	
贷:原材料		2 000

应付职工薪酬　　2 000

(3)安装完毕交付使用

借:固定资产　　34 000

贷:在建工程　　34 000

(三)外购固定资产的特殊考虑

1. 若企业以一笔款项购入多项没有单独标价的固定资产,则应当按照各项固定资产公允价值比例对总成本进行分配,分别确定各项固定资产的成本。

[例8-3] 2018年4月1日,甲公司为降低采购成本,向乙公司一次购进了三套不同型号且具有不同生产能力的设备A、B和C。甲公司为该批设备共支付货款7 800 000元,增值税税额1 248 000元,以银行存款支付。假定设备A、B和C均满足固定资产的定义及其确认条件,公允价值分别为2 926 000元、3 594 800元、1 839 200元,不考虑其他相关税费。

甲公司的会计处理如下:

(1)确定计入固定资产成本的金额。

固定资产成本=7 800 000(元)

(2)确定设备A、B和C的成本分配比例。

A设备应分配的固定资产成本比例=2 926 000÷(2 926 000+3 594 800+1 839 200)=35%

B设备应分配的固定资产价值比例=3 594 800÷(2 926 000+3 594 800+1 839 200)=43%

C设备应分配的固定资产价值比例=1 839 200÷(2 926 000+3 594 800+1 839 200)=22%

(3)确定设备A、B和C各自的入账成本。

A设备的入账成本=7 800 000×35%=2 730 000(元)

B设备的入账价值=7 800 000×43%=3 354 000(元)

C设备的入账价值=7 800 000×22%=1 716 000(元)

(4)编制会计分录。

借:固定资产——A　　2 730 000

——B　　3 354 000

——C　　1 716 000

应交税费——应交增值税(进项税额)　　1 248 000

贷:银行存款　　9 048 000

2. 企业通过分期付款方式购买固定资产,如果具有融资性质,购入固定资产的成本就不能以各期付款额之和确定,而应以各期付款额的现值之和确定,也就是说,要考虑货币的时间价值，采用一定的折现率进行折现。

按购买价款的现值计入“固定资产”或“在建工程”科目，按允许抵扣的增值税，借记“应交税费——应交增值税（进项税额）”科目，按照企业应支付的金额贷记“长期应付款”科目，按支付的价款，贷记“银行存款”等科目，借贷方之间的差额借记“未确认融资费用”科目。在信用期间内再将这一差额按照实际利率法进行摊销，当固定资产尚未达到预定可使用状态时，将摊销金额增加固定资产成本，借记“在建工程”科目；若固定资产已达到预定可使用状态，未确认融资费用的摊销金额直接计入当期损益，即借记“财务费用”科目。

［例 8－4］2019 年 1 月 1 日，北方公司购进一台设备，取得的增值税专用发票上注明的价款为 100 000 元，增值税 16 000 元。该设备需要安装，安装期为 1 年，即该设备将在 2019 年 12 月 31 日安装完成交付使用。安装期内，以银行存款支付安装费 10 000 元，取得增值税普通发票。合同规定北方公司在 2019 年 1 月 1 日支付首付款 25 000 元和 16 000 元的增值税，剩余价款分 3 年平均支付，每年的付款期为 12 月 31 日。假设经计算实际利率为 10%。

（1）2019 年 1 月 1 日，北方公司的相关会计处理：

设备购买价款的现值＝25 000＋25 000×（P/A，10%，3）

＝25 000＋25 000×2.49＝87 250（元）

融资的本金＝25 000×（P/A，10%，3）＝25 000×2.49＝62 250（元）

借：在建工程　　87 250
　　未确认融资费用　　12 750
　　应交税费——应交增值税（进项税额）　　16 000
　贷：长期应付款　　75 000
　　　银行存款　　41 000

（2）各期的未确认融资费用分摊额（见表 8－3）。

表 8－3　北方公司未确认融资费用分摊表

2019 年 1 月 1 日

日期 ①	分期付款期 ②	确认的融资费用 ③＝期初⑤×10%	应付本金减少额 ④＝②－③	应付本金余额 ⑤＝期初⑤－④
2019 年 1 月 1 日				62 250
2019 年 12 月 31 日	25 000	6 225	18 775	43 475
2020 年 12 月 31 日	25 000	4 347.5	20 652.5	22 822.5
2021 年 12 月 31 日	25 000	2 177.5	22 822.5	0
合计	75 000	12 750	62 250	0

(3)2019 年 12 月 31 日,北方公司的相关会计处理:

借:在建工程　　6 225

　贷:未确认融资费用　　6 225

借:长期应付款　　25 000

　贷:银行存款　　25 000

借:在建工程　　10 000

　贷:银行存款　　10 000

固定资产成本 = 87 250 + 6 225 + 10 000 = 103 475(元)

借:固定资产　　103 475

　贷:在建工程　　103 475

(4)2020 年 12 月 31 日,北方公司的相关会计处理:

借:财务费用　　4 347.5

　贷:未确认融资费用　　4 347.5

借:长期应付款　　25 000

　贷:银行存款　　25 000

(5)2021 年 12 月 31 日,北方公司的相关会计处理:

借:财务费用　　2 177.5

　贷:未确认融资费用　　2 177.5

借:长期应付款　　25 000

　贷:银行存款　　25 000

四、自行建造固定资产

自行建造固定资产的成本,由建造该固定资产达到预定可使用状态前所发生的必要支出构成,包括工程物资成本、人工成本、交纳的除符合抵扣条件的增值税进项税额外的相关税费、应予资本化的借款费用以及应分摊的间接费用等。

企业自行建造固定资产包括自营建造和出包建造两种方式。

(一)自营工程建造固定资产

企业在归集自营工程建造固定资产的成本时,需要专门设立"工程物资"和"在建工程"两个账户。"工程物资"账户用来记录企业通过自营工程建造固定资产过程中所购置和发出的各种物资的实际成本。在购置工程物资时支付的增值税,如果符合税法规定的抵扣条件,应作为进项税额单独反映,不构成工程物资的成本。"在建工程"账户用来记录企业在自营工程建造固定资产过程中所发生的各种支出。企业在自营工程建造固定资产时,按照专门为自营工程建造固定资产所购置的各种物资的实际成本,借记“工程物资”科目，按支付的允许抵扣的增值税，借记“应交税费——应交增值税（进项税额）”科目，按货款的支付情况，分别贷记“银行存款”“应付账款”或“应付票据”等科目。企业在自营工程建造固定资产过程中领用工程物资、分配工程人员工资时，按照领用工程物资的实际成本和应分配的工资金额，借记“在建工程”，贷记“工程物资”“应付职工薪酬”科目。企业通过自营工程建造固定资产，在领用企业生产产品所购材料时，按领用的材料成本，借记“在建工程”科目，贷记“原材料”科目。若在建工程在达到预定可使用状态之前需要进行试运行，则企业在此过程中发生的相关试运行生产成本记入在建工程成本，试运行过程中生产产品所获得的收入用于冲减在建工程成本。若在固定资产达到预定可使用状态之前，盘盈、盘亏、报废、毁损工程物资时，根据减去残料价值以及保险公司、过失人赔偿部分后的差额调整在建工程成本。固定资产达到可使用状态后发生的工程物资的盘盈、盘亏、报废或毁损，扣除残值收入和相关责任人赔偿后的金额，计入营业外收支。固定资产达到预定可使用状态时，按照自营工程建造固定资产过程中所发生的全部成本借记“固定资产”科目，贷记“在建工程”科目。如果固定资产在达到预定可使用状态时尚未办理竣工决算，则按照暂估价将“在建工程”转入“固定资产”，待实际办理竣工决算后，再予以调整。

固定资产完工后，若剩余的工程物资转作库存材料时，则应按剩余的工程物资成本，借记“原材料”科目，贷记“工程物资”科目。

[例8－5] 2019年1月，甲公司准备自行建造一座厂房，为此购入工程物资一批，价款为250 000元，支付的增值税为40 000元，款项以银行存款支付。1～6月，工程先后领用工程物资230 000元；领用生产用原材料一批，实际成本为32 000元，未计提存货跌价准备；辅助生产车间为工程提供有关劳务支出35 000元；应支付工程人员薪酬65 800元；6月底，工程达到预定可使用状态并交付使用。

甲公司的账务处理如下：

（1）购入工程物资

借：工程物资	250 000	
应交税费——应交增值税（进项税额）	40 000	
贷：银行存款		290 000

（2）领用工程物资

借：在建工程——自营工程	230 000	
贷：工程物资		230 000

（3）工程领用原材料

借：在建工程——自营工程	32 000	
贷：原材料		32 000

（4）辅助生产车间为工程提供劳务支出

借:在建工程——自营工程　　35 000
　贷:生产成本——辅助生产成本　　35 000
(5)计提工程人员薪酬
借:在建工程——自营工程　　65 800
　贷:应付职工薪酬　　65 800
(6)6 月底,工程达到预定可使用状态并交付使用
借:固定资产　　362 800
　贷:在建工程——自营工程　　362 800

(二)出包工程建造的固定资产

企业采用出包方式建造固定资产,一般应在与承包单位签订合同的基础上预先支付一部分工程款,以后再在施工过程中按期清算,工程完工时与承包单位结清全部工程款。

采用出包方式购建固定资产时,出包单位主要通过“在建工程”科目记录与承包单位进行工程价款的结算。工程开工前,企业预付给承包单位工程价款时,按照预付金额借记“预付账款”科目,贷记“银行存款”科目。工程过程中,根据工程进度,企业与承包单位进行工程价款结算时,按照结算金额借记“在建工程”科目,贷记“预付账款”“银行存款”科目。工程完工时,按合同规定补付的工程款,借记“在建工程”科目,贷记“银行存款”科目。固定资产完工交付使用时,结转工程成本,借记“固定资产”科目,贷记“在建工程”科目。

[例 8 -6]明华公司新建行政办公楼一栋,通过竞争招标,A 建筑公司中标。出包合同工程价款为 10 000 000 元,工程开工时预付工程款 30%,工程进度达到一半时,付款额达到总造价的 70%,其余工程款于工程验收时一次结算。

明华公司有关业务的会计处理如下:
(1)预付工程价款的 30%,计 3 000 000 元。
借:预付账款　　3 000 000
　贷:银行存款　　3 000 000
(2)工程进度达到 50% 时,付款额达到总造价的 70%,明华公司需付款4 000 000元。
借:在建工程——出包工程　　7 000 000
　贷:银行存款　　4 000 000
　　预付账款　　3 000 000
(3)工程完工,经验收合格,与建筑公司办理结算,支付剩余工程款 3 000 000 元。
借:在建工程——出包工程　　3 000 000
　贷:银行存款　　3 000 000
(4)办公楼交付使用,按照施工方开具的增值税专用发票上列示的货款金额借记

“固定资产”科目，按增值税金额借记“应交税费——应交增值税（进项税额）”，按已付工程款金额贷记“在建工程”科目，未付金额贷记“应付账款”科目。

五、投资者投入固定资产

投资者投入固定资产的成本，应当按照投资合同或协议约定的价值确定，但合同或协议约定价值不公允的除外。若合同或协议约定价值不公允，则应当按照该固定资产的公允价值确定投入固定资产的初始价值。投资者投入固定资产时，如果提供了增值税专用发票，增值税专用发票上允许抵扣的增值税不构成固定资产成本，应作为进项税额单独反映。

投资者投入的固定资产，按确定的固定资产成本，借记“固定资产”科目，按允许抵扣的增值税额，借记“应交税费——应交增值税（进项税额）”科目，按照投资合同或协议中约定的投资者的出资额，贷记“实收资本”或“股本”。若确定的固定资产成本与允许抵扣的增值税之和大于投资合同或协议中约定的投资者的出资额，应将其差额贷记“资本公积”科目。

[例8－7] 大华公司接受北方公司投入机器设备一台，双方协商作价580 000元，其中增值税80 000元，取得增值税专用发票。该机器设备全部作为股东的出资额。大华公司收到设备后，不需要安装。

借：固定资产	500 000	
应交税费——应交增值税（进项税额）	80 000	
贷：实收资本——北方公司		580 000

六、接受捐赠固定资产

接受捐赠的固定资产，应按以下规定确定其成本：

1. 捐赠方提供捐赠货物发票的，按发票上标明的价款作为成本。发票上标明的增值税，如果符合税法规定的抵扣条件，不构成接受捐赠固定资产的成本，作为进项税额单独反映；如果不符合税法规定的抵扣条件，则作为接受捐赠固定资产的成本。

2. 捐赠方没有提供捐赠货物发票的，按如下顺序确定其成本：

（1）同类或类似固定资产存在活跃市场的，按同类或类似固定资产的市场价格作为接受捐赠固定资产的成本。

（2）同类或类似固定资产不存在活跃市场的，按该固定资产的预计未来现金流量现值作为接受捐赠固定资产的成本。

企业接受捐赠固定资产过程中，由受赠企业承担的与捐赠固定资产有关的支出，如运输费用、安装费用等也构成接受捐赠固定资产的成本。

［例8－8］2018年6月8日，甲公司接受乙公司捐赠的一台机器设备，乙公司在捐赠设备的同时提供了增值税专用发票。发票上注明价款80 000元，增值税12 800元。甲公司为使设备达到预定可使用状态所发生的运输费2 600元，增值税260元，以银行存款支付，取得增值税专用发票。设备不需要安装。

接受捐赠固定资产的成本＝80 000＋2 600＝82 600（元）

允许抵扣的增值税额＝12 800＋260＝13 060（元）

借：固定资产　　82 600

　应交税费——应交增值税（进项税额）　　13 060

　贷：营业外收入　　92 800

　　银行存款　　2 860

七、盘盈固定资产

为了保证固定资产账实相符，以保护财产的安全完整，企业应定期组织有关人员对固定资产进行清查盘点。每年在编制财务报表以前，企业要对固定资产进行一次全面的清查。根据需要每年还可以组织局部清查。

企业在清查固定资产时，要编制“固定资产盘盈盘亏报告表”。固定资产盘盈盘亏报告表应按使用保管部门和盘盈盘亏的固定资产分别编制，一般格式见表8－4。

表8－4　固定资产盘盈盘亏报告表

部门：　　　　**年　月　日**　　　　**编号：**

固定资产编号	名称	盘盈			盘亏			毁损			
		数量	重置价值	估计折旧额	数量	原价	已计提折旧额	数量	原价	已计提折旧额	原因
处理意见	使用部门				清查小组			审批部门			

企业盘盈固定资产时，应当按同类或类似固定资产的市场价格，减去按该项固定资产的新旧程度估计的价值损耗后的余额作为成本。若同类或类似的固定资产不存在活跃市场，则按照该固定资产预计未来现金流量的现值确认盘盈固定资产的成本。发现固定资产盘盈，按确定的成本借记“固定资产”科目，贷记“待处理财产损溢”科目；报经批准后，企业应将盘盈固定资产作为前期差错进行处理，借记“待处理财产损溢”科目，贷记“以前年度损益调整”科目；按盘盈固定资产成本和适用所得税税率计算确定应交的所得税，借记“以前年度损益调整”科目，贷记“递延所得税负债”科目；盘盈固定资产成本扣除所得税后的差额，调整盘盈年度的留存收益，借记“以前年度损益调整”，贷记

“盈余公积”“利润分配——未分配利润”科目。

［例8－9］华星公司在财产清查过程中发现账外机器一台，该固定资产当前的市场价格为5 000元，估计累计折旧1 500元。华星公司适用的所得税税率为25%，按净利润的10%提取法定盈余公积。会计处理如下：

借：固定资产　　3 500
　贷：待处理财产损溢　　3 500
借：待处理财产损溢　　3 500
　贷：以前年度损益调整　　3 500
借：以前年度损益调整　　875
　贷：递延所得税负债　　875
借：以前年度损益调整　　2 625
　贷：利润分配——未分配利润　　2 362.50
　　盈余公积——法定盈余公积　　262.50

八、存在弃置义务的固定资产

根据国家法律和行政法规、国际公约等规定，企业应当承担环境保护和生态恢复等义务，如核电站在弃置核设施时需要承担恢复环境义务。企业在履行这些义务时需要发生相应的支出，这些支出被称为弃置费用。由于弃置费用是这些特殊行业购置相关固定资产的必要支出，只是这些支出在购置固定资产时没有发生，而是在处置固定资产时所必须发生的，所以在进行固定资产初始确认时，应当将弃置费用的现值计入相关固定资产成本，同时确认相应的预计负债。弃置费用的实际发生额和现值之间的差额，在固定资产的寿命内按照预计负债的摊余成本和实际利率计算的利息费用计入财务费用。一般工商企业固定资产处置时发生的清理费用，不属于弃置义务下发生的弃置费用，应当作为固定资产处置费用处理。

［例8－10］某公司经国家批准2018年1月1日建造完成核电站核反应堆并交付使用，建造成本为1 000 000元，预计使用寿命为10年。根据法律规定，该核反应堆将会对当地的生态环境产生一定的影响，企业应在该项设施使用期满对其进行拆除，同时整治环境，预计发生的弃置费用为600 000元。假定适用的折现率为10%。

（1）该固定资产的弃置费用＝600 000×（P/F，10%，10）＝600 000×0.3855
＝231 300（元）

固定资产的成本＝1 000 000＋231 300＝1 231 300（元）

借：固定资产　　1 231 300
　贷：在建工程　　1 000 000
　　预计负债　　231 300

（2）2018 年 12 月 31 日至 2027 年 12 月 31 日用实际利率法计算的利息费用见表 8－5。

表 8－5　利息费用计算表

日期	利息费用 ①＝期初②×10%	预计负债的账面价值 ②＝期初②＋①
2018 年 1 月 1 日		231 300.00
2018 年 12 月 31 日	23 130.00	254 430.00
2019 年 12 月 31 日	25 443.00	279 873.00
2020 年 12 月 31 日	27 987.30	307 860.30
2021 年 12 月 31 日	30 786.03	338 646.33
2022 年 12 月 31 日	33 864.63	372 510.96
2023 年 12 月 31 日	37 251.10	409 762.06
2024 年 12 月 31 日	40 976.21	450 738.27
2025 年 12 月 31 日	45 073.83	495 812.10
2026 年 12 月 31 日	49 581.21	545 393.31
2027 年 12 月 31 日	54 606.69	600 000.00

2018 年 12 月 31 日相应的会计处理：

借：财务费用　　　　23 130

　贷：预计负债　　　　23 130

2019 年 12 月 31 日至 2027 年 12 月 31 日该核反应堆确认利息费用的会计处理参照上面表格计算的结果并参考 2018 年 12 月 31 日的会计分录进行会计处理。

九、其他方式取得的固定资产

（一）融资租赁取得的固定资产

在租赁期开始日，应当按照租赁开始日租赁资产公允价值与最低租赁付款额的现值两者中较低者作为融资租入固定资产的入账价值。除此之外，承租人在租赁谈判和签订租赁合同过程中发生的可归属于租赁项目的手续费、律师费、差旅费、印花税等初始直接费用，也应当记入当期租入资产价值。融资租赁取得的固定资产的具体会计处理将在《高级财务会计学》中详细介绍。

（二）非货币性资产交换取得的固定资产

非货币性资产交换取得的固定资产，按非货币性资产交换的处理原则进行处理。

（三）债务重组取得的固定资产

企业收到债务人用以清偿债务的固定资产时，应当按照债务重组的处理原则进行会计处理，具体内容见第十章。

第三节 固定资产的后续计量

一、固定资产折旧

（一）折旧的定义

折旧是指在固定资产使用寿命内，按照确定的方法对应计折旧额进行系统分摊。其中，应计折旧额为应当计提折旧的固定资产的原值扣除其预计净残值后的金额。已计提减值准备的固定资产，还应当扣除已计提的固定资产减值准备累计金额。

（二）影响折旧的因素

1. 固定资产原值。

固定资产原值为固定资产的初始入账成本，包括购置固定资产时形成的原始成本和特定情况下确定的固定资产的重置成本。固定资产原值是计提折旧的基础。

2. 固定资产预计净残值。

固定资产预计净残值是指，假定固定资产预计使用寿命已满并处于使用寿命终了时的预期状态，企业从该项固定资产处置中获得的扣除预计处置费用后的金额。

3. 固定资产预计使用寿命。

固定资产预计使用寿命，指固定资产预计可使用的年限，或者预计固定资产所能生产产品或提供劳务的数量。这也是影响折旧计算的一个基本因素。企业确定固定资产使用寿命时，应当考虑下列因素：(1)预计生产能力或实物产量；(2)预计有形损耗和无形损耗；(3)法律或者类似规定对资产使用的限制。

4. 折旧方法。

折旧方法是将固定资产应计折旧额在各会计期间分摊的方法。这也是影响各期应计提折旧额的一个重要因素。

5. 固定资产减值准备。

固定资产计提减值准备后，应当在剩余使用寿命内，根据调整后的固定资产账面价值（固定资产账面余额扣除累计折旧和累计减值准备后的金额）和预计净残值，重新计算确定折旧率和折旧额。

上述五个因素中，预计净残值、预计使用寿命、折旧方法和固定资产减值准备是相关人员利用专业判断确定得出的，因而容易被利用为盈余操纵的工具。企业应当根据固定资产的性质和使用情况，合理确定固定资产的使用寿命和预计净残值；应当根据与固定资产有关的经济利益的预期实现方式，合理选择固定资产折旧方法。除非有证据可以证明原预计的使用寿命、预计净残值和折旧方法不恰当，否则固定资产的使用寿命、预计净残值和折旧方法一经确定，不得随意变更。为避免企业进行盈余操纵，固定资产一旦计提减值准备，在以后期间不得转回。

（三）折旧的范围

企业应当对所有固定资产计提折旧，但是已提足折旧仍继续使用的固定资产和单独计价入账的土地除外。企业需要对全部已经达到预定可使用状态的固定资产计提折旧。如果企业尚未办理竣工决算，不能确定固定资产原值，则应当先将暂估价作为计提折旧的基础，待办理竣工决算后，再按照实际成本同时调整暂估价和已计提折旧。

固定资产应当按月计提折旧，并根据用途计入相关资产的成本或者当期损益。按照我国的会计习惯，为了简化计提折旧的工作手续，当月增加的固定资产，当月不计提折旧，从下月起开始计提折旧；当月减少的固定资产，当月照提折旧，从下月起停止提取折旧。

（四）折旧的方法

企业根据与固定资产有关的经济利益的预期实现方式，可选用的折旧方法包括年限平均法、工作量法、双倍余额递减法和年数总和法等。

1. 年限平均法。

年限平均法，又称为直线法，是按照固定资产预计使用寿命平均分摊应计折旧额的一种方法。这种方法下，各会计期间分摊的折旧额是相等的。有关计算公式如下：

固定资产年折旧额 =（固定资产原值 - 预计净残值）÷ 预计使用寿命

固定资产年折旧率 = 固定资产年折旧额 ÷ 固定资产原值 ×100%

折旧率一般是指固定资产折旧额与固定资产原值的比率。年折旧率也可以按下式计算：

年折旧率 =（1 - 预计净残值率）÷ 预计使用寿命 ×100%

预计净残值率 = 预计净残值 ÷ 固定资产原值

月折旧率 = 年折旧率 ÷12

月折旧额 = 固定资产原值 × 月折旧率

［例8 - 11］某项固定资产的原值为6 000元，预计使用10年，预计残值收入640元，预计清理费用400元。该资产的月折旧率和月折旧额计算如下：

（1）预计净残值率 =（640 - 400）÷6000 =4%

（2）年折旧率 =（1 - 4%）÷10 =9.6%

(3)月折旧率 = 9.6% ÷ 12 = 0.8%

(4)月折旧额 = 6 000 × 0.8% = 48(元)

会计实务中,若企业固定资产种类繁多,为了简化会计工作,企业可以按照固定资产类别计提折旧。某类别固定资产月折旧率和月折旧额的计算公式如下:

某类固定资产的年折旧额 = 类内各项固定资产年折旧额之和

某类固定资产的年折旧率 = 该类固定资产的年折旧额 ÷ 该类固定资产的原值 × 100%

某类固定资产的月折旧率 = 该类固定资产的年折旧率 ÷ 12

某类固定资产的月折旧额 = 该类固定资产原值 × 该类固定资产的月折旧率

年限平均法的特点是,固定资产每期折旧额与固定资产使用寿命密切相关,而不重视固定资产利用效率和使用强度,每期折旧额是均衡的。这种方法的优点是应用简便,其缺点是不符合收入和费用配比的原则,因为固定资产的使用效能在预计使用寿命内并不相同。一般而言,固定资产的效能会随着预计使用寿命的减少而逐渐降低,因而其为企业提供的产量和收入也会呈递减趋势。显然,每期相等的折旧费与逐期减少的收入额并不配比。因此,年限平均法主要适用于各期使用效率和使用强度基本相同的固定资产。

2. 工作量法。

工作量法是指按照预计的固定资产所能生产产品或提供劳务的数量计算折旧的方法。从工作量法的概念可以看出,折旧的计算与固定资产生产产品或提供劳务的数量相联系。也就是说,该方法下各期计提的折旧额与固定资产的利用程度相关。固定资产的利用程度高,就应多提折旧;利用程度低,就应少提折旧。单位工作量的折旧额的计算公式为:

单位工作量的折旧额 =(固定资产原值 - 预计净残值)÷ 预计工作量

固定资产月折旧额 = 固定资产本月实际工作量 × 单位工作量的折旧额

[例 8 - 12] 大华公司的一台机器原值 100 000 元,预计净残值为 600 元,预计总工作小时数为 50 000 小时,本月共工作 360 小时。

该机器每工作小时折旧额 =(100 000 - 600)÷ 50 000 = 1.988(元/小时)

该机器本月应提折旧额 = 360 × 1.988 = 715.68(元)

每工作小时折旧额也可按下式计算:

每工作小时折旧额 = 固定资产原值 ×(1 - 预计净残值率)÷ 预计总工作小时数

预计净残值率 = 600 ÷ 100000 × 100% = 0.6%

每工作小时折旧额 = 100000 ×(1 - 0.6%)÷ 50000 = 1.988(元/小时)

3. 加速折旧法。

加速折旧法又称为递减折旧费用法。这种方法下,固定资产使用前期计提的折旧较多,后期计提的折旧较少。

采用加速折旧法主要基于以下理由:(1)固定资产的使用效能是逐年递减的。通常固定资产在使用的前期使用效能高,维修次数少,使企业创造的净收益也多。但在固定资产使用后期,随着固定资产的磨损或损耗,其效能会逐渐降低。因此,在固定资产使用前期效能高而维修等费用发生少的情况下多计提折旧费用,在固定资产使用后期效能低且维修费用发生多的情况下少计提折旧费用,可以充分体现收入和费用配比的要求,使企业损益的确认更趋合理。(2)基于谨慎性原则的考虑。市场经济条件下,盈利能力高的企业往往其经营风险也高,企业未来的净收入尤其是较长时期的净收入往往不易预计。因此,在固定资产使用前期多计提折旧费,后期少计提折旧费,有利于企业提前收回投资。(3)固定资产虽然能够在较长时期内保持原有实物形态,但一经投入生产经营过程并被使用,其市场价值就会明显降低。通过快提折旧可保持固定资产账面价值与市场价值大致相符。(4)在政府许可的条件下,采用加速折旧法可延迟企业交纳所得税的时间,使企业在纳税方面得到一定的好处。

加速折旧法主要包括以下两种方法:

(1)双倍余额递减法。这种方法是指在不考虑固定资产净残值的情况下,用每期固定资产期初账面价值乘以双倍直线折旧率计算各期折旧额的方法。有关计算公式如下:

每年折旧额 = 年初固定资产账面价值 × 双倍直线折旧率

双倍直线折旧率 = 2 ÷ 预计使用寿命 × 100%

月折旧额 = 年折旧额 ÷ 12

采用此法计提固定资产折旧,因每年的固定资产期初账面价值(折旧基数)逐年减少,据此计算的每年折旧额也呈现递减趋势。计算每期折旧额时,虽然不考虑残值因素,但折旧期满固定资产的账面价值也不应低于预计净残值。作为一种折旧方法,它不会在预计使用寿命到期时自动预留净残值,会计上可改变既定的折旧程序,确保折旧期满时固定资产的账面价值不低于预计净残值。当某一折旧年度按双倍余额递减法计算的折旧额小于按年限平均法计算的折旧额时,应改为年限平均法计提折旧。判断公式为:按双倍余额递减法计算的折旧额 <(账面价值 - 预计净残值)÷ 剩余使用寿命。为了简化计算,在固定资产使用寿命到期前两年改为年限平均法计提折旧,即将固定资产账面价值扣除预计净残值后的净额在最后两年内平均摊销。

[例 8 - 13] 某企业新增生产设备一台,其原值为 6 000 元,预计净残值 300 元,预计使用 5 年。采用双倍余额递减法计提折旧。

双倍直线折旧率为:2 ÷ 5 × 100% = 40%

折旧计算见表 8 - 6。

表 8-6　折旧计算表(双倍余额递减法)

年次	年初账面价值	折旧率	折旧额	累计折旧	年末账面价值
1	6 000	40%	2 400	2 400	3 600
2	3 600	40%	1 440	3 840	2 160
3	2 160	40%	864	4 704	1 296
4	1 296		498	5 202	798
5	798		498	5 700	300

本例中,第四年、第五年折旧额为(1 296 - 300) ÷ 2 = 498 元。

(2)年数总和法。这种方法是指以固定资产的应计折旧额(原值 - 预计净残值)为基础,按逐年递减的折旧率计算固定资产折旧的方法。采用此方法计提折旧,折旧率各年不同。可用公式表示如下:

年折旧率 = (预计使用寿命 - 已使用年限) ÷ 预计使用寿命 × (1 + 预计使用寿命) ÷ 2 × 100%

年折旧额 = 应计折旧额 × 年折旧率

月折旧额 = 年折旧额 ÷ 12

[例 8-14] 上例中增加的设备若采用年数总和法提取折旧,则其应计折旧额为 6 000 - 300 = 5 700 元。编制的折旧计算表见表 8-7。

表 8-7　折旧计算表(年限总和法)

年次	应计折旧额	折旧率	折旧额	累计折旧	年末账面价值
1	5 700	5/15	1 900	1 900	4 100
2	5 700	4/15	1 520	3 420	2 580
3	5 700	3/15	1 140	4 560	1 440
4	5 700	2/15	760	5 320	680
5	5 700	1/15	380	5 700	300

由表 8-7 中的数字可以看出,采用年限总和法计提折旧,每年的折旧基数是相同的,每年的折旧率是一个逐年递减的分数,每年的折旧额逐年递减,可以达到固定资产使用前期多提折旧、后期少提折旧的目的。

(五)固定资产折旧的会计处理

在会计实务中,固定资产应当按月计提折旧。对于当月增加的固定资产,当月不提折旧,从下月起计提折旧;当月减少的固定资产,当月仍提折旧,从下月起停止计提折旧,所以,企业各月计提折旧时,可在上月计提折旧的基础上,对上月固定资产的增减情况进行调整后计算当月应计提的折旧额。计算公式如下:

当月固定资产应计提折旧额 = 上月固定资产计提的折旧额 + 上月增加的固定资产应计提的月折旧额 - 上月减少的固定资产应计提的月折旧额

固定资产在采用加速折旧法计提折旧时,每年计提的折旧额是不同的,体现的是在固定资产使用初期多提折旧、后期少提折旧。具体到每月计提折旧时，是否也需要体现加速的要求呢？会计实务中采取简化的处理方法，即根据每年的加速折旧额按12个月进行平均分摊，因此，对于加速折旧而言，每年①的折旧额不同，但在一年内每月的折旧额相同。

固定资产的折旧费用，应根据固定资产的受益对象分配并计入相关资产的成本或费用。一般来说，企业管理部门使用的固定资产以及企业未投入使用的固定资产计提的折旧，计入管理费用；生产部门使用的固定资产计提的折旧，计入制造费用；专设销售机构使用的固定资产计提的折旧，计入销售费用；经营性出租固定资产计提的折旧，计入其他业务成本等。

会计实务中，企业一般通过编制“固定资产折旧计算表”进行折旧的计算和分配，并以此作为计提固定资产折旧会计处理的原始凭证。

［例8－15］2018年3月31日，远华公司编制的固定资产折旧计算表见表8－8。

表8－8 固定资产折旧计算表

2018年3月31日　　单位：元

使用部门	固定资产项目	上月折旧额	上月增加固定资产		上月减少固定资产		本月折旧额	费用分配
			原价	月折旧额	原价	月折旧额		
一车间	厂房	70 000					70 000	制造费用
	机械设备	200 000	90 000	5 500	70 000	6 900	198 600	
	其他设备	20 000					20 000	
	小计	290 000					288 600	
二车间	厂房	50 000	80 000	7 600			57 600	制造费用
	机械设备	70 000			20 000	1 800	68 200	
	小计	120 000					125 800	
厂部	办公楼	40 000					40 000	管理费用
	办公设备	23 000			30 000	2 400	20 600	
	运输工具	9 000					9 000	
	小计	72 000					69 600	

① 采用加速折旧时使用的“年”的概念与会计年度的“年”不完全对应。加速折旧时采用的“年”是指固定资产自开始计提折旧起确定的折旧年度。折旧年度既可能与会计年度一致，如企业2007年12月份增加一项固定资产，该项固定资产的折旧年度和会计年度一致，都是从1月1日起至12月31日止；折旧年度也可能与会计年度不一致，如企业2007年6月份增加一项固定资产，该项固定资产的折旧年度是每年的7月1日起至下年的6月30日止。

续表

销售部门	办公楼	10 000				10 000	销售费用
	办公设备	5 000	10 000	500		5 500	
	小计	15 000				15 500	
合计		497 000	180 000	13 600	120 000	11 100	499 500	

根据上述固定资产折旧计算表，远华公司 2018 年 3 月计提固定资产折旧的会计处理如下：

借：制造费用——一车间　　288 600
　　　　　　——二车间　　125 800
　　管理费用　　69 600
　　销售费用　　15 500
　　贷：累计折旧　　　　499 500

（六）固定资产使用寿命、预计净残值和折旧方法的复核

企业至少应当于每年年度终了，对固定资产的使用寿命、预计净残值和折旧方法进行复核。

1. 固定资产使用寿命的复核。

企业对固定资产使用寿命进行复核后，如果固定资产使用寿命的预期数与原先的估计数有重大差异，则应当相应的调整固定资产折旧年限。

2. 预计净残值的复核。

企业对固定资产预计净残值进行复核后，如果预计净残值预计数与原先估计数有差异的，应当调整预计净残值。

3. 固定资产折旧方法的复核。

企业对固定资产的折旧方法进行复核后，如果固定资产包含的经济利益的预期实现方式有重大改变，则应当相应地改变固定资产折旧方法。

固定资产使用寿命、预计净残值和折旧方法的改变应作为会计估计变更，按《会计政策、会计估计变更和差错更正》准则的要求处理。

二、固定资产的后续支出

固定资产后续支出是指固定资产在使用过程中发生的更新改造支出、修理费用等。企业的固定资产投入使用后，为了适应新技术发展的需要，或者为维护或提高固定资产的使用效能，往往需要对现有固定资产进行维护改建、扩建或者改良以及进行日常的维护保养。

固定资产后续支出的处理有两种方法,即资本化和费用化。处理的原则是:凡是符合固定资产确认条件的更新改造后续支出,计入固定资产成本,同时将被替换部分的账面价值予以扣除;不符合固定资产确认条件的日常维修费用等后续支出,应当计入当期损益。

(一)资本化的后续支出

企业对固定资产进行更新改造,如符合资本化条件,应将该固定资产的原值、已计提的累计折旧和减值准备转销,将其账面价值转入在建工程,并停止计提折旧。固定资产发生的可资本化的后续支出,计入在建工程科目,待更新改造工程完工并达到预定可使用状态时,再从在建工程转为固定资产,同时将被替换部分的账面价值扣除,并按重新确定的使用寿命、预计净残值和折旧方法计提折旧。

[例 8－16]企业的某项固定资产原值为 2 000 万元,采用年限平均法计提折旧,使用寿命为 10 年,预计净残值为 0,在第五年年初企业对该项固定资产的某一主要部件进行更换,发生支出合计 1 000 万元,符合准则规定的固定资产确认条件,被更换的部件的原值为 800 万元。

固定资产进行更换后的原值＝该项固定资产进行更新改造前的账面价值＋发生的后续支出－该项固定资产被更换部件的账面价值＝(2 000－2 000÷10×4)＋1 000－(800－800÷10×4)＝1 720(万元)。

[例 8－17]2018 年 11 月 20 日,大华公司对原值为 1 200 000 元、已计提折旧 400 000 万元、剩余使用寿命为 10 年的厂房进行扩建,扩建后该固定资产的剩余使用寿命仍然为 10 年,净残值为零。为简化计算,按年度直线法计提折旧。扩建中发生了下列支出及收入:

(1)从仓库中领用工程物资 680 000 元。

(2)扩建工程应负担职工工资 60 000 元。

(3)扩建中处置废弃物料得现金 1 160 元,其中增值税 160 元。

(4)2018 年 12 月 25 日,扩建工程完工,该扩建厂房达到预定可使用状态并交付使用。

对上述各项业务应作会计分录如下:

(1)将现有厂房转为改扩建工程项目。

借:在建工程	800 000	
累计折旧	400 000	
贷:固定资产		1 200 000

(2)归集扩建工程成本。

借:在建工程	740 000	

贷：工程物资　　680 000

　　应付职工薪酬　　60 000

(3)改扩建工程取得变卖收入。

借：库存现金　　1 160

　贷：在建工程　　1 000

　　应交税费——应交增值税(销项税额)　　160

(4)扩建工程完工，交付生产使用，将扩建工程成本转为生产用固定资产。

扩建工程的成本 = 800 000 + 740 000 - 1 000 = 1 539 000(元)

借：固定资产　　1 539 000

　贷：在建工程　　1 539 000

(5)2019 年 1 月，大华公司应当对此固定资产计提折旧。

大华公司在剩余 10 年中各年应当计提折旧 = 1 539 000 ÷ 10 = 153 900（元）

2019 年 1 月应当计提折旧 = 153 900 ÷ 12 = 12 825(元)

借：制造费用　　12 825

　贷：累计折旧　　12 825

(二)费用化的后续支出

一般情况下，固定资产投入使用之后，由于固定资产磨损、各组成部分耐用程度不同，可能会导致固定资产的局部损坏。为了维持固定资产的正常运转和使用，充分发挥其使用效能，企业会对固定资产进行必要的维护。固定资产的日常维护支出只是确保固定资产的正常工作状况，通常不满足固定资产的确认条件，应当根据不同情况分别在发生时计入当期管理费用或销售费用，不能采用预提或者分摊方式处理。

[例 8 - 18] 大华公司 2018 年 1 月 2 日对办公楼进行修理。修理工程中领用原材料成本 100 000 元，应支付维修人员薪酬 14 000 元。

大华公司的会计处理如下：

借：管理费用　　114 000

　贷：原材料　　100 000

　　应付职工薪酬　　14 000

三、固定资产的期末计价

企业应当在期末对固定资产逐项进行检查，如果由于市价持续下跌，或技术陈旧、损坏、长期闲置等原因，导致其可收回金额低于其账面价值的，应当计提固定资产减值准备。按其差额，借记“资产减值损失”科目，贷记“固定资产减值准备”科目。固定资产一旦计提减值准备，在使用期间内不允许转回。可收回金额按资产减值准则的规定确定。

第四节 固定资产的处置

一、固定资产处置

固定资产处置是指固定资产退出现有正常工作状态的各种情况,可分为主动性退出和非主动性退出两类。主动性退出是指根据企业的某种需要将固定资产主动转让给其他单位或个人,例如变卖固定资产、对外捐赠转出固定资产以及因非货币性交易或债务重组而转出固定资产等。非主动性退出是指因自然灾害(如水灾、火灾等)、经济纠纷判决败诉等原因导致固定资产必须退出现有工作状态以及固定资产因预计使用寿命到期,也包括已提足折旧而退出现有工作状态。

固定资产处置的原因包括固定资产的报废、出售、对外捐赠、非货币性资产交换、债务重组、毁损和盘亏等。

二、固定资产处置的会计处理

(一)固定资产报废、出售、对外捐赠、毁损的会计处理

因报废、出售、对外捐赠、毁损等原因造成的固定资产处置需要解决两个方面的问题:一是需要注销固定资产的账面记录;二是需要对处置的固定资产进行实物清理,在实物清理过程中,可能要发生清理费用和取得清理收入。为了记录固定资产账面记录的注销情况和记录清理过程,需要设置“固定资产清理”账户。借方记录处置固定资产时固定资产的账面价值、固定资产清理过程中发生的清理费用和处置固定资产应交的相关税费,贷方记录固定资产清理过程中取得的清理收入,包括处置收入、残值收入和赔款收入等。其会计处理程序如下:

1. 固定资产转入清理。

按固定资产账面价值,借记“固定资产清理”科目,按已计提的累计折旧,借记“累计折旧”科目,按已计提的减值准备,借记“固定资产减值准备”科目,按固定资产原值贷记“固定资产”科目。

2. 发生的清理费用的处理。

固定资产清理过程中发生的有关费用,借记“固定资产清理”科目,贷记“银行存款”等科目。

3. 收回残料或出售价款或保险赔偿。

收回残料或出售价款、应收保险公司或过失人赔偿款等，借记“银行存款”“原材料”“其他应收款”等科目，贷记“固定资产清理”科目和“应交税费——应交增值税（销项税额）”科目。

4.计算清理损益。

固定资产清理完成后，应根据“固定资产清理”科目的借贷方记录计算清理损益。清理损益的记录应根据固定资产处置的方式不同而采用不同的处理方法。如果固定资产的处置属于经营性处置，则清理损益计入“资产处置损益”科目；如果属于非经营性处置，则清理损益计入“营业外支出（或收入）”科目。经营性处置和非经营性处置的区别在于处置后固定资产是否具有使用价值，凡处置后仍具有使用价值的，属于经营性处置。

固定资产在处置清理时应填制“固定资产处置单”，经领导批准后，才能转入清理。固定资产处置单的格式见表8-9。

表8-9　固定资产处置单

年　月　日　　　　第　号

名称	编号	规格型号	单位	数量	预计使用年限	已使用年限	原始价值	已提折旧额	备注
固定资产状况及报废原因									
处理意见	使用部门		技术鉴定小组		固定资产主管部门			主管部门审批	

［例8-19］乙公司将已使用的一台设备出售，该设备原值为200 000元，累计已提取折旧80 000元，以银行存款支付清理费用5 000元，取得增值税普通发票。取得变价收入100 000元（不含增值税），增值税16 000元，收到转账支票一张，送存银行。假定乙公司未计提减值准备，不考虑其他相关税费。

（1）转入清理。

借：固定资产清理　　120 000
　　累计折旧　　80 000
　　贷：固定资产　　200 000

（2）收到变价收入。

借：银行存款　　116 000
　　贷：固定资产清理　　100 000
　　　　应交税费——应交增值税（销项税额）　　16 000

（3）支付清理费用。

借:固定资产清理　　5 000
　　贷:银行存款　　5 000

(4)计算清理损溢。

借:资产处置损益　　25 000
　　贷:固定资产清理　　25 000

(二)非货币性资产交换和债务重组转出固定资产的会计处理

非货币性资产交换转出固定资产,按非货币性资产交换准则处理。债务重组转出固定资产,按债务重组准则处理,具体内容见第十章。

(三)固定资产盘亏的会计处理

当企业发现盘亏固定资产时,填写“固定资产盘盈盘亏报告表”,其格式见表8-4。固定资产盘亏的会计处理分两个步骤:

1. 发现盘亏,调整账实相符。

发现固定资产盘亏时,应根据固定资产盘盈盘亏报告表转销固定资产的账面价值,即按照固定资产的账面价值,借记“待处理财产损溢——待处理固定资产损溢”科目,按照已计提的折旧额,借记“累计折旧”科目,按照已提取的固定资产减值准备,借记“固定资产减值准备”科目,按照固定资产原值,贷记“固定资产”科目。

2. 查明原因,处理盘亏。

按管理权限报经批准后,按可收回的保险赔偿或过失人赔偿,借记“其他应收款”科目,按其净损失,借记“营业外支出——盘亏损失”科目,贷记“待处理财产损溢”科目。

[例8-20] 甲公司在年末财产清查时,发现盘亏设备一台,该设备原值100 000元,已提折旧90 000元,已计提固定资产减值准备1 000元。

(1)发现盘亏,调整账实相符。

借:累计折旧　　90 000
　　固定资产减值准备　　1 000
　　待处理财产损溢　　9 000
　　贷:固定资产　　100 000

(2)查明原因,处理盘亏。

借:营业外支出——盘亏损失　　9 000
　　贷:待处理财产损溢　　9 000

【本章主要参考文献】

[1]中华人民共和国财政部:《企业会计准则2006》,经济科学出版社2006年版。

[2]杨有红、欧阳爱平:《中级财务会计》,北京大学出版社 2006 年版。
[3]钟安石、闫守常:《中级财务会计学》,经济科学出版社 2006 年版。
[4]苏郁生:《工业会计核算》,辽宁人民出版社 1984 年版。
[5]吴焕生:《工业会计》,中南工业大学出版社 1987 年版。

【实训练习题】

1. 甲公司 2018 年发生如下经济业务:

(1)购入一台不需要安装的设备,增值税专用发票上注明设备价款 50 000 元,增值税 8 000 元,运输费 2 300 元,增值税 230 元,取得增值税专用发票。货款和运费均以银行存款支付。购入的设备于购入当日投入使用。

(2)购入一台需要安装的设备,增值税专用发票上注明设备价款 70 000 元,增值税 11 200 元。购入设备时,将一张金额为 90 000 元的银行汇票交给了销货方。购入的设备收到后立即投入安装。在安装过程中,领用原材料的成本 1 000 元,应承担工资费用 2 280 元。安装完毕,交付使用。

(3)收到某单位捐赠的花冠轿车 1 辆,同类车辆的市场价格为 150 000 元,经鉴定为八成新。在办理车辆过户时,以现金 500 元支付过户费等费用。

(4)盘盈设备一台,同类设备的市场价格为 100 000 元,经鉴定为三成新。企业所得税税率为 25%,按净利润的 10% 提取法定盈余公积。

要求:根据上述资料,编制相关业务的会计分录。

2. 甲公司为一家制造企业,2019 年 1 月 1 日从乙公司购进三套不同型号且具有不同生产能力的设备 A、B、C,共支付货款 8 100 000 元,增值税额 1 296 000 元,以银行存款支付。假定 A、B、C 均满足固定资产的定义和确认条件,公允价值分别为 2 926 000 元、3 594 800 元、1 839 200 元;不考虑其他相关税费。

要求:(1)确定固定资产 A、B、C 的入账价值。

(2)编制购入固定资产的会计分录。

3. 甲公司 2019 年 1 月 1 日从 C 公司购入大型机器作为固定资产使用,该机器已收到。购货合同约定,大型机器的不含税价款为 1 200 万元,增值税 192 万元,其中增值税 192 万元于 2019 年 1 月 1 日用银行存款支付,其余款项分 3 年平均支付:2019 年 12 月 31 日支付 400 万元,2020 年 12 月 31 日支付 400 万元, 2021 年 12 月 31 日支付 400 万元。假定甲公司 3 年期银行借款年利率为 10%。(P/A,10%,3)=2.4900。

要求:编制甲公司购入固定资产的会计分录。

4. 甲公司因扩大生产规模,决定自 2018 年 7 月增建一个车间,并采用自营方式。有关工程成本支出的资料如下:

(1)购入工程物资,取得增值税专用发票,发票上注明的货款 1 200 000 元,增值税 192 000 元,已验收入库。货款以银行存款支付。

（2）领用工程物资 1 000 000 元。

（3）因工程需要，领用生产产品用原材料一批，实际成本 80 000 元。

（4）因工程需要，领用库存商品 100 件，实际单位成本 540 元。

（5）因工程需要，临时租用一辆吊车，租赁期一天，签发支票一张，支付租赁费 900 元，增值税 54 元，取得增值税专用发票。

（6）工程建设期间，企业的辅助生产部门为工程提供水、电等劳务支出共计12 000 元。

（7）工程应承担直接人工费用 41 040 元。

（8）工程完工，计算并结转工程成本。

要求：根据上述资料，编制相关业务的会计分录。

5. 长江公司属于核电站发电企业，2018 年 1 月 1 日正式建造完成并交付使用一座核电站核设施，全部成本为 100 000 万元，预计使用寿命为 40 年。根据国家法律和行政法规、国际公约等规定，企业应承担环境保护和生态恢复等义务。2018 年 1 月 1 日预计 40 年后该核电站核设施弃置时，将发生弃置费用 10 000 万元，且金额较大。在考虑货币的时间价值和相关期间通货膨胀等因素确定的折现率为 5%。（P/F，5%，40）= 0.1420。

要求：编制长江公司 2018 年 1 月 1 日和 12 月 31 日与该项资产有关的会计分录。

6. 甲公司 2018 年 12 月 18 日购入一项固定资产，原值 600 000 元，已投入行政管理部门使用。该项固定资产预计使用 5 年，预计净残值 30 000 元。

要求：（1）按双倍余额递减法计算确定每年应提折旧额。

（2）按年数总和法计算确定每年应提折旧额。

7. 甲公司 2018 年 3 月份固定资产增减业务如下：

（1）购买一台设备供一车间使用，采用工作量法计提折旧。该设备原值 60 万元，预计总工作时数为 20 万小时，预计净残值为 5 万元。该设备 2015 年 4 月份工作量为 4 000小时。

（2）厂部新办公楼交付使用，采用年限平均法计提折旧。该办公楼原值 620 万元，预计使用年限 20 年，预计净残值 20 万元。

（3）公司总部的一辆轿车使用期满予以报废。该轿车原值 37 万元，预计使用年限 6 年，净残值 1 万元，采用年限平均法计提折旧。

假定经计算 2018 年 3 月份固定资产应提折旧额 180 万元，其中车间固定资产应提折旧额 80 万元，行政管理部门应提折旧额 100 万元。

要求：（1）计算甲公司 2018 年 4 月应计提的折旧额。

（2）编制甲公司 2018 年 4 月份计提折旧的会计分录。

8. 甲公司为一般纳税企业，适用增值税税率为 16%，2019 年 2 月购入设备一台，价款380万元，增值税60.80万元，立即投入安装。安装中领用工程物资22.40万元；领用原材料的实际成本为5万元；领用库存商品的实际成本为18万元。安装完毕投入使用。该设备预计使用5年，预计净残值为20万元。

要求：(1)计算安装完毕投入使用固定资产成本。

(2)假定2019年4月10日安装完毕并交付使用，采用年限平均法计算2019年和2020年的折旧额。

(3)假定2019年9月10日安装完毕并交付使用，采用年数总和法计算2019年和2020年的折旧额。

9.甲公司于2018年7月16日对一项固定资产进行改扩建，以满足扩大的生产规模的需要。该固定资产原值568 000元，已提折旧125 000元。在改扩建过程中，领用工程物资152 100元；领用自己生产的产品100件，单位成本2 800元；应负担的直接人工费用34 200元。残值变卖取得收入3 000元(不含增值税)，货款已收到，存入银行。工程完工，投入使用。甲公司适用增值税税率为16%。

要求：根据上述资料编制不同时点的会计分录。

10.北方股份有限公司(以下简称北方公司)为注册地在北京市的一家上市公司，其2018年至2022年与固定资产有关的业务资料如下：

(1)2018年10月10日，北方公司购进一台需要安装的设备，取得的增值税专用发票上注明的设备价款为500万元，增值税为80万元，收到设备后直接投入安装。款项以银行存款支付。安装设备时，领用原材料一批，价值为10万元。支付安装工人的工资为11.30万元。该设备于2018年12月10日达到预定可使用状态并投入行政管理部门使用，预计使用年限为10年，预计净残值为10万元，采用年限平均法计提折旧。

(2)2020年9月30日，北方公司因生产经营方向调整，决定采用出包方式对该设备进行改良，改良工程验收合格后支付工程价款。该设备于当日停止使用，开始进行改良。

(3)2021年3月15日，改良工程完工并验收合格，北方公司以银行存款支付不含税工程款62.50万元，增值税10万元，取得专用发票。当日，改良后的设备投入使用，预计尚可使用年限为8年，采用年限平均法计提折旧，预计净残值为5万元。

(4)2022年10月10日，该设备因遭受自然灾害发生严重毁损，北方公司决定进行处置，取得残料变价收入10万元(不含增值税)，增值税税率为16%，保险公司赔偿款30万元，发生清理费用5万元，取得增值税普通发票，款项均以银行存款收付。

要求：(1)编制2018年10月10日取得该设备的会计分录。

(2)编制设备安装及设备达到预定可使用状态的会计分录。

(3)计算2019年度该设备计提的折旧额，并编制相应的会计分录。

(4)计算2020年度该设备计提的折旧额，并编制相应的会计分录。

(5)编制2020年9月30日该设备转入改良时的会计分录。

(6)编制2021年3月15日支付该设备改良价款、结转改良后设备成本的会计分录。

(7)计算2022年度该设备计提的折旧额。

(8)计算2022年10月10日处置该设备实现的净损益。

(9)编制2022年10月10日处置该设备的会计分录。

11. 甲公司2018年发生如下业务:

(1)一台设备报废,该设备原值为56 000元,累计折旧53 760元。报废时以现金支付清理费用260元,取得增值税普通发票,出售残料收入720元(不含增值税),增值税税率为16%,收到现金。

(2)一台设备因火灾烧毁。该设备原值68 000元,累计折旧21 000元。清理现场时发生清理费用500元,以银行存款支付,取得增值税普通发票,保险公司赔款30 000元,残料变卖收入800元(不含增值税),增值税税率为16%。保险公司赔款和残料变卖款已收到,存入银行。

要求:根据上述资料编制固定资产处置时不同时点的会计分录。

第九章 CHAPTER 9 无形资产、商誉和其他资产

【学习目标】

1. 掌握无形资产的初始计量和后续计量的规则,掌握无形资产取得、摊销和处置所涉及的会计处理。

2. 了解商誉的概念及其所涉及的会计处理。

企业在经营过程中所拥有的、可供企业长期使用、能够给企业带来超额收益的、没有实物形态的非货币性资产,称为无形资产。商誉本质上属于无形资产的范畴,但因其依附于企业整体而存在,具有不可辨认性,所以会计准则将商誉从无形资产的范畴中排除,单独作为一类特殊资产对待。其他资产指的是企业的金融资产、存货、固定资产、投资性房地产、无形资产和商誉以外的资产,主要包括长期待摊费用和递延所得税资产。

第一节 无形资产

一、无形资产的概念及特征

无形资产,是指企业拥有或者控制的没有实物形态的可辨认非货币性资产。无形资产主要具有如下几个基本特征:

(一)无形资产不具有实物形态

无形资产所体现的是一种权利或某种获取超额利润的综合能力。它不是以实物形态存在,但却具有使用价值。虽然固定资产也能为企业带来经济利益,但在某些高新科

技领域,无形资产往往显得更为重要,它能提高企业的经济效益或使企业获取超额收益。不具有实物形态是无形资产区别于其他资产的显著特征之一。

(二)无形资产属于非货币性长期资产

无形资产的资产属性是非货币性长期资产,这是无形资产的又一重要特征。仅从有无实物形态上区分,应收款项、银行存款等货币性资产也没有实物形态,但它们是流动资产。而无形资产属于长期资产,主要是因为其能在较长的时期内使企业获得经济利益。那些虽然具有无形资产的其他特性,却不能在超过一个营业周期的会计期间内为企业服务的资产,不能作为企业的无形资产。

(三)无形资产具有可辨认性

无形资产虽然没有实物形态,但它应该是能与企业脱离并独立存在的,不同的无形资产应该是可以辨别的。这一特征使得无形资产可以单独转让和交易,也使得无形资产与商誉区别开来。我国企业会计准则规定,资产满足下列条件之一的,符合无形资产定义中的可辨认性标准:第一,能够从企业中分离或者划分出来,并能单独用于出售、转移、授予许可、租赁或者交换;第二,源自合同性权利或其他法定权利,无论这些权利是否可以从企业或其他权利和义务中转移或者分离。

(四)无形资产是为企业使用而非出售的资产

企业持有无形资产的目的是为生产经营服务而不是为了对外出售,即利用无形资产来生产商品、提供劳务、出租给他人或为企业经营管理服务。脱离了生产经营活动,无形资产就失去了其经济意义。软件公司开发的、用于对外销售的计算机软件,对于购买方而言属于无形资产,而对于开发商而言却是存货。无形资产为企业创造经济利益的方式,主要表现为销售商品或者提供劳务取得的收入、让渡无形资产的使用权给他人而取得的租金收入,也可能表现为因为使用无形资产而改进了生产工艺、节约了生产成本等。

(五)无形资产在为企业创造经济利益方面存在较大不确定性

众所周知,资产的特性之一是能为企业带来未来的经济利益,无形资产作为企业的一项资产,当然具有这一特性。但无形资产带来的未来经济利益与实物资产相比,具有很大的不确定性。无形资产必须依赖于其他资产的共同作用才能为企业创造经济利益。所谓其他资产,主要包括足够的人力资源、相关的硬件设施和原材料等。在相关条件具备的情况下,企业可以凭借无形资产所提供的某些特殊优势而获得超额利润。如果相关条件不具备或者不完全具备,无形资产的获利能力将大受影响。同时,在科学技术飞速发展、市场竞争日益加剧的时代,随着新技术、新能源、新材料、新工艺、新产品的出现，一项无形资产所具有的优越性可能很快被其他收益性更高的无形资产所取代，其原先所具有的超额盈利能力可能不复存在。无形资产的这一特征对其会计确认与计量产生了很大的影响，基于稳健的考虑，在对无形资产进行会计处理时要持更加谨慎的态度。

二、无形资产的内容

无形资产包括专利权、非专利技术、商标权、著作权、土地使用权、特许权等。

（一）专利权

专利权是指国家专利主管机关依法授予发明创造专利申请人对其发明创造在法定期限内享有的专有权利，包括发明专利权、实用新型专利权和外观设计专利权。专利权是一种有期限的财产权，规定的保护期届满以后，专利权自动终止。《中华人民共和国专利法》规定，发明专利权有效期为20年，实用新型和外观设计专利权的有效期为10年。专利权允许其持有者独家使用或控制，但它并不保证一定能给持有者带来经济利益。有的专利可能无经济价值或具有很小的价值，有的专利会被另外更有经济价值的专利所淘汰等。因此，只有那些能够给企业带来较大经济价值的，并且企业为此发生支出的专利，才能作为无形资产。

（二）非专利技术

非专利技术又称专有技术，是指企业或持有者所特有的、不公开的、未申请专利、具有实用价值的先进技术和诀窍。非专利技术一般包括工业专有技术、商业贸易专有技术、管理专有技术等。非专利技术具有经济性、机密性和动态性等特点。非专利技术不受法律保护，其保密性主要来自企业自身的保护。非专利技术的安全性不如专利权。但是，专利权在法定有效期届满后即不受法律保护，任何人都可以采用。而非专利技术只要企业保密得当，就可以长期保持其优势，为企业带来持久的经济效益，但一旦被泄露出去就失去了它的优越性。企业的非专利技术，有些是自己开发研究的，有些是根据合同规定从外部购入的。外购的非专利技术，通常作为无形资产管理；自创的非专利技术，如果符合无形资产开发支出资本化条件的，应确认为无形资产。

（三）商标权

商标权是指企业专门在某种指定的商品或产品上使用特定的名称、图案、标记的权利。商标是用来辨认特定商品或劳务的标志。经商标局核准注册的商标为注册商标，商标注册人享有商标专用权，受法律保护。商标权包括独占使用权和禁止权两个方面。独占使用权是指商标权享有人在商标注册的范围内独家使用其商标的权利；禁止权是指商标权享有人排除和禁止他人对商标独占使用权进行侵犯的权利。商标可以转让，但受让人应当保证使用该注册商标的产品质量。商标注册的有效期为10年，自核准注册之日起计算，有效期满需要继续使用的，应当在期满前6个月申请继续注册，每次延续注册的有效期为10年。企业可以通过购买或接受投资，从其他单位取得商标权，也可以自行设计并申请注册取得商标权。企业购买他人的商标，其支出较大的，可以作为无形资产；企业自创的商标并依法注册，可以作为无形资产，如果自创商标的支出不大，可以直接计入当期损益，不确认无形资产。

(四)著作权

著作权又称版权，是指著作人对其著作依法享有的出版、发行等方面的专有权利。著作权包括精神权利(人身权利)和经济权利(财产权利)。前者指作品署名、发表作品、确认作者身份、保护作品的完整性、修改已经发表的作品等项权利，包括发表权、署名权、修改权和保护作品完整权；后者指以出版、表演、广播、展览、录制唱片、摄制影片等方式使用作品以及因授权他人使用作品而获得经济利益的权利。著作权可以转让、出售或赠予。著作者自己申请获得的著作权通常其支出较小，所发生的支出不确认为无形资产，直接计入当期损益；通过购买或接受投资等形式取得的著作权，应确认为无形资产。

(五)土地使用权

土地使用权是指国家准许某一企业在一定期间内对国有土地享有开发、利用、经营的权利。根据我国土地管理法的规定，我国土地为国家所有，任何单位和个人只能拥有土地的使用权，而不能拥有土地的所有权。土地使用权可以通过行政划拨和有偿转让的方式取得。行政划拨方式取得的土地使用权不确认无形资产；有偿转让方式取得的土地使用权，应按照支付的土地出让金或土地转让价款，确认无形资产。

(六)特许权

特许权又称经营特许权、专营权，是指企业获得在一定区域内经营或销售某种特定商品的权利或是一家企业接受另一家企业使用其商标、商号、技术秘密等的权利。特许权分为两种：一种是由政府机构授权，准许企业使用或在一定地区享有经营某种业务的特权，如自来水、电力、邮电通讯等专营权，烟草专卖权等；另一种是指企业间依照签订的合同，有限期或无限期使用另一家企业的某些权利，包括专利使用权、非专利技术使用权、商标使用权等。特许权的经济价值在于它具有一定程度的垄断性，从而能够为企业带来高额利润。凡是通过支付一定的代价而取得的特许权，其发生的支出可以确认为无形资产。

三、无形资产的分类

为了更好地发挥无形资产的效能,科学地管理无形资产,需将无形资产按照一定的标准予以分类。

(一)无形资产按其取得来源,可分为外部取得的无形资产和内部开发的无形资产

外部取得的无形资产根据其取得的方式不同又可分为外部购入的无形资产、投资者投入的无形资产、非货币性资产交换取得的无形资产、接受捐赠的无形资产、债务重组取得的无形资产等;内部开发的无形资产是指企业内部的科研部门自行开发研制的科研成果或专有技术经过申请或注册获得专有权利所形成的无形资产,如专利权、商标权等。

(二)无形资产按使用寿命能否确定,可分为使用寿命有限的无形资产和使用寿命不确定的无形资产

使用寿命有限的无形资产是指法律或合同规定了使用期限的无形资产。这些无形资产的使用寿命受法律法规、协议或合同的限制,是可以确定的,如专利权、商标权、著作权、特许权等。使用寿命不确定的无形资产是指法律或合同没有规定使用期限的、企业又无法合理确定其受益期限的无形资产。这些无形资产使用期限的长短取决于科技发展的快慢和技术保密工作的好坏以及企业自身对其维护的程度如何等因素,如非专利技术、永久性特许经营权、商号、秘密配方等。

四、无形资产的初始计量

无形资产通常是以成本进行初始计量。成本是指企业取得无形资产并使之达到预定用途所发生的全部支出。由于取得方式不同,其成本的构成内容亦有所不同。

为了记录企业从不同渠道取得的无形资产,企业应设置"无形资产"账户,借方记录取得的无形资产的成本,贷方记录处置的无形资产的成本,期末余额在借方,反映企业当前拥有的无形资产的成本。该账户应按无形资产的内容设置明细账。

(一)外购的无形资产

外购无形资产的成本是指企业为使外购无形资产达到预定用途所发生的全部支出,包括购买价款和直接归属于使该项资产达到预定用途所发生的其他支出,如使无形资产达到预定用途所发生的专业服务费用、测试无形资产是否能够正常发挥作用的费用等。外购无形资产过程中支付的增值税,凡符合抵扣条件的,应单独作为进项税额予以抵扣,不符合抵扣条件的,计入无形资产成本。

［例9－1］2018年1月1日,光明公司从中国科学院购入一项专利,专利转让费用1 000万元,款项已从开户银行划转。专利技术转让免征增值税。会计处理如下:

借:无形资产——专利权　　10 000 000

　贷:银行存款　　10 000 000

购买无形资产采用分期付款的,如果具有融资性质的,无形资产的成本以购买价款的现值为基础确定。实际支付的价款与购买价款的现值之间的差额,作为未确认融资费用,在信用期内,按实际利率法分期确认,计入当期损益。

［例9－2］(接［例9－1］)假设光明公司与科学院协商,专利转让时先支付200万元,余款分4次支付,每次200万元,每年12月31日付款。假设同期银行贷款利率为10%。

无形资产成本的现值＝2 000 000＋2 000 000×(P/A,10%,4)

＝2 000 000＋2 000 000×3.1699＝8 339 800(元)

未确认融资费用＝10 000 000－8 339 800＝1 660 200(元)

融资的本金＝8 339 800－2 000 000＝6 339 800(元)

第一年应确认的融资费用＝6 339 800×10%＝633 980(元)

第二年应确认的融资费用＝［6 339 800－(2 000 000－633 980)］×10%

＝497 378(元)

第三年应确认的融资费用＝［6 339 800－(2 000 000－633 980)－(2 000 000－497 378)］×10%＝347 115.80(元)

第四年应确认的融资费用＝1 660 200－633 980－497 378－347 115.80

＝181 726.20(元)

光明公司的会计处理如下:

(1)取得专利。

借:无形资产　　8 339 800

　未确认融资费用　　1 660 200

　贷:银行存款　　2 000 000

　　长期应付款　　8 000 000

(2)第一年末付款。

借:长期应付款　　2 000 000

　贷:银行存款　　2 000 000

借:财务费用　　633 980

　贷:未确认融资费用　　633 980

(3)第二年末付款。

借:长期应付款	2 000 000	
贷:银行存款		2 000 000
借:财务费用	497 378	
贷:未确认融资费用		497 378

(4)第三年末付款。

借:长期应付款	2 000 000	
贷:银行存款		2 000 000
借:财务费用	347 115.80	
贷:未确认融资费用		347 115.80

(5)第四年末付款。

借:长期应付款	2 000 000	
贷:银行存款		2 000 000
借:财务费用	181 726.20	
贷:未确认融资费用		181 726.20

企业外购取得的土地使用权,通常应按实际支付的价款及相关税费单独确认为无形资产。土地使用权用于自行开发建造厂房等地上建筑物时,其账面价值不与地上建筑物合并计算成本,仍作为无形资产,土地使用权与地上建筑物分别进行摊销和提取折旧。企业外购房屋建筑物所支付的价款中包括土地使用权和房屋建筑物成本的,应当采用合理的方法(例如,按两者公允价值比例)进行分配;如果确实无法在土地使用权和房屋建筑物之间进行合理分配的,应全部作为固定资产。

房地产开发企业取得土地使用权用于建造对外出售的房屋建筑物,相关的土地使用权应当计入所建造的房屋建筑物成本。

企业改变土地使用权的用途,将其用于出租或作为增值目的时,应将其转为投资性房地产。

(二)自行开发的无形资产

自行开发的无形资产成本包括满足资本化条件的开发支出和无形资产开发成功至达到预定用途前所发生的注册登记费、法律咨询费等。

企业会计准则规定,企业内部研究开发项目的支出,应当区分为研究阶段支出和开发阶段支出。

研究是指为获取新的技术和知识等进行的有计划的调查。研究阶段通常是建立在有计划的调查基础上,即研发项目已经董事会或者相关管理层的批准,并着手搜集有关的资料、进行市场调查等。同时,研究阶段基本上是探索性的,为进一步开发活动进行资料及相关方面的准备。例如以获取新知识为目的的活动,研究成果或其他知识的应用研究、评价和最终选择,材料、设备、产品、工序、系统或服务替代品的研究,新的或经改进的材料、设备、产品、工序、系统或服务的可能替代品的配置、设计、评价和最终选择。

研究支出是企业在项目研究阶段所发生的支出。在研究阶段,其研究能否在未来形成成果、研究成果将来是否转入开发、开发后是否形成无形资产等都具有很大的不确定性,企业也无法证明其研究活动一定能够形成带来未来经济利益的无形资产,因此,研究阶段的支出应予以费用化,计入当期损益。

开发是指在进行商业性生产或使用前,将研究成果或其他知识应用于某项计划或设计,以生产出新的或具有实质性改进的材料、装置、产品等。开发阶段是建立在研究阶段的基础上,因而对项目的开发具有针对性。同时,进入开发阶段的研发项目形成成果的可能性较大。相对于研究阶段而言,开发阶段应是已经完成研究阶段的工作,在很大程度上具备了形成一项新产品或新技术的基本条件。例如,生产前或使用前的原型和模型的设计、建造和测试,含新技术的工具、夹具、模具和冲模的设计,不具有商业性生产经营规模的试生产设施的设计、建造和运营;新的或经改造的材料、设备、产品、工序、系统或服务所选定的替代品的设计、建造和测试。

开发支出是企业在项目开发阶段所发生的支出。在开发阶段,开发支出只有同时满足下列五个条件时,才能确认为无形资产(即予以资本化):

1. 完成该无形资产以使其能够使用或出售在技术上具有可行性。

2. 具有完成该无形资产并使用或出售的意图。

3. 无形资产产生经济利益的方式,包括能够证明运用该无形资产生产的产品存在市场或无形资产自身存在市场;无形资产将在内部使用的,应当证明其有用性。

4. 有足够的技术、财务资源和其他资源支持,以完成该无形资产的开发,并有能力使用或出售该无形资产。

5. 归属于该无形资产开发阶段的支出能够可靠地计量。

企业研究与开发过程中所发生的各项支出,无论是否资本化,都应先通过“研发支出”账户,并按研究开发项目分别利用“费用化支出”“资本化支出”科目进行明细记录。

企业自行开发无形资产发生的研发支出中,研究阶段发生的支出,借记“研发支出——费用化支出”科目,开发阶段发生的支出,借记“研发支出——资本化支出”科目,根据研究与开发过程中发生的材料费用、直接参与研发人员的工资等分别贷记“原材料”“应付职工薪酬”“银行存款”等科目。

每月月末,企业应将“研发支出——费用化支出”明细账归集的金额全部转入当期费用,借记“研发费用”科目,贷记“研发支出——费用化支出”科目。处于开发阶段仍未开发结束的,开发过程中发生的支出仍保留在“研发支出——资本化支出”账户中。开发项目达到预定用途形成无形资产的,应按“研发支出——资本化支出”账户余额,借记"无形资产"科目，贷记"研发支出——资本化支出"科目；未形成无形资产的，应按"研发支出——资本化支出"账户余额，借记"研发费用"科目，贷记"研发支出——资本化支出"科目。

［例9－3］2018年2月份，光明公司研发中心发生原材料料费60万元、职工工资20万元、以银行存款支付其他费用40万元，总计120万元。其中，属于研究阶段支出为30万元，开发阶段支出为90万元。假设本月末处于开发阶段研究项目已经结束，开发成功，形成无形资产，已经达到预定用途。

（1）发生研发费用。

借：研发支出——费用化支出	300 000	
——资本化支出	900 000	
贷：原材料		600 000
应付职工薪酬		200 000
银行存款		400 000

（2）月末。

借：研发费用	300 000	
贷：研发支出——费用化支出		300 000
借：无形资产	900 000	
贷：研发支出——资本化支出		900 000

（三）接受捐赠的无形资产

接受捐赠的无形资产成本，应按以下情况确定：

1. 如果捐赠方提供了发票，按照发票上注明的不含增值税金额确定无形资产成本，发票中注明的增值税凡符合抵扣条件的，作为进项税额予以抵扣，不符合抵扣条件的，构成无形资产成本；

2. 如果捐赠方未提供发票，则按照下列顺序确定其成本：

（1）同类或类似无形资产存在活跃市场的，按同类或类似无形资产的市场价格估计的金额，加上应支付的相关税费确定。

（2）同类或类似无形资产不存在活跃市场的，按该接受捐赠的无形资产的预计未来现金流量的现值确定。

企业收到捐赠的无形资产时，按确定的成本，借记"无形资产"科目，按受赠无形资产的价值，贷记"营业外收入"科目，按应支付的相关税费，贷记"银行存款"等科目。

［例9－4］光明公司收到外单位捐赠的一套计算机管理软件，未提供发票。市场上同类计算机管理软件的市场价格为200万元。

借：无形资产	2 000 000	

　　贷:营业外收入　　　　　　　　　　　　　　　　2 000 000

(四)投资者投入的无形资产

投资者投入的无形资产成本,应当按照投资合同或协议约定的价值确定,但合同或协议约定价值不公允的除外。

企业收到投资者投入的无形资产时,按确认的成本,借记"无形资产"科目,按其在注册资本或股本中所占的份额,贷记"实收资本"或"股本"科目,按应支付的相关税费,贷记"银行存款"等科目,按借贷方之间的差额,贷记"资本公积——资本溢价(或股本溢价)"科目。

[例9-5]光明公司接受A企业以其拥有的商标权投资,投资各方确认的价值为40万元。该项投资在股本中所占份额为30万元,已办妥相关手续。

借:无形资产——商标权　　　　　　　　400 000
　　贷:股本——A企业　　　　　　　　　　　300 000
　　　　资本公积——股本溢价　　　　　　　　100 000

(五)其他方式取得的无形资产

其他方式取得的无形资产,包括非货币性资产交换、债务重组和企业合并取得的无形资产的成本,应当分别按照《非货币性资产交换》《债务重组》和《企业合并》准则的相关规定处理。

五、无形资产的后续计量

(一)无形资产摊销

1.无形资产摊销的概念。

无形资产属于企业的长期资产,能够在较长时间内为企业带来经济利益。企业应当于取得无形资产时分析判断其使用寿命,使用寿命有限的无形资产,应采取摊销的方法将其应摊销金额系统地分摊到使用寿命内;使用寿命不确定的无形资产不应摊销。

无形资产摊销是指使用寿命有限的无形资产在其使用寿命内,按照确定的方法对应计摊销额进行系统地分摊。

应计摊销额是指使用寿命有限的无形资产的成本扣除预计残值后的金额。已计提减值准备的无形资产,还应扣除已计提的无形资产减值准备累计金额。

使用寿命有限的无形资产,其残值应当视为零,但下列情况除外:(1)有第三方承诺在无形资产使用寿命结束时购买该无形资产;(2)可以根据活跃市场得到预计残值信息,并且该市场在无形资产使用寿命结束时很可能存在。

2. 无形资产使用寿命的确定。

无形资产的使用寿命有法定寿命和经济寿命之分。凡是使用寿命受法律、规章或合同限制的，称为法定寿命；经济寿命是指无形资产可以为企业带来经济利益的年限。在确定无形资产的使用寿命时，应综合考虑法定寿命和经济寿命。

源自合同性权利或其他法定权利取得的无形资产，其使用寿命不应超过合同性权利或其他法定权利的期限。如果合同性权利或其他法定权利能够在到期时因续约等延续，当有证据表明企业续约不需要付出重大成本时，续约期才能够包括在使用寿命的估计中。

没有明确的合同或法律规定的无形资产，企业应当综合各方面的情况，如聘请相关专家进行论证或与同行业的情况进行比较以及企业的历史经验等，确定无形资产的经济寿命。如果确实无法确定无形资产的经济寿命，则将该无形资产确认为使用寿命不确定的无形资产。

3. 摊销期和摊销方法。

无形资产的摊销期是指使用寿命有限的无形资产摊销的起止期间。当月增加的无形资产，从当月起开始摊销；当月报废的无形资产，当月停止摊销。

在摊销期内，摊销方法的选择应当与该项无形资产有关的经济利益的预期实现方式相联系，通常可以采用的方法有直线法和生产总量法。受技术陈旧因素影响较大的专利权和专有技术等无形资产，可采用加速摊销法（类似固定资产加速折旧的方法）进行摊销；有特定产量限制的特许经营权或专利权，应采用工作量法进行摊销。

4. 无形资产摊销的会计处理。

为了记录无形资产的摊销情况，企业应设置"累计摊销"账户。该账户属于备抵账户，贷方记录本期摊销的金额，借方记录处置无形资产时应转销的金额，期末余额在贷方，表示截止到本期末无形资产累计摊销的金额。

企业按月摊销无形资产的应计摊销额，计入当期损益。企业自己研发无形资产的摊销，借记"研发费用"科目，贷记"累计摊销"科目。其他自用的无形资产摊销，借记"管理费用"科目，贷记"累计摊销"科目。出租的无形资产摊销时，借记"其他业务成本"科目，贷记"累计摊销"科目。如果某项无形资产是专门用于生产某种产品的，其所包含的经济利益是通过转入到所生产的产品中体现的，无形资产的摊销费用应构成产品成本的一部分，摊销时，借记"制造费用"科目，贷记"累计摊销"科目。

[例 9－6] 光明公司外购的专利权 60 万元，分 5 年按直线法平均摊销。每年摊销 12 万元，各月摊销额为 1 万元。

借：管理费用——无形资产摊销	10 000	
贷：累计摊销		10 000

(二)无形资产的期末计价方法

无形资产的期末计价方法是可收回金额与账面价值孰低法。如果账面价值低于可收回金额,按账面价值计量;如果账面价值高于可收回金额,说明期末无形资产发生了减值,应确认减值损失,计提减值准备,按可收回金额计量。

对于使用寿命不确定的无形资产,在持有期间内不需要摊销,但应在每个会计期末进行减值测试,如果发生减值,则计提减值准备,确认减值损失。

(三)无形资产的复核

由于企业所处的经济环境复杂多变,同时科学与技术的发展日新月异,无形资产的使用寿命和预期为企业带来经济利益的实现方式都有可能发生变化,所以,资产负债表日应对无形资产的使用寿命及摊销方法进行复核,如果发现其使用寿命及摊销方法与以前估计不同,应当变更摊销期限及摊销方法。另外,企业每年年末应对使用寿命不确定的无形资产进行复核,如果有证据表明无形资产的使用寿命是有限的,应当估计其使用寿命,并按使用寿命有限的无形资产进行会计处理。企业变更无形资产使用寿命和摊销方法,以及将使用寿命不确定的无形资产变更为使用寿命有限的无形资产,均作为会计估计变更处理。

六、无形资产的处置

无形资产处置通常包括无形资产出售、出租和报废的处理。

(一)无形资产出售

企业将无形资产出售,表明企业放弃无形资产的所有权。由于无形资产出售属于经营性处置,所以出售无形资产的处置损益属于资产处置损益。在出售无形资产时,企业应根据出售无形资产取得的价款和应负担的相关费用、税金计算出售无形资产的处置损益。计算公式如下:

出售无形资产的处置损益 = 出售无形资产取得的不含增值税价款 -(无形资产的成本 - 累计摊销 - 已计提的减值准备)

出售无形资产时,按取得的价款(含增值税),借记“银行存款”等科目,按累计摊销额,借记“累计摊销”科目,按已计提的减值准备,借记“无形资产减值准备”科目,按无形资产的成本,贷记“无形资产”科目,按应交的增值税,贷记“应交税费——应交增值税(销项税额)”科目,借贷方之间的差额,贷记或借记“资产处置损益”科目。

[例9-7] 光明公司将其拥有的一项专利权出售,取得价款40万元,存入银行。该专利权的取得成本为50万元,累计摊销15万元。出售专利免征增值税。

处置损益 = 400 000 -（500 000 - 150 000）= 50 000（元）

借：银行存款　　400 000
　　累计摊销　　150 000
　　贷：无形资产——专利权　　500 000
　　　　资产处置损益　　50 000

（二）无形资产出租

无形资产出租是指企业将所拥有的无形资产的使用权让渡给他人，并收取租金的经济行为。根据《收入》准则的规定，这类交易属于企业让渡资产使用权，因而相关所得应作为收入确认。但是，企业如果将取得的土地使用权出租时，应将其账面价值转为投资性房地产。

让渡无形资产的使用权，出让方仍保留对该项无形资产的所有权，对其仍拥有占有、使用、收益、处置的权利，仅仅是将部分使用权让渡给其他企业；受让方对其只有使用权，而无所有权，只能根据让渡合同的规定合理使用。企业转让使用权所获得的收入，应作为其他业务收入处理。

[例 9 - 8] 光明公司将一项商标权的使用权出租给 D 公司，合同规定使用费每年 60 000 元，增值税 3 600 元，租期 6 年，每年年末收取租金。收到租金时，会计处理如下：

借：银行存款　　63 600
　　贷：其他业务收入　　60 000
　　　　应交税费——应交增值税（销项税额）　　3 600

（三）无形资产报废

如果无形资产预期不能为企业带来经济利益，就已经基本丧失了其经济价值和未来服务潜能，从而不再符合无形资产的定义，应将其转销。当无形资产出现下列情况之一时，就可以判断该无形资产丧失了经济价值：（1）该无形资产已被其他新技术等所替代，且已不能为企业带来经济利益；（2）该无形资产不再受法律的保护，且不能给企业带来经济利益；（3）其他足以证明某项无形资产实质上已经丧失了使用价值的情形。

转销时，应将无形资产的账面价值全部计入当期损益，按已提减值准备，借记“无形资产减值准备”科目，按累计摊销数，借记“累计摊销”科目，按账面价值，借记“营业外支出”科目，按其账面余额，贷记“无形资产”科目。

[例 9 - 9] 光明公司所拥有的一项专利权，由于已被更新的技术所替代，已无任何经济价值，公司决定将该项专利权予以报废。该专利权账面原值 40 万元，累计摊销 30 万元，已提减值准备 5 万元。

借:累计摊销　　300 000
　　无形资产减值准备　　50 000
　　营业外支出　　50 000
　　贷:无形资产——专利权　　400 000

第二节　商　誉

一、商誉的概念与特征

商誉是指企业具有获得超过同行业一般利润水平的能力。企业在经营过程中,具有优越的地理位置、悠久的经营历史、良好的客户资源、先进的管理水平、独特的企业文化、特殊的生产工艺或技术、较高的企业知名度等是形成商誉的主要原因。

商誉具有以下特征:

(一)具有不可辨认性

商誉与作为整体的企业有关,它不能单独存在,也不能与企业的可辨认的各种资产分开来出售,因而具有不可辨认性。

(二)形成商誉的个别因素,不能用任何方法或公式进行单独的计价

商誉的价值只有在把企业作为一个整体来看待时才能按总额加以确定。

(三)商誉的存在,未必一定有其发生的成本

如企业因地理位置优越而形成的商誉就可能没有发生相应的成本支出。

商誉从本质上讲属于无形资产的范畴,但因商誉的不可辨认性决定了它与其他可辨认的无形资产有很大区别,所以,企业会计准则将商誉从无形资产的范畴中排除,单独作为一类特殊资产对待。

二、商誉的分类

(一)按商誉的来源分类

1. 自创商誉。

自创商誉是指企业在长期经营过程中,因优越的地理位置、悠久的经营历史、先进的管理水平、独特的企业文化、特殊的生产工艺或技术、较高的企业知名度等形成并已

经存在的获取超额利润的现实能力。

2. 外购商誉。

外购商誉是指企业在企业合并过程中购买方支付的合并成本与被合并方可辨认净资产公允价值之间的差额。这个差额的存在意味着购买方在企业合并后有望在未来有可以获得超额利润的潜在能力。

由于形成自创商誉的因素大多数是无法计量的，而外购商誉则是企业合并过程中购买方支付的合并成本与被合并方可辨认净资产公允价值之间的差额，是可以计量的，所以会计上确认的商誉属于外购商誉。

（二）按合并成本与被合并方可辨认净资产公允价值之间的差额的形式分类

1. 正商誉。

正商誉是指企业合并成本大于被合并方可辨认净资产公允价值之间的差额。对于正商誉，会计上应当确认为商誉。

2. 负商誉。

负商誉是指企业合并成本小于被合并方可辨认净资产公允价值之间的差额。对于负商誉，会计上不确认为商誉，而是在企业合并日直接计入当期损益。

（三）按确认方式不同分类

1. 合并报表商誉。

合并报表商誉是指在合并日购买方的账簿记录中不确认商誉，而是在合并报表中确认的商誉。如非同一控制下的控股合并，合并成本大于被合并方可辨认净资产公允价值之间的差额，就不需要在购买方的账簿中确认商誉，这个商誉只有在编制合并报表时才加以确认。

2. 入账商誉。

入账商誉是指在合并日购买方在其账簿记录中确认的商誉。如非同一控制下的吸收合并，对于合并成本大于被合并方可辨认净资产公允价值之间的差额，购买方需确认为商誉，计入账簿。

三、商誉的确认与计量

商誉的确认与计量仅指外购商誉的确认和计量。由于外购商誉是因企业合并而形成的，所以，商誉的确认时点应是企业的合并日。在企业合并中形成的商誉分为合并报表商誉和入账商誉，所以在合并日需要确认入账的商誉仅指入账商誉。

外购商誉初始成本应按购买方的合并成本与取得被购买方可辨认净资产公允价值份额之间的差额进行计量。其计算公式如下：

商誉 = 购买方的合并成本 - 被购买方可辨认净资产的公允价值总额 × 购买方所享有的股权比例

其中,可辨认净资产的公允价值 = Σ可辨认资产的公允价值 - Σ负债及或有负债的公允价值

如果合并成本大于被购买方的可辨认净资产公允价值,即为正商誉;反之,如果合并成本小于被购买方的可辨认净资产公允价值,即为负商誉。正商誉是购买方为获取被购买方现实和潜在的超额获利能力而付出的代价。负商誉的产生可能是由于被购买方为达到被兼并之目的而做出的某些牺牲或付出的代价,也可能是被购买方本身可能包含对以后经营不利的因素等。按照《企业合并准则》的规定,企业合并业务中只将"正商誉"作为商誉予以确认;对"负商誉"在会计上是不确认为商誉的,而是将其差额计入企业合并当期的"营业外收入"之中。

[例 9 - 10] 光明公司于 2018 年 1 月 1 日采取吸收合并方式,以银行存款1 000万元收购了 A 股份公司 100% 股权。假定属于非同一控制下的企业合并。购买日 A 股份公司可辨认资产的公允价值为 900 万元,其中存货 100 万元,固定资产 600 万元,无形资产 200 万元,负债的公允价值为 80 万元,假设全部为短期借款。

商誉 = 1 000 - (900 - 80) = 180(万元)

借:存货	1 000 000	
固定资产	6 000 000	
无形资产	2 000 000	
商誉	1 800 000	
贷:银行存款		10 000 000
短期借款		800 000

四、商誉的减值

商誉确认入账后,企业持有商誉期间,不对商誉的价值进行摊销,而是在期末对商誉进行减值测试。资产负债表日,发生商誉减值时,借记"资产减值损失"科目,贷记"商誉减值准备"科目,减值准备一经计提,不得转回。

第三节　其他资产

其他资产,是指除金融资产、存货、固定资产、投资性房地产、无形资产和商誉以外的资产,主要包括长期待摊费用和递延所得税资产。

一、长期待摊费用

长期待摊费用是指企业已发生但应由本期和以后各期负担的、分摊期限在 1 年以上的各项支出，主要包括开办费、经营租赁方式租入固定资产发生的改良支出等。会计上设置"长期待摊费用"账户记录长期待摊费用的发生和摊销情况。

开办费，是指企业筹建期间所发生的、不计入有关资产成本的各项费用，包括筹建期间的员工工资、办公费、差旅费、培训费、印刷费、银行借款利息、注册登记费，以及其他不能计入固定资产和无形资产的支出。开办费应当在开始生产经营的当月一次计入当月损益（计入管理费用）。

[例 9－11] A 企业筹建期间发生不能计入固定资产和无形资产的各项费用共计 30 000 元，该企业于 2015 年 7 月开始正常经营。

（1）发生各项筹建费用。

借：长期待摊费用——开办费　　30 000

　　贷：银行存款等　　30 000

（2）企业开始正常经营的月份。

借：管理费用　　30 000

　　贷：长期待摊费用——开办费　　30 000

二、递延所得税资产

递延所得税资产是指企业因可抵扣暂时性差异而产生的本期多交的所得税在以后期间应予退还的权利。

在所得税费用采用资产负债表债务法确认和计量的情况下，在资产负债表日，企业应根据其资产和负债的账面价值与计税基础的比较，确定资产和负债的暂时性差异①。对于本期发生的可抵扣暂时性差异所导致的本期多交的所得税，可以通过抵减以后纳税期间的应交所得税的方式予以退还，因此，本期因可抵扣暂时性差异的产生而多交的所得税，对企业来说就产生了一个将来向国家要求退税的权利，会计上，将这个权利确认为"递延所得税资产"。有关递延所得税资产的详细内容将在《高级财务会计学》中介绍。

【本章主要参考文献】

[1]中华人民共和国财政部：《企业会计准则 2006》，经济科学出版社 2006 年版。

[2]财政部会计司编写组：《企业会计准则讲解》，人民出版社 2007 年版。

① 暂时性差异按其对未来所得税的影响，可以分为可抵扣暂时性差异和应纳税暂时性差异。

[3]钟安石、闫守常:《中级财务会计学》,经济科学出版社2006年版。
[4]张维宾:《中级财务会计学》,立信会计出版社2007年版。
[5]赵雪媛:《高级财务会计》,中国财政经济出版社2007年版。
[6]于长春:《无形资产会计》,立信会计出版社1999年版。
[7]蒋尧明、章美珍:《中级财务会计》,中国财政经济出版社2008年版。

【实训练习题】

1. 润华公司2012年至2018年与无形资产有关的业务资料如下:

(1)2012年12月1日,以银行存款300万元购入一项专利,该专利的预计使用年限为10年。

(2)2018年4月1日,将该专利对外出售,取得价款130万元,存入银行。

要求:(1)编制2012年购入无形资产和该年无形资产摊销的会计分录。

(2)计算该无形资产出售形成的净损益并编制该无形资产出售的会计分录。

2. 润华公司于2018年将一项无形资产租给宏源公司使用,合同规定,租期两年,每年收取不含增值税租金60 000元,增值税3 600元,每年12月16日支付租金和增值税。当年12月16日收到第一年的租金和增值税,存入银行。同年,该无形资产应摊销20 000元。

要求:编制收到租金和无形资产摊销的会计分录。

3. 2018年3月26日,润华公司的管理层决定研究开发某种新产品。2018年4月份发生如下支出:

(1)委托某咨询机构对消费者的需求进行社会调查,以银行存款支付咨询费80 000元,增值税4 800元,取得增值税专用发票。

(2)购买设计用品,取得增值税专用发票,货款26 000元,增值税4 160元,签发转账支票一张用于支付购货款。

(3)派技术员出国考察,共支付差旅费170 000元,以银行存款支付。

(4)本月应付设计人员工资160 000元。

2018年5月份,产品设计已经成型,围绕产品开发过程中发生如下支出:

(1)为制作产品模具领用原材料一批,该批材料的实际成本30 000元。

(2)本月应承担固定资产折旧费用12 000元。

(3)本月应付生产工人工资8 000元,设计人员工资170 000元。

2018年6月份,新产品开发成功。6月份发生如下支出:

(1)召开新产品论证会,发生会议费49 000元,以银行存款支付。

(2)经过论证,该产品具有推广应用价值,遂决定向国家专利局申请专利,支付注册费30 000元,以银行存款支付。

要求:根据上述业务编制甲公司2018年4月、5月和6月与无形资产的研究与开发有关的会计处理。

4. 润华公司2018年1月1日与宏源公司达成协议，允许宏源公司使用其商标生产销售产品，按所销售产品收入的5%作为转让商标使用权的收入含增值税，有效期为6年。第一年，宏源公司实现收入600 000元。2018年12月31日收到2018年度的商标使用权收入30 000元，存入银行。润华公司的增值税税率为6%。

要求：确认润华公司转让商标使用权的收入的会计处理。

5. 润华公司2010年1月18日购入一项专利权，购买价格为600万元，以一张票面金额为600万元的银行汇票支付购买价款。在购买专利权过程中，以银行存款支付了法律咨询费12万元，取得增值税普通发票。专利权的有效期为10年。2016年12月31日，经判断，由于出现更新的技术，该项专利已无使用价值，需要报废，润华公司决定注销该专利权。

要求：编制润华公司购入无形资产和报废无形资产的会计处理。

附录

复利现值系数表

n	1%	2%	3%	4%	5%	6%	7%	8%	9%	10%	11%	12%
1	0.9901	0.9804	0.9709	0.9615	0.9524	0.9434	0.9346	0.9259	0.9174	0.9091	0.9009	0.8929
2	0.9803	0.9612	0.9426	0.9246	0.9070	0.8900	0.8734	0.8753	0.8417	0.8264	0.8116	0.7972
3	0.9706	0.9423	0.9151	0.8890	0.8638	0.8396	0.8163	0.7938	0.7722	0.7513	0.7312	0.7118
4	0.9610	0.9238	0.8885	0.8548	0.8227	0.7921	0.7629	0.7350	0.7084	0.6830	0.6587	0.6355
5	0.9515	0.9057	0.8626	0.8219	0.7835	0.7473	0.7130	0.6806	0.6499	0.6209	0.5935	0.5674
6	0.9420	0.8880	0.8375	0.7903	0.7462	0.7050	0.6663	0.6302	0.5963	0.5645	0.5346	0.5066
7	0.9327	0.8706	0.8131	0.7599	0.7107	0.6651	0.6227	0.5835	0.5470	0.5132	0.4817	0.4523
8	0.9235	0.8535	0.7894	0.7307	0.6768	0.6274	0.5820	0.5403	0.5019	0.4665	0.4339	0.4309
9	0.9143	0.8368	0.7664	0.7026	0.6446	0.5919	0.5439	0.5002	0.4604	0.4241	0.3909	0.3606
10	0.9053	0.8203	0.7441	0.6756	0.6139	0.5584	0.5083	0.4632	0.4224	0.3855	0.3522	0.3220
11	0.8963	0.8043	0.7224	0.6496	0.5847	0.5268	0.4751	0.4289	0.3875	0.3505	0.3173	0.2875
12	0.8874	0.7885	0.7014	0.6246	0.5568	0.4970	0.4440	0.3971	0.3555	0.3186	0.2858	0.2567
13	0.8787	0.7730	0.6810	0.6006	0.5503	0.4688	0.4150	0.3677	0.3262	0.2897	0.2575	0.2292
14	0.8700	0.7579	0.6611	0.5775	0.5051	0.4423	0.3878	0.3405	0.2992	0.2633	0.2320	0.2046
15	0.8613	0.7430	0.6419	0.5553	0.4810	0.4173	0.3624	0.3152	0.2745	0.2394	0.2090	0.1827
16	0.8528	0.7284	0.6232	0.5339	0.4581	0.3936	0.3387	0.2919	0.2519	0.2176	0.1883	0.1631
17	0.8444	0.7142	0.6050	0.5134	0.4363	0.3714	0.3166	0.2703	0.2311	0.1978	0.1696	0.1456
18	0.8360	0.7002	0.5874	0.4936	0.4155	0.3503	0.2959	0.2502	0.2120	0.1799	0.1528	0.1300
19	0.8277	0.6864	0.5703	0.4746	0.3957	0.3305	0.2765	0.2317	0.1945	0.1635	0.1377	0.1161
20	0.8195	0.6730	0.5537	0.4564	0.3769	0.3118	0.2584	0.2145	0.1784	0.1486	0.1240	0.1037

复利年金现值系数表

n	1%	2%	3%	4%	5%	6%	7%	8%	9%	10%	11%	12%
1	0.9901	0.9804	0.9709	0.9615	0.9524	0.9434	0.9346	0.9259	0.9174	0.9091	0.9009	0.8929
2	1.9704	1.9416	1.9135	1.8861	1.8594	1.8334	1.8080	1.7833	1.7591	1.7355	1.7125	1.6901
3	2.9410	2.8839	2.8286	2.7751	2.7232	2.6730	2.6243	2.5771	2.5313	2.4869	2.4437	2.4018
4	3.9020	3.8077	3.7171	3.6299	3.5460	3.4651	3.3872	3.3121	3.2397	3.1699	3.1024	3.0373
5	4.8534	4.7135	4.5797	4.4518	4.3295	4.2124	4.1002	3.9927	3.8897	3.7908	3.6959	3.6408
6	5.7955	5.6014	5.4172	5.2421	5.0757	4.9173	4.7665	4.6229	4.4859	4.3533	4.2305	4.1114
7	6.7282	6.4720	6.2303	6.0021	5.7864	5.5824	5.3893	5.2064	5.0330	4.8684	4.7122	4.5638
8	7.6517	7.3255	7.0197	6.7327	6.4632	6.2098	5.9713	5.7466	5.5348	5.3349	5.1461	4.9676
9	8.5660	8.1622	7.7861	7.4353	7.1078	6.8017	6.5152	6.2469	5.9952	5.7950	5.5370	5.3282
10	9.4713	8.9826	8.5302	8.1109	7.7217	7.3601	7.0236	6.7101	6.4177	6.1446	5.8892	5.6502
11	10.3676	9.7868	9.2526	8.7605	8.3064	7.8869	7.4987	7.1390	6.8052	6.4951	6.2065	5.9377
12	11.2551	10.5753	9.9540	9.3851	8.8633	8.3838	7.9427	7.5361	7.1607	6.8137	6.4924	6.1944
13	12.1337	11.3484	10.6350	9.9856	9.3936	8.8527	8.3577	7.9038	7.4869	7.1034	6.7499	6.4235
14	13.0037	12.1062	11.2961	10.5631	9.8986	9.2950	8.7455	8.2442	7.7862	7.8667	6.9819	6.6282
15	13.8651	12.8493	11.9379	11.1184	10.3797	9.7122	9.1079	8.5595	8.0607	7.6061	7.1909	6.8109
16	14.7179	13.5777	12.5611	11.6523	10.8378	10.1059	9.4466	8.8514	8.3126	7.8237	7.3792	6.9740
17	15.5623	14.2919	13.1661	12.1657	11.2741	10.4773	9.7632	9.1216	8.5436	8.0216	7.5488	7.1196
18	16.3983	14.9920	13.7535	12.6593	11.6896	10.8276	10.0591	9.3719	8.7556	8.2014	7.7016	7.2497
19	17.2260	15.6785	14.3238	13.1339	12.0853	11.1581	10.3356	9.6036	8.9501	8.3649	7.8393	7.3658
20	18.0456	16.3514	14.8775	13.5903	12.4622	11.4699	10.5940	9.8181	9.1285	8.5136	7.9633	7.4694